PENTECOSTALISMO

UNA TRADICIÓN CRISTIANA MÍSTICA

DANIEL CASTELO

PENTECOSTALISMO

UNA TRADICIÓN CRISTIANA MÍSTICA

DANIEL CASTELO

© 2017 Daniel Castelo
© 2018 Publicaciones Kerigma

Publicado originalmente en ingles bajo el título: "Pentecostalism as a Christian Mystical Tradition"
Wm. B. Eerdmans Publishing Co. 2140 Oak Industrial Drive N.E., Grand Rapids, Michigan 49505
www.eerdmans.com

Traducción al español: Lic. Mario Porras
Revisión: Jesús Escudero Nava

© 2018 Publicaciones Kerigma
Salem Oregón, Estados Unidos
http://www.publicacioneskerigma.org

Todos los derechos son reservados. Por consiguiente: Se prohíbe la reproducción total o parcial de esta obra por cualquier medio de comunicación sea este digital, audio, video escrito, salvo para citaciones en trabajos de carácter académico según los márgenes de la ley o bajo el permiso escrito de Publicaciones Kerigma.

Diseño de Portada: Publicaciones Kerigma

2018 Publicaciones Kerigma
Salem Oregón
All rights reserved

Pedidos: 971 304-1735

www.publicacioneskerigma.org

ISBN: 978--1-948578-01-1

Impreso en Estados Unidos

Para Kimberly

Contenido

Prefacio ix

Agradecimientos xi

Introducción xiii

1. El Desafío del Método 1
2. ¿Una Tradición Mística? 37
3. La Forma Epistemológica de la Teología Evangélica 83
4. Expandiendo la Comprensión Pentecostal del Bautismo del Espíritu 127
5. La Vida Bautizada por el Espíritu 159

Epílogo 181

Bibliografía 183

Prefacio

El vínculo entre el metodismo, el misticismo y el pentecostalismo bien podría ser Phoebe Palmer, madre del Movimiento de Santidad del siglo XIX. Palmer, una metodista de toda la vida, utilizó repetidamente la frase "bautismo del Espíritu Santo" para indicar la experiencia de la santificación. Esta frase llegó a asociarse con los pentecostales después de que otras denominaciones de santidad se distanciaron del pentecostalismo a lo largo del tiempo.

Por "bautismo del Espíritu Santo" Palmer no se refirió a fenómenos de éxtasis tales como hablar en lenguas, sino a un encuentro radicalmente transformador con el Espíritu Santo, que dio como resultado una vida exterior de santidad y acción social. El bautismo del Espíritu significaba "pureza y poder", no fenómenos extraños. En su oración por la dedicación del Instituto Bíblico Garrett en 1869, por ejemplo, Palmer dijo esto:

> "Que esta escuela de profetas sea siempre una alabanza en la tierra no solo por las ventajas literarias y la solidez del credo, sino por la riqueza de la unción divina; en otras palabras, para la recepción del bautismo completo del Espíritu Santo, por parte de todos los que, en el tiempo venidero, serán entrenados dentro de estos muros para el ministerio santo. Sin duda, una obra santa exige, ante todo, un corazón santo."[1]

Desafortunadamente, porque John Wesley, el fundador del metodismo, evitó todo misticismo debido a su desconfianza en la espiritualidad apofática, hasta el final del siglo XX, el metodismo carecía del marco interpretativo de la teología mística. Por esta razón, el misticismo clásico apofático de Palmer llegó a malinterpretarse como una especie de fundamentalismo bíblico ingenuo que fue caricaturizado o desechado por intérpretes posteriores. Aunque fue la mística de primer orden del metodismo, cuya vida y obra fueron tan significativas como las de Catalina de Siena, Teresa de Lisieux y otros místicos católicos, las contribuciones de Palmer como místico fueron en gran parte olvidadas hasta hace poco. Cuando descubrí a Palmer durante mi educación de

---

[1] Phoebe Palmer, Selected Writings, ed. Thomas C. Oden, Classics of Western Spirituality Series (New York: Paulist, 1988), 299. Para un estudio en profundidad de la teología mística de Palmer, véase Elaine A. Heath, Naked Faith: The Mystical Theology of Phoebe Palmer, Princeton Theological Monograph Series 8 (Eugene, OR: Pickwick Publications, 2009).

Prefacio

posgrado, reconocí su misticismo apofático y le presté mucha atención a la recuperación de su voz. En particular, es importante notar el vínculo entre el misticismo cristiano y la acción social que formó la espiritualidad de Palmer y que se encuentran en el pentecostalismo fuerte.

Una de las razones por las que creo que el trabajo de Palmer es convincente es que su comprensión del bautismo del Espíritu Santo es un componente necesario de la vida del compromiso misional. Durante su vida, Palmer fue una poderosa activista social que inspiró a muchos otros a trabajar por los derechos de las mujeres, la abolición de la esclavitud, el apoyo al reasentamiento de inmigrantes y mucho más. Es decir, Palmer es un ejemplo del tipo de misticismo pentecostal que impacta al mundo más allá de la iglesia, abordando muchas formas de injusticia.

Una recuperación de la gramática y el marco teológico del misticismo cristiano para el pentecostalismo incluye las contribuciones de Phoebe Palmer, de cuyos descendientes espirituales surgió el pentecostalismo en América del Norte. William J. Seymour, el pastor bajo cuyo liderazgo se realizó el Avivamiento de la Calle Azusa, fue un pastor metodista episcopal influenciado por el movimiento de Santidad con énfasis igualitario. La mayor parte de la resistencia al pentecostalismo de Seymour y al Avivamiento de la Calle Azusa se debió a la "escandalosa" reconciliación racial y de género que formaba parte del movimiento.

Estoy muy agradecido por el trabajo de Daniel Castelo en este volumen, que sitúa al pentecostalismo, incluido el avivamiento de la calle Azusa, firmemente en las antiguas corrientes del misticismo cristiano. Con una erudición y atención cuidadosas a la historia de la marginación del pentecostalismo en la erudición moderna hasta hace muy poco tiempo, Castelo proporciona un correctivo convincente y necesario. Este libro es una lectura esencial para cualquiera que desee comprender el misticismo cristiano en las tradiciones protestantes, en las tradiciones metodistas y en la iglesia universal.

Elaine A. Heath
Decano de la Escuela de Divinidad y
Profesora de Teología Misional y Pastoral
DukeDivinitySchool

Agradecimientos

Este trabajo supone que el enfoque más teológicamente fructífero de las creencias y prácticas pentecostales es a través del lenguaje de la espiritualidad y el misticismo y que este enfoque puede generar una serie de posibilidades dentro del ámbito contemporáneo de la epistemología teológica, especialmente cuando se contrasta con muchas de las tradiciones "Evangélicas". El impulso de tales propuestas se basa en ideas y argumentos seleccionados durante años de discusión y pensamiento. Estoy agradecido con las muchas personas y eventos que han tenido un papel en darme forma con respecto a estos temas para que este libro sea una realidad.

En particular, agradezco a la comunidad del Seminario Teológico Pentecostal por su mentoría y su representación de manera significativa. No podría haber escrito este texto aparte de las experiencias formativas que tuve allí bajo la tutela de algunos profesores muy capaces y accesibles. También expreso mi gratitud a mis colegas de Universidad del Pacífico de Seattle, incluyendo a Margaret Diddams, directora del Centro de Becas y Desarrollo de la Facultad, y al rector Jeff Van Duzer por otorgarme una beca de investigación docente para el verano de 2014, que ayudó significativamente a la finalización de este manuscrito, además, quiero agradecer a nuestro bibliotecario teológico, Steve Perisho, quien de forma incansable y rápida apoyó mi trabajo asegurando materiales de una variedad de bibliotecas para mí.

En 2011 fui nombrado ganador del Premio John Templeton por Promesa Teológica; como parte de ese premio, recibí fondos para realizar conferencias en instituciones que me recibirían. Doy las gracias a la Fundación John Templeton por este tipo de apoyo para los jóvenes académicos, así como a Michael Welker (defensor por mucho tiempo del premio) y a Larry Hurtado por sus amables análisis y conversaciones de apoyo con respecto al proyecto cuando se presentó en la Universidad de Heidelberg. Aunque el premio ha cambiado el patrocinio y el nombre (ahora se conoce como el Premio Manfred Lautenschlaeger por Promesa Teológica), durante años, la Fundación Templeton ayudó a jóvenes académicos como yo, a establecer contactos y formar relaciones que de otro modo no hubieran sido posibles. En mi caso, pude viajar al Reino Unido en 2012 y dar conferencias sobre el tema de este libro en tres

Agradecimientos

instituciones. Deseo agradecer a mis anfitriones por su hospitalidad y aliento: Oliver Davies del Colegio del Rey en Londres, William Atkinson de la Escuela de Teología de Londres y Mark Macintosh de la Universidad de Durham (ahora de la Universidad de Loyola en Chicago). Aprecio mucho su apoyo y las conversaciones que tuvieron conmigo; sigo teniendo gratos recuerdos de estas visitas.

También deseo mencionar a Michael Thomson, editor de adquisiciones en Eerdmans, quien repetidamente me ha demostrado que cree en mi trabajo. Ha hecho un trabajo excepcional al escuchar una serie de ideas que tengo, y ha sido primordial para ayudar con este proyecto en particular.

Dedico este trabajo a la persona más directamente responsable en alentarme y apoyarme en los años de la gestación de este libro: mi esposa, Kimberly Gwen. Hemos crecido juntos a lo largo de los años de manera maravillosa; ella me ha ayudado a ser una mejor persona y erudito. Ella encarna el Espíritu de Pentecostés como ninguna otra persona que conozco. Gracias, Kimberly, por mostrar a través de tu vida, ser testigo, cuidar y amar mucho de lo que investigo en este libro.

Seattle, Washington
2016

Introducción

Algunos días simplemente se destacan más que otros. Recuerdo, como si fuera ayer, ir a la oficina del decano académico cuando era estudiante de seminario para recoger un examen de esos que se hacen en la casa para un curso intensivo que recientemente finalizaba. El curso en sí estaba relacionado con las raíces teológicas del pentecostalismo, y mi profesor había sido Donald Dayton, el eminente teólogo e historiador de los movimientos de santidad pentecostal. Tal vez por una mezcla de ansiedad y curiosidad, eché un vistazo al examen una vez que lo obtuve y salí de la oficina. La primera pregunta fue conmovedora: "¿Es el pentecostalismo un movimiento protestante?" Mi típica respuesta de estudiante fue: "¡No hablamos de eso en clase! ¡Esa no es una pregunta justa!" Pero esa pregunta ha sido prominente a lo largo de mis reflexiones sobre el pentecostalismo. Representa una línea de investigación que ha adquirido vida propia. En ese momento, me conmovió y, como lo demuestra este libro, continúa haciéndolo hoy. ¡No es una mala pregunta para el examen después de todo!

Cuando me hago la pregunta, recuerdo bastante vívidamente que tenía pensamientos encontrados. Soy un mexicano-americano que nació y pasó sus primeros años en México. Durante mi juventud allí, si uno no era católico y aún se identificaba como cristiano, uno era incluido en una categoría general por ser uno de los evangélicos. Por lo general, todos en esta última categoría -presumiblemente protestante-, fueron considerados "distintos" o incluso "anticatólicos". En mi experiencia, los cristianos mexicanos no católicos tienden a vincularse como la "otra" categoría en un grupo predominantemente católico. contexto y cultura. Por lo tanto, al crecer como un pentecostal mexicano, asumí la identidad de ser un evangélico. Sobre la base de este trasfondo, tenía sentido para mí confundir el pentecostalismo con el "evangelicalismo", ya que este último término era tan vago e indeterminado en el contexto mexicano. Por estas razones culturales más amplias, se podría decir que los pentecostales mexicanos son evangélicos.

Pero a medida que meditaba más en la cuestión y comencé a meditar sobre lo que consideraba enfoques y temas típicamente protestantes a medida que los entendía y experimentaba como un adulto joven (vivía entonces en el contexto estadounidense), llegué a la conclusión de que la

Introducción

etiqueta no era del todo adecuada. Por supuesto, el pentecostalismo, como lo experimenté, tenía una serie de características que uno podría etiquetar holgadamente como protestantes, más específicamente, evangélicos. Estos incluían la forma en que la autoridad de la Biblia a menudo se presentaba con la necesidad de una "experiencia de conversión" para que uno pudiera considerarse salvo. Sin embargo, tan cerca como estos dos mundos eran uno del otro, no obstante, eran marcadamente distintos en mi mente. Intuitivamente, en la experiencia y en la práctica, sabía que el pentecostalismo simplemente no encajaba con gran parte del etos evangélico, tal como lo entendí y lo vi en una serie de confraternidades y movimientos en el ámbito estadounidense. Sin duda, los puntos de conexión estaban disponibles, sin embargo, para mí, representaban dos mundos diferentes. Y una vez que traje esta realidad al frente de mi conciencia, El pentecostalismo comenzó a tener para mí una relación cada vez más tensa con ese gigante en gran parte indeterminado conocido en el mundo anglófono como el evangelicalismo. Después de muchos años, creo, pero no puedo estar seguro, de que respondí negativamente la pregunta sobre el examen: que el pentecostalismo no es una tradición protestante, porque a menudo no se permiten algunas de las características más distintivas que hacen que el pentecostalismo sea lo que es. en la mesa protestante, ya sean los sectores fundamentalistas, liberales o ampliamente evangélicos de esa tradición. Esta intuición me fue confirmada en una conversación con otro profesor mío, Stanley Hauerwas, quien una vez mencionó de paso durante mi formación de doctorado: "Su tradición es más similar al catolicismo romano que al protestantismo". Con mi pasado mexicano, encontré este comentario sorprendente, pero simplemente fue una señal más que me llevó a explorar el carácter del pentecostalismo a la luz de otras opciones cristianas.

El objetivo del presente trabajo es dar cuerpo al pensamiento de que el pentecostalismo en una serie de puntajes no es una tradición protestante en general y que no forma parte de una amalgama conocida como evangelicalismo en particular. Me doy cuenta de que los lectores podrían tener razones muy importantes para rechazar esta tesis. Por ejemplo, el pentecostalismo no surgió de un vacío histórico y teológico. Muchas de sus características dominantes temprano y subsecuentemente en su historia fueron decisivamente de la variedad evangélica. No podemos idealizar la forma y los desarrollos de la identidad pentecostal primitiva para construir un edificio estable e independiente que, como podemos decir, solo fue subsiguientemente comprometido a través de adiciones y capitulaciones al redil evangélico. Sobre la base de estas observaciones contextualizadoras, muchos dirían que el pentecostalismo es simplemente una rama o al

INTRODUCCIÓN

menos una vaga parte del campo Evangélico. En términos del presente, dimensiones significativas de poder, influencia, relevancia y credibilidad parecen respaldar la tesis de que el pentecostalismo se entiende mejor como simplemente una subtradición evangélica. Por ejemplo, los pentecostales ahora son poderosos y líderes en muchos contextos: han ocupado altos cargos gubernamentales en los Estados Unidos y en el extranjero, han sido presidentes de instituciones evangélicas de educación superior, fueron actores tempranos y significativos en grupos como la Asociación Nacional de Evangélicos, son prominentes en la industria de medios y entretenimiento, y más. Como resultado, los pentecostales contribuyen y se benefician de un "evangelicalismo" colectivo más grande, de forma tal que construyen coaliciones, comparten recursos, ganan respetabilidad e influyen en la cultura en general.

Incluso con estas realidades importantes, deseo argumentar que un poco se pierde potencialmente al encerrar la identidad pentecostal total y completamente dentro del redil evangélico más grande. A pesar de los comentarios en contrario, el pentecostalismo nunca fue en sus primeras formas simplemente "evangelicalismo con lenguas". Los historiadores y otros investigadores del movimiento a menudo han querido preservar la distinción en varios frentes, y tanto los pentecostales como los no pentecostales se benefician de los esfuerzos hacia este fin. Lo que está en juego es bastante alto en esta discusión para la perpetuación de un sentido de trabajo del carácter único del pentecostalismo.

Para los propios pentecostales, lo que está en juego es el grado en que forman parte de una tradición autoconsciente, que supervisa y adjudica la continuidad y el desarrollo dentro de su redil para perpetuarse fielmente a través del tiempo. Este proceso no es necesariamente intuitivo para las tradiciones en general, pero especialmente no es el caso de los pentecostales, ya que se enorgullecen de ser "personas del Espíritu" que están en movimiento en lugar de enfocarse en el pasado. Renunciar a la compra de la tierra en la que tuvo lugar el avivamiento de la calle Azusa porque los líderes de la iglesia "no estaban interesados en reliquias" es representativa y sintomática de este supuesto *modus operandi*. Y, sin embargo, la identidad pentecostal abarca ahora varias generaciones, y se han producido transiciones significativas dentro de tal extensión. Sin el trabajo activo de la "negociación tradicional", estas transiciones no pueden ser tanto desarrollo, sino impedimentos a lo que los pentecostales típicamente valoran de sí mismos, especialmente si no hay una conciencia continua y saludable de lo que es el pentecostalismo y su papel dentro de la economía de Dios. Es comprensible que uno no necesite ni deba buscar una represalia del pentecostalismo en sus formas anteriores, ya que los

Introducción

cambios a lo largo del tiempo son inevitables y, en cierto sentido, necesarios. Uno no debe romantizar el pasado. Pero mi preocupación aquí es si los pentecostales han hecho lo suficiente para luchar con el estado de los cambios que han sufrido a lo largo de las décadas y si esos entre sus filas tienen cierto sentido de lo que es distintivo de su tradición, especialmente si se los compara con relatos alternativos de la vida cristiana. Dadas las repetidas acusaciones de "complejo de inferioridad" del pentecostalismo y su deseo de respetabilidad cultural,[1] se podría argumentar que algunas de las transiciones sufridas por el pentecostalismo (que a veces parecieron alinear más al pentecostalismo con el etos evangélico), se llevaron a cabo más por conveniencia y ventaja inmediata que determinación deliberada y medida.[2] Por lo tanto, lo que está en juego en estos asuntos es el grado en que los pentecostales entienden y se mantienen fieles a lo que son a través del tiempo.

Para los no pentecostales, este asunto es de gran preocupación e interés ecuménico. El pentecostalismo tiene una historia rica y complicada para contar y la vida para representar. Sus particularidades, características, idiosincrasias y excentricidades constituyen un regalo para la iglesia y el mundo en general. La belleza del ecumenismo se muestra cuando grupos cristianos específicos pueden dar sólidos testimonios de cómo Dios trabaja en medio de ellos, pero cuando un grupo particular no puede rendir fiel y efectivamente su testimonio, algo de la obra trina de Dios se pierde en la conciencia del conjunto. En su caso, si los pentecostales tienen dificultad para articular y mantener su identidad única, lo que está en juego para la iglesia católica es significativo. Ellos y otros movimientos del Espíritu pueden ser desechados, incomprendidos o resistidos a raíz de este vacío de ignorancia. Lamentablemente, el pentecostalismo puede continuar en tal situación para ser entendido como sólo "evangelicalismo en lenguas" o (peor) un movimiento desviado de la ortodoxia cristiana.

¿Qué es exactamente, entonces, el pentecostalismo si no es un movimiento evangélico *per se*? La categorización que, espero sea convincente tanto para pentecostales como para no pentecostales, es que el pentecostalismo se defiende mejor como una instanciación moderna de la corriente mística del cristianismo reconocible a lo largo de su historia. En otras palabras, el pentecostalismo se entiende mejor como una tradición mística de la iglesia católica. El reclamo puede no ser evidente para los lectores debido a una serie de reservas y objeciones sobre una gran cantidad de asuntos, pero yo

---

[1] La expresión clásica aquí, es la de Cheryl Bridges Johns, "The Adolescence of Pentecostalism: In Search of a Legitimate Sectarian Identity," *Pneuma* 17, no. 1 (1995): 3–17.

[2] Este punto coincide con el ángulo "pragmático" argumentado por Grant "Wacker en Heaven Below: Early Pentecostals and American Culture" (Cambridge, MA: Harvard University Press, 2001).

INTRODUCCIÓN

diría que esta manera de emitir el pentecostalismo es la forma más fiel de preservar sus impulsos tradicionales, preocupaciones, prioridades y características generales del etos que continúan estando presentes en sus formas contemporáneas más vitales. Estas características místicas han sido prominentes en diferentes etapas de la historia de la iglesia, pero lamentablemente, el protestantismo en general y el evangelicalismo en particular a menudo han evitado o descartado estos como parte del testimonio del Evangelio. La incómoda relación a veces entre los pentecostales y los protestantes a veces puede ser el resultado de la incapacidad o el rechazo de este último para dar cuenta de las dimensiones místicas del cristianismo. De hecho, las reservas que los evangélicos típicamente expresan hacia el pentecostalismo también podrían aplicarse a otras circunscripciones y movimientos impulsados por el Espíritu, que demuestran características místicas.

Por lo tanto, este trabajo mira internamente a los procesos dentro de la negociación de la identidad pentecostal, pero también externamente en el sentido de reclamar el lenguaje de la mística en un contexto teológico en el que lo místico se mantiene al margen o con sospecha. La teología académica en el occidente moderno ha tomado una serie de giros y vueltas, pero la división entre teología y espiritualidad es un legado que a menudo ofusca la comprensión práctica de la vida cristiana. Mientras que el cristianismo está disminuyendo en muchos sentidos en el norte transatlántico, está floreciendo en el sur global, y estos desarrollos bien pueden representar al menos una acusación parcial de algunas de las características más preocupantes que surgen de la modernización de Occidente, una de estos es la fragmentación y la disolución del conocimiento teológico. Como ejemplo, aquellos en el Sur global a menudo pueden hablar de Dios desde una postura más segura que sus contrapartes del norte. Tristemente, este último, de una manera más indicativa de su malestar, podría considerar el primero como ingenuo y simplista; sin embargo, la antigua circunscripción puede afirmar que es el futuro del cristianismo en este planeta, afirmando que estos últimos han perdido su orientación teológica y espiritual.[3]

Una vez más, una estrategia potencial para avanzar en medio de un atasco norte-sur es que ambas partes reconozcan el carácter místico de la

---

[3] Según Philip Jenkins, "estas nuevas iglesias (pentecostales e independientes) predican una profunda fe personal y la ortodoxia, el misticismo y el puritanismo comunitario, todo fundado en una clara autoridad escritural. Predican mensajes que, para un occidental, parecen simplistas carismáticos, visionarios y apocalípticos. . . . Para bien o para mal, las iglesias dominantes del futuro podrían tener mucho en común con las de la época medieval o de la Europa moderna temprana". (*"The Next Christendom: The Coming of Global Christianity"*, rev. and exp. ed. [Oxford: Oxford University Press, 2007], 8).

Introducción

encarnación cristiana. Una gran variedad de interconexiones se puede hacer entre las muchas formas del cristianismo una vez que el lenguaje de la mística es viable para el uso contemporáneo.

Estas afirmaciones representan la carga de los argumentos que siguen. Antes de continuar, sin embargo, algunas observaciones aclaratorias y contextualizadoras están en orden. Las formas de pentecostalismo que conozco mejor a nivel experimental son las variedades mexicana, latina y latinoamericana. Sin embargo, las formas de pentecostalismo que investigo aquí en gran medida serán las formas angloamericanas, ya que gran parte de lo que deseo decir con respecto al pentecostalismo requiere los recursos de la academia pentecostal (como lo demostrará el capítulo 1), que hasta el día de hoy es en gran medida una circunscripción impulsada por el inglés (aunque este sector es multiforme en sí mismo, con voces canadienses, australianas y británicas junto con las estadounidenses). Me doy cuenta de que este tipo de circunscripción es problemático, dado que gran parte de las formas más vibrantes del pentecostalismo contemporáneo se encuentran fuera de este contexto, y estos desarrollos han capturado la imaginación de muchos en la academia. Por mi parte, no pretendo ser capaz de hablar o explicar el todo. Muchos han notado que tal tarea es simplemente imposible, dada la diversidad de muchas expresiones del pentecostalismo,[4] y tiendo a estar de acuerdo con tal evaluación, ya que me parece más intelectualmente convincente hablar de un arreglo particular que generalizar a un todo global. Hay muchos pentecostalismos, no solo uno, y este reconocimiento es verdadero no solo en términos globales, sino también en América del Norte.[5] Mi objetivo es entrelazar varios aspectos dentro del contexto estadounidense para sondear, evaluar, criticar y trabajar a partir de dicha amalgama. Cualquier implicación que estos esfuerzos puedan tener en otros contextos es mejor dejarla en manos de sus respectivos representantes e investigadores.

Como me he centrado en cierta localización del pentecostalismo, es apropiado limitar de manera similar la categoría "evangelicalismo". El encuadre del último término también es importante, dados sus amplios usos y aplicaciones. En el capítulo 3, considero más extensamente las formas de evangelicalismo que tengo en mente. Alentadoramente, ciertos eruditos evangélicos han mostrado recientemente una mayor afinidad con algunas de las simpatías y afirmaciones que se demuestran en el presente

---

[4] Se puede encontrar una representación útil de la complejidad en Allan H. Anderson, "*An Introduction to Pentecostalism*", 2nd ed. (Cambridge: Cambridge University Press, 2014), 1–7.
[5] Para un desmantelamiento de la unidad supuesta en este último contexto, véase Douglas Jacobsen, "*Thinking in the Spirit: Theologies of the Early Pentecostal Movement*" (Bloomington: Indiana University Press, 2003), 10–11.

INTRODUCCIÓN

libro. Reconozco plenamente el desafío de dar cuenta de algo llamado evangelicalismo, y me doy cuenta de que muchos evangélicos auto identificados no estarán de acuerdo con algunas o incluso la mayoría de las formas en que defino el conglomerado aquí; por lo tanto, deseo ser sincero al admitir que he elegido consciente y deliberadamente enfocarme solamente en uno de los aspectos particulares del evangelicalismo. En mi opinión, este capítulo es importante; tiende a ser ruidoso y auto afirmativo al pretender mantener la línea evangélica, y se perpetúa a través de una serie de lugares, canales e instituciones. Soy el primero en admitir, sin embargo, que las voces y movimientos que se examinan aquí no representan toda la historia de lo que el evangelicalismo ha sido, es y puede ser en el futuro.

Además, también está en juego mucho cómo uno define "misticismo" y sus cognados. Considero esta definición particularmente en el capítulo 2, pero algunos comentarios aquí también están en orden. Bernard McGinn señala incisivamente que el término "teología mística" precedió al "misticismo" por más de un milenio. El primero, que apunta hacia la teoría y la praxis que apuntala la búsqueda de un tipo particular de vida, tiene una órbita más amplia que la segunda. Un poco más tarde, McGinn alude a otra realidad aleccionadora: "Los relatos en primera persona son raros en el primer milenio del misticismo cristiano."[6] Es decir, lo que muchos hoy consideran típico de la experiencia mística no fue el caso durante los primeros mil años del cristianismo. En términos de estos y otros temas, McGinn contextualiza la forma en que uno puede llegar a comprender y seguir el estudio del misticismo dentro del cristianismo. Un objetivo del presente estudio es calificar y matizar el lenguaje de la mística en la dirección de la teología mística. Dicho de otra manera, estoy convencido de que tenemos que reclamar el lenguaje de la mística tal como se aplica específicamente a la tarea teológica cristiana. Creo que la teología mística merece un lugar en la mesa de las diversas teologías que se discuten hoy en la academia cristiana, en parte para dar continuidad y coherencia al conocimiento teológico.

Asimismo, "misticismo" y "espiritualidad" son términos fuertemente vinculados en lo que sigue, pero para mí no son del todo sinónimos. Considero que el "misticismo" está directamente relacionado con el encuentro con el Dios de la confesión cristiana, con la "espiritualidad" considerando tal encuentro dentro de su órbita más amplia, incluidas las actividades y prácticas que anticipan tanto el encuentro mismo como los resultados y obligaciones derivados de eso. Dentro de este arreglo, el

---

[6] Bernard McGinn, *"The Foundations of Mysticism: Origins to the Fifth Century"* (New York: Crossroad, 1991), xiv.

Introducción

misticismo cristiano es un subtema dentro del dominio más amplio de la espiritualidad cristiana.

En ocasiones, los lectores pueden llegar a creer que la visión sostenida en este libro es artificial, anacrónica o interpoladora. Estoy bastante seguro de que algunos lectores sospecharán que mi evaluación del carácter teológico del pentecostalismo es mía y sólo mía. En respuesta a este juicio, permítanme ofrecer dos conjuntos de observaciones. Primero, este trabajo es en muchos sentidos un esfuerzo constructivo. No soy historiador, y lo que sigue probablemente no satisfaga los ojos y la sensibilidad de un historiador. Algunos podrían etiquetar mi uso de materiales de origen, ya sea pentecostal (capítulo 4) o de la tradición cristiana más amplia (capítulo 5), como ecléctico o estratégico. ¿Por qué sufrir este riesgo? Lo hago porque creo que las voces del pasado pueden ser recursos para una tradición que enfrenta desafíos contemporáneos. El objetivo con esta confianza en el pasado no es estrictamente escuchar estas voces en sus contextos originales. El propósito, más bien, es escuchar a estos testigos para que puedan hablar en el presente y ofrecer alguna dirección a aquellos de nosotros que buscamos ayuda.

Estoy convencido de que el pentecostalismo ha sido inútilmente cargado de epistemologías mutuamente contradictorias y metodologías teológicas a lo largo de su historia reflexiva, cada una reivindicada exclusivamente por sus partidarios como "la opción pentecostal". Avanzar en una situación tan confusa implica contextualizar y ganar perspectiva para las propuestas a mano y haciéndolo en conversación con recursos más amplios y profundos. Tal es el razonamiento para pensar en el pentecostalismo como una tradición mística. Si el culto y testimonio de Dios Pentecostal en la obra y sus matices es el verdadero Dios de la confesión cristiana, entonces tenemos que ir más allá de las limitaciones epistemológicas y teológicas de finales del siglo XIX y principios del siglo XX y centrarnos en la totalidad de la autorrevelación de este Único que es el mismo ayer, hoy y siempre. En cuanto a la idoneidad y aplicabilidad del lenguaje del misticismo mismo para tal fin, prefiero apelar a un tipo de razonamiento que creo que surte efecto en Atanasio para la relevancia de la palabra *homoousios*, a pesar de su inexistencia en el testimonio bíblico: *verbum non est, sed res ubique* ("la palabra no está allí, pero la realidad está en todas partes"). En lo que sigue, defiendo tal comprensión, a saber, que vemos el movimiento pentecostal como una tradición mística cristiana.

Finalmente, deseo que el presente estudio como un todo fortalezca el cuerpo de Cristo; Me esfuerzo por identificarme y contribuir con la iglesia católica. Intento dar un recuento factible de una tradición narrativa, una que identifique y justifique de una manera compleja y significativa lo que significa ser cristiano a través del espacio y el tiempo. Se introducen una serie de complicaciones (históricas, teológicas, sociológicas, culturales, políticas) cuando uno habla de "la iglesia" o "la iglesia católica", pero también creo que un poco se pierde si no podemos hacerlo. Dadas sus formas de pensamiento, actos de discurso y prácticas, los pentecostales son completamente parte de una órbita más amplia, una historia más larga del pueblo de Dios peregrinando junto a este Dios que se auto descubre a sí mismo. Este viaje ha tenido lugar en una amplia variedad de contextos, incluida Jerusalén, según se registra en Hechos 2; la Abadía de San Víctor, París; una celda de prisión en Toledo, España; y un edificio en ruinas en 320 Azusa Street, Los Ángeles. Esta es una historia significativa y convincente y hermosa, porque tiene al Dios Trino en el centro, el que satisface y aviva el deseo eterno.

CAPÍTULO 1

El Desafío del Método

Este trabajo opera necesariamente dentro de los dominios del método teológico y la epistemología. Varias propuestas en este frente existen en la teología pentecostal, como lo ha demostrado un reciente estudio comparativo.[1] Para los propósitos de este libro, sin embargo, destacaré el enfoque que considera el pentecostalismo como una espiritualidad, ya que esta orientación aborda rasgos de la vida pentecostal que no están disponibles de otra manera en el discurso teológico. Estas características se captan en parte en los siguientes comentarios de Walter Hollenweger, quien señala que la fortaleza de los pentecostales "no radica en lo que conceptualizan sino en lo que sucede a los participantes en sus liturgias. Su contribución es más fuerte en el nivel de la espiritualidad y la liturgia vivida y no en el nivel de la interpretación de la espiritualidad, la liturgia y la teología."[2] Los pentecostales han sido propensos a priorizar la puesta en escena y la dinámica de la fe en lugar de prestar atención a su conceptualización o racionalización (aunque también hacen este tipo de trabajo, una realidad, no siempre conocida o reconocida por los observadores). Este tipo de privilegio podría muy bien establecer la tarea teológica de una manera distinta. ¿Debería la metodología teológica ser afectada como resultado de esta priorización? Y de ser así, ¿cómo? Este capítulo aborda estas cruciales preguntas.

Comenzamos considerando el trabajo pionero que otorgó a la espiritualidad un papel central en la teología pentecostal, y también consideramos los desafíos que continúan estando a la vanguardia de dicho enfoque. A pesar de la creciente conciencia de la necesidad de incluir de alguna manera la espiritualidad en los esfuerzos teológicos, el asunto sigue

---

[1] Christopher A. Stephenson, *"Types of Pentecostal Theology: Method, System, Spirit"* (Oxford: Oxford University Press, 2013).
[2] Walter Hollenweger, "Pentecostals and the Charismatic Movement," en *"The Study of Spirituality,"* ed. Cheslyn Jones, Geoffrey Wainwright, y Edward Yarnold (Oxford: Oxford University Press, 1986), 553–54.

creando confusión y tal vez incluso frustración, ya que no hay consenso sobre cómo hacerlo metodológicamente.

Atreverse a Concebir el Pentecostalismo como una Espiritualidad dentro de la Academia

En muchos sentidos, la publicación de Steven J. Land *Espiritualidad Pentecostal* fue un momento decisivo para los estudios pentecostales.[3] El libro fue el volumen inaugural de la serie "Revista de Suplemento de Teología Pentecostal", que se originó con el comienzo del Revista de Teología Pentecostal. Ambos esfuerzos surgieron a principios de la década de 1990 de las conversaciones que John Christopher Thomas y Rickie Moore estaban teniendo con la Imprenta Académica de Sheffield. Al reflexionar sobre los detalles de estos desarrollos, Thomas señala que la reunión de la Sociedad de Estudios Pentecostales de 1990 fue especialmente importante, ya que en ese momento parecía que la erudición pentecostal había alcanzado un punto crítico. Al señalar cómo avanzar con la serie en particular, Thomas y Moore estaban de acuerdo. Más tarde, Thomas reflexionó sobre este momento: "Sabíamos de inmediato cuál debería ser el primer volumen; la disertación de doctorado de la Universidad de Emory, que Steve Land iba a completar pronto sobre Espiritualidad Pentecostal, una obra que en gran parte trazaría el curso de una variedad de compromisos constructivos en el área de la teología pentecostal."[4]

Esta intuición de la importancia del trabajo de Land era apropiada, porque Land estaba pidiendo una revisión del pentecostalismo norteamericano, no tanto desde perspectivas explícitamente históricas, sociológicas, psicológicas u otras no teológicas, sino desde el etos de los propios pentecostales como se conoce a través de una metodología inductiva teológica. Land se centró en los testimonios y prácticas de los primeros pentecostales estadounidenses durante la primera década del movimiento, un momento que en su mente (y siguiendo el ejemplo de Walter Hollenweger) marca el corazón del pentecostalismo.[5] Cuando Land leyó los testimonios y los sucesos de estos primeros pentecostales, comenzó a buscar las categorías apropiadas para describir lo que estaba

---

[3] Steven J. Land, *Pentecostal Spirituality: A Passion for the Kingdom, Journal of Pentecostal Theology Supplement 1* (Sheffield: Sheffield Academic Press, 1993). Este libro ha sido reimpreso a través de CPT Press (2010).
[4] John Christopher Thomas, "Editorial," Journal of Pentecostal Theology 18, no. 1 (2009): 2–3.
[5] Hollenweger, "Pentecostals and the Charismatic Movement," 551.

descubriendo, las que podrían tener la dirección constructiva que le interesaba. La categoría principal que le llamó la atención fue "espiritualidad". Según Land, el término es útil porque puede explicar, entre otras cosas, la "altura" del pentecostalismo (alabanza, adoración, oración a Dios) y su "profundidad". (Convicciones, pasiones, disposiciones). El razonamiento de Land fue el siguiente: dado que el foco de la vida pentecostal es la adoración comunitaria, lo que los pentecostales creen puede considerarse adecuadamente solo en relación con sus prácticas y disposiciones. El enfoque de Land es, por lo tanto, distintivo, ya que enfatiza esta calidad multidimensional tanto analítica como constructivamente.

Hablar de "espiritualidad" ha ganado bastante popularidad últimamente, tanto dentro como fuera de los círculos cristianos, pero solo recientemente se ha considerado una categoría teológica seria que merece escrutinio dentro de los entornos académicos formales.[6] La división de larga existencia entre la iglesia y la academia, forjada a lo largo de los siglos en Europa occidental, ha seguido plagando los esfuerzos teológicos formales, y dentro de ese contexto, la "espiritualidad" no puede sino sonar privatista, pietista y excesivamente eclesiástica. Para algunos que asumen estas conclusiones, la teología seria necesita evitar los prejuicios y la falta de sofisticación que pueden surgir cuando se habla de los viajes de fe de las personas, las prácticas de adoración y los compromisos profundos y orientados a la vida. La forma de preservar esta división a menudo ha sido a través de la demarcación de los límites metodológicos y epistemológicos, de modo que el tema de la teología se determina desde el principio de una manera que lo hace académicamente respetable. Como resultado, la "espiritualidad" a menudo se presenta como algo que está más allá de los límites del escrutinio académico legítimo.

Para crédito de Land, él creía que acercarse al pentecostalismo a través de una lente teológica requería un enfoque metodológico que fuera pertinente y reflejara el etos pentecostal mismo. De lo contrario, sistematizar la fe pentecostal a lo largo de algunos aparatos conceptuales y organizacionales, podría implicar perder algunas de sus características más importantes, ya que tal proceso necesariamente implicaría sustraer e incluso divorciar las creencias pentecostales de las características vivificadoras de sus entornos originarios. De nuevo, Hollenweger es útil

---

[6] El término se considerará más extensamente en el capítulo 2, pero es interesante observar aquí cómo recientemente se ha usado la palabra en inglés para designar lo que hace hoy. Mientras que era un término usado para el reproche en francés durante el siglo XVII, en inglés ganó su énfasis en la piedad orante en el siglo XVIII y especialmente en el XIX. Ver el prefacio de Jones, Wainwright y Yarnold, *The Study of Spirituality*, xxiv–xxvi.

aquí al abordar el punto directamente: "Sin embargo, es difícil introducir este tipo de espiritualidad en la discusión ecuménica porque, si se reduce a conceptos y proposiciones, pierde su esencia misma."[7] Por lo tanto, los testimonios, los sermones, la actividad del altar y sucesos similares fueron considerados por Tierra como necesariamente relevantes en sus propios términos cuando contaba el etos teológico del movimiento pentecostal.

Sin embargo, como resultado de notar la orientación metodológica de Land, uno siente una tensión significativa dentro del campo de la teología que se puede resaltar preguntando: ¿Quién establece el privilegio metodológico en la tarea teológica? Como académico que escribió un libro que tuvo sus orígenes como disertación de doctorado, Land pudo haber tenido la tentación de presentar su trabajo más alineado con un tipo de orientación metodológica que era "más adecuada" para la teología contemporánea, particularmente del tipo que exhibe propiedades asociadas con el calificador "sistemático". A pesar de tales presiones, Land escribió su libro con una autocomprensión metodológica diferente. Como pentecostal formado por la academia, persiguió la teología pentecostal en una manera pentecostal autoconsciente. Dada su creatividad (¡y su fortaleza!), A Land se le atribuirá un avance metodológico en la teología pentecostal.

Land podría escribir como lo hizo, en parte debido a la influencia de su *Doktorvater* (padre-médico) Don Saliers. Durante su larga carrera, Saliers ha mostrado la dinámica y las posibilidades de la intersección entre teología y espiritualidad, un programa de investigación parcialmente informado por su identidad wesleyana, así como su formación como músico.[8] En Espiritualidad Pentecostal, Land se basa en Saliers para orientar las preocupaciones citando extensamente el tratamiento de Saliers de las reflexiones de Karl Barth sobre la oración y su primacía para la obra teológica.[9] Entre otras cosas, esta primacía se basa en el encuentro "Yo-Tú" entre el que ora y el hacia el cual uno ora. Hollenweger describe la dinámica de la siguiente manera: "Es imposible para los cristianos sumergidos en esta espiritualidad (en cualquier caso, en el Tercer Mundo) hablar de Dios sin hablarle a Dios, reintroduciendo o reforzando un principio católico y ortodoxo oriental en el discurso teológico."[10] Bajo tal descripción, la teología es una actividad provisional de dar cuenta al Dios

---

[7] Hollenweger, "Pentecostals and the Charismatic Movement," 553.
[8] Véase, por ejemplo, Don Saliers, *Worship as Theology: Foretaste of Glory Divine* (Nashville: Abingdon, 1994).
[9] Estas reflexiones pueden encontrarse en Karl Barth, Prayer, 50th ann. ed. (Louisville: Westminster John Knox, 2002).
[10] Hollenweger, "Pentecostals and the Charismatic Movement," 553.

de la confesión cristiana que finalmente se rinde a Dios como un acto de adoración en sí mismo.[11]

Como detalla la Espiritualidad Pentecostal, Land encontró que tal modelo era especialmente atractivo para representar la forma teológica y aumentar la productividad de la teología pentecostal. En lugar de una bifurcación ordenada por restricciones académicas, la división entre espiritualidad y teología podría entenderse dentro de este marco como una interfaz genuina en la que existía un condicionamiento e influencia mutuos.

El alcance de Land, aunque útil para transmitir una serie de dimensiones inherentes al pensamiento y la experiencia de los primeros pentecostales, crea, sin embargo, una serie de desafíos, que los críticos, sin duda, se verían inclinados a plantear como desafíos a su viabilidad. Por ejemplo: Land desea "enfatizar la importancia del Espíritu Santo como punto de partida para un enfoque pentecostal distintivo de la teología como espiritualidad"[12]; sin embargo, la pneumatología como un todo, es un campo desafiante para asegurarla epistémicamente. Si el Espíritu Santo es un "punto de partida", ¿cómo se puede identificar y comunicar tal origen de una manera que sea útil para la construcción teológica? Sí, la llamada teología del tercer artículo del Credo de Nicea parece ser especialmente compatible con las sensibilidades pentecostales,[13] pero hay que evitar varios peligros con un programa que se identifica a sí mismo, incluidos aquellos que reflejarían una importante privatización, interioridad y subjetividad. Además, el impulso integracionista que Land persigue entre las creencias y prácticas pentecostales es difícil de mantener, dado que opera fuera de los terrenos de la experiencia y los eventos específicos. ¿Cómo se pueden dar cuenta de tales condiciones y sus prácticas asociadas en los esfuerzos teológicos, dado que este último se suele hacer de forma separada del primero?[14] Finalmente, las

---

[11] Land, Pentecostal Spirituality, 36–37.
[12] Land, *Pentecostal Spirituality*, 39.
[13] Este trabajo está siendo emprendido gradualmente por una cantidad de académicos. Uno es D. Lyle Dabney; ver en particular sus ensayos "Otherwise Engaged in the Spirit: A First Theology for a Twenty-First Century," en *The Future of Theology: Essays in Honor of Jurgen Moltmann*, ed. Miroslav Volf, Carmen Krieg, y Thomas Kucharz (Grand Rapids: Eerdmans, 1996), 154–63, y "Why Should the Last Be First? The Priority of Pneumatology in Recent Theological Discussion," en *Advents of the Spirit: An Introduction to the Current Study of Pneumatology*, ed. Bradford E. Hinze and D. Lyle Dabney (Milwaukee, WI: Marquette University Press, 2001), 240–61. Amos Yong también ha seguido esa agenda en muchas de sus obras.
[14] Una vez más, hay propuestas disponibles para responder a estas consultas, pero están contrarrestando divisiones disciplinarias de larga data. Uno piensa, por ejemplo, en la descripción de la teología de Reinhard Hütter como una práctica de la iglesia, así como en los diversos relatos que se derivan de la explicación general de "prácticas" de Alasdair MacIntyre. Véase Reinhard Hütter *Suffering Divine Things: Theology as Church Practice* (Grand Rapids: Eerdmans, 2000); James J.

motivaciones, las disposiciones y los afectos son características internas de los "yo individual" que surgen de alguna psicología implícita. Con este último tema también hay compromisos antropológicos y morales que deben considerarse.[15] En todos estos puntajes, abundan los debates. El alcance de Land está cargado de una serie de desafíos, por lo que tiene perfecto sentido por qué la teología normalmente no persigue su obra dentro del dominio asociado con la "espiritualidad" en general. En lugar de ser principalmente una forma de actividad de discurso y analítica, El enfoque de Land es pneumatológico y orientado a la praxis, estos elementos seculares de la vida como centro para el cometido teológico, a los cuales, la teología sistemática suele tener dificultad para adaptarse, ya que estos últimos tienden a la abstracción y descontextualización. En medio de estos factores, uno puede preguntarse: ¿cómo se puede avanzar en la articulación de una teología en términos de espiritualidad, dado que el enfoque en sí mismo está en tensión con tantas de las formas en que la teología ha seguido a menudo?

Antes de ir demasiado rápido para responder esta pregunta en general, tal vez una estrategia sería mantener nuestra mirada a un nivel local, esto es, considerar este desafío en términos del caso particular del pentecostalismo— cómo ha tenido dificultades para tomarse en cuenta teológicamente y cómo esta situación es sintomática de la división prolongada entre la espiritualidad y la teología. Como se mostrará a continuación, los pentecostales han tratado repetidamente de dar cuenta de algo que puede etiquetarse como "Teología Pentecostal", pero han luchado poderosamente antes de tal tarea en gran parte debido a la naturaleza fragmentada de la faena teológica contemporánea de la cual han perseguido tales trabajos. Los eruditos pentecostales a menudo han tenido cierto sentido intuitivo de lo que es el pentecostalismo en general y por experiencia, pero la academia les ha servido para encontrar categorías y métodos que les ayuden a explicar y articular lo que saben a un nivel tácito y visceral sobre su tradición.

Buckley y David S. Yeago, eds., *Knowing the Triune God: The Work of the Spirit in the Practices of the Church* (Grand Rapids: Eerdmans, 2001); y Miroslav Volf y Dorothy Bass, eds., *Practicing Theology: Beliefs and Practices in Christian Life* (Grand Rapids: Eerdmans, 2002).

[15] Land trabaja en gran medida a partir de un relato wesleyano de tales asuntos, que está en consonancia con la formación que recibió en la Escuela de Teología Candler de Emory University, un seminario metodista unido. Land también fue influenciado en Emory por Theodore Runyon y Roberta Bondi. Juntos, estos académicos ayudaron a Land a ver el papel central que juegan la narrativa y los afectos en la vida cristiana. Ambos temas están operativos en *Pentecostal Spirituality*.

El Escándalo de la Teología Pentecostal

Una ocasión que hizo surgir preocupaciones metodológicas de este tipo fue el compromiso de ciertos estudiosos pentecostales con El escándalo de la Mente Evangélica de Mark Noll (1994). El volumen de Noll estimuló una serie de discusiones relacionadas con la intersección de la fe y la academia. En resumen, Noll lamenta la forma en que el evangelicalismo ha surgido dentro de la escena estadounidense como en gran medida anti-intelectual e indiferente al fomento de una "vida de la mente cristiana," entendiéndose este último como "el esfuerzo de pensar como un cristiano: pensar dentro de un marco específicamente cristiano, en todo el espectro del aprendizaje moderno". Además de citar los límites del sistema universitario estadounidense que han contribuido a este "escándalo", Noll escribe una crítica mordaz de una serie de movimientos religiosos que clasifica bajo la rúbrica "fundamentalismo", Según Noll, el fundamentalismo contribuyó al escándalo a través de desarrollos asociados con los cristianos de Santidad, los Pentecostales y los Dispensacionalistas. Con respecto al primer grupo, Noll menciona que los defensores de la santidad del lenguaje promovieron lo que era "expresar una creciente preocupación por experimentar las realidades de la espiritualidad cristiana,"[16] especialmente a través de términos asociados con santificación y pneumatología.[17] En cuanto al pentecostalismo, menciona que, mientras que el cuádruple Evangelio (que representa a Jesús como Salvador, Bautizador del Espíritu, Sanador y el Rey venidero) fue un conjunto clave de temas para las primeras formas del pentecostalismo, "su característica central sigue siendo la creencia de que la persona del Espíritu Santo podría ser experimentada espiritual, física y verbalmente en estos últimos días."[18]

Noll condena principalmente el dispensacionalismo en términos de la atención que presta en su crítica general al fundamentalismo; sin embargo, el agrupamiento de los movimientos Pentecostales y de Santidad junto con el dispensacionalismo carece de matices e incluso es un poco injusto, un punto que ha reconocido hasta cierto grado.[19] Más hacia el punto de este capítulo, está claro que parte de lo que Noll encuentra "innovador" (que para él no es un cumplido) acerca de estos movimientos es su particular énfasis en la pneumatología, la experiencia religiosa, etc. Noll afirma

---

[16] Mark A. Noll, *The Scandal of the Evangelical Mind* (Grand Rapids: Eerdmans, 1994), 7, 116.
[17] Desde su final, los eruditos de Santidad respondieron al trabajo de Noll en *Wesleyan Theological Journal* 32.1 (1997).
[18] Noll, *The Scandal of the Evangelical Mind*, 116.
[19] Véase, Mark A. Noll, *Jesus Christ and the Life of the Mind* (Grand Rapids: Eerdmans, 2011), 151–52.

explícitamente que no se opone a los méritos de la espiritualidad *per se*, pero desea subrayar cómo ciertas formas relacionadas (incluidas las características de la vida pentecostal cuando las narra) han contribuido al problema que desea exponer dentro de la erudición protestante.

El trabajo de Noll dio en el blanco, en parte porque estaba en un punto incómodo en general, es decir, que el énfasis en las cosas "espirituales" en las formas modernas de la cultura de avivamiento estadounidense históricamente ha tenido el potencial de debilitar la preocupación por lo "natural". Si la realidad está enmarcada dualísticamente— que a menudo es una característica de la modernidad compartida por los pentecostales y sus aliados y críticos de diversas tendencias-, inevitablemente, se destacará una característica con descuido de la otra. Una mundanalidad como la resaltada por la cultura del avivamiento podría eclipsar el respeto por los asuntos de esta preocupación mundana, que en este caso no serían tanto "placeres pecaminosos" como lo sería el respeto por las esferas creativos — y, por lo tanto— intelectuales.

Teniendo en cuenta el extenso análisis de Noll y, hasta cierto punto, mordaz, los académicos pentecostales respondieron directamente a su trabajo. Dos de estas respuestas fueron de Cheryl Bridges Johns y James K. A. Smith.[20] La crítica de Johns es esencialmente que Noll perpetúa las suposiciones modernas sobre el conocimiento— que él utiliza "una forma de mente históricamente condicionada para criticar a otra mente históricamente condicionada,"[21] y tal enfoque necesariamente margina a grupos como los pentecostales (y por implicación temas como la espiritualidad y la pneumatología), ya que no se ajustan al paradigma estándar en el trabajo que asume Noll y que hace posible su crítica. La lectura alternativa de Johns es que el pentecostalismo habita más adecuadamente en el espacio posmoderno que el moderno porque el primero permite un tipo de particularidad que una propuesta genérica tal como "pensar como un cristiano", (el lema de Noll) no lo hace. Ella encuentra que las frases usadas por aquellos a quienes critica Noll son realmente respetables intelectualmente (incluyendo "dejar ir y dejar a Dios", así como "poner todo en el altar") en que hablan abiertamente contra la presunción y arrogancia de las formas de pensamiento modernas. Con este tipo de desafío, Johns da una interesante bienvenida a los deconstruccionistas como socios de los pentecostales que luchan por

---

[20] Cheryl Bridges Johns, "Partners in Scandal: Wesleyan and Pentecostal Scholarship," *Pneuma* 21 (1999): 183–97, and James K. A. Smith, "Scandalizing Theology: A Pentecostal Response to Noll's Scandal," *Pneuma* 19 (1997): 225–38. El artículo de Johns fue presentado originalmente en la Reunión Anual de la Sociedad de Estudios Pentecostales de 1998, pero no se publicó hasta 1999. La respuesta de Yong (que se citará más adelante) responde al artículo de Johns y se publicó en 1998.

[21] Johns, "Partners in Scandal," 188.

resistir las representaciones evangélicas de la "mente cristiana" que son modernas en su núcleo.

Por su parte, Smith argumenta en un artículo anterior que el pentecostalismo se volvió fundamentalista solo más adelante en su existencia y lo hizo en una tensión extrema con sus raíces.[22] Para Smith, el pentecostalismo se entiende mejor no como anti-intelectual sino como anti-intelectualismo.[23] Los pentecostales tienen una tradición crítica que ha marcado su movimiento desde el principio,[24] sin embargo, sus instintos traicionan la creencia de que una teoría no es necesaria para el reconocimiento de la inteligibilidad y la coherencia. Smith cree que Noll colapsa la fe y la teología en su modelo integracionista, siendo el primero absorbido por este último de una manera que la teología en cuestión continúa dependiendo de las características de la "ilustración evangélica" derivada de la antigua Princeton y otras influencias del siglo XIX. Smith también reconoce que nunca ha habido una sola teología evangélica; más bien, tenemos múltiples teologías evangélicas, dada la complejidad que rodea al conglomerado que es el evangelicalismo en el escenario estadounidense. Para Smith, lo que Noll menosprecia sobre estos movimientos "teológicamente innovadores" sugiere algo de la orientación teológica-metodológica implícita y específica de Noll. Smith afirma que no está nada claro de las páginas de Escándalo lo que Noll cree qué es o debería ser la teología,[25] solo que la teología propiamente entendida (1) no debería abogar por lo que es un otro mundo (una especie de

---

[22] En el mismo año de este artículo, Smith siguió esta línea de argumentación con más detalle en "The Closing of the Book: Pentecostals, Evangelicals, and the Sacred Writings," *Journal of Pentecostal Theology* 5, no. 11 (1997): 49–71.

[23] Esta preocupación se debe en parte a la necesidad que los primeros pentecostales vieron de ser humildes ante Dios, incluso en su pensamiento. En el primer número del boletín de Azusa's *Apostolic Faith*, el Hermano S. J. Mead comunicó el sentimiento de la siguiente manera: "Mi alma gime esta mañana para que el Espíritu Santo tenga el control perfecto de su templo. A menudo obstaculizamos el bendito cortejo y el poder de su amor mediante corrientes cruzadas de nuestra mente y pensamiento humanos. Que Dios nos ayude a ser pequeños ante nuestros propios ojos, no demasiado ansiosos de servir mucho, sino de amarlo con todo nuestro corazón, mente y fuerza." (*Apostolic Faith* 1.1 [1906]: 3).

[24] Smith ha mencionado repetidamente el trabajo de Walter Hollenweger, que da voz a la tradición pentecostal "crítica"; ver Hollenweger, "The Critical Tradition of Pentecostalism," *Journal of Pentecostal Theology* 1 (1992): 7–17. En su resumen, Hollenweger afirma que los pentecostales "intentan articular una teología que expresa, de una manera bíblica, el interés y amor de Dios en este mundo sin abandonar la convicción de que Dios siempre está más allá de nuestras experiencias de Dios y que el Espíritu de Dios no es idéntico a cómo lo experimentamos (o ella)" (9). En este último punto, Hollenweger suena muy cercano a la tradición mística cristiana, particularmente a sus formas apofáticas.

[25] Noll's *Jesus Christ and the Life of the Mind*, su secuela de *Scandal*, es revelador, porque allí elige un modismo cristológico para especificar más profundamente su orientación teológica. Parece que Noll cree que ese tipo de lenguaje puede ayudar a asegurar el atractivo discursivo y público de la teología de una manera que un lenguaje pneumatológico no puede.

sobrenaturalismo) que a su vez descuidaría la atención a una realidad mundana (es decir, un tipo de naturalismo) y (2) debería tener la capacidad de integrarse e interactuar con otras disciplinas académicas. Según Smith, en ambos puntajes parece que Noll se acerca mucho a definir e intelectualizar la teología como una especie de teoría fundacionalista-modernista que a su vez puede definir las condiciones de coherencia e inteligibilidad (presumiblemente) necesarias en el compromiso con todas las demás formas del conocimiento. Por su parte, los pentecostales usualmente no asumen tal paradigma; se inclinan a pensar que lo teórico "siempre será excedido por la experiencia de la fe."[26] No es de extrañar, entonces, que no puedan evitar ser considerados como innovadores sobre la base de la conexión a tierra y todo el reporte abarcador de Null.

Estos aportes de Johns y Smith ocasionaron una respuesta de Amos Yong.[27] Como un teólogo sistemático pentecostal auto-identificado, Yong se sintió obligado a involucrar a Johns y Smith. Su principal acusación no estaba relacionada con lo que Johns y Smith decían sobre el trabajo de Noll (su objetivo principal), sino que afirmaban estar haciendo sobre el propio pentecostalismo y sus implicaciones para la tarea teológica más general, como estas podrían ser entendidas por el pliegue pentecostal como un todo. Yong está de acuerdo en gran parte de lo que declaran Smith y Johns sobre el proyecto de Noll, pero tiene más dificultades con los tipos de inferencias que los pentecostales en particular podrían sacar de lo que dicen sobre el pentecostalismo en respuesta a Noll. A Yong le preocupa que el argumento de Johns pueda ser contraproducente: que abrir la puerta a la deconstrucción a su vez podría dejar el asunto abierto para el interrogatorio de todas las metanarrativas, incluyendo la de las Escrituras. Una sensibilidad posmoderna puede llevar a la conclusión de que todas las metanarrativas están generalizando.[28] Si se siguen estas implicaciones, el razonamiento posmoderno podría trastornar al pentecostalismo mismo. Para Yong, el pentecostalismo y el posmodernismo necesariamente tienen una relación incómoda en algún nivel, ya que el pentecostalismo requiere

---

[26] Smith, "Scandalizing Theology," 236. Smith ha pasado a dar tratamientos más sustanciales de estos asuntos; ver su *peech and Theology: Language and the Logic of Incarnation* (London: Routledge, 2002) *y Thinking in Tongues: Pentecostal Contributions to Christian Philosophy* (Grand Rapids: Eerdmans, 2010). Smith confía transparentemente en varias alternativas filosóficas postmodernas, incluido el temprano Heidegger. Pero, de nuevo, como con Hollenweger anteriormente, ahora también con Smith: uno percibe una resonancia con las tradiciones místicas cristianas, particularmente las de la variedad apofática.

[27] Amos Yong, "Whither Systematic Theology? A Systematician Chimes in on a Scandalous Conversation," *Pneuma* 20 (1998): 85–93.

[28] Jean-François Lyotard se asocia típicamente con esta perspectiva; ver su *The Postmodern Condition: A Report on Knowledge* (Minneapolis: University of Minnesota Press, 1984). Smith aborda esta perspectiva en su *Who's Afraid of Postmodernism? Taking Derrida, Lyotard, and Foucault to Church* (Grand Rapids: Baker Academic, 2006).

la metanarración de la Escritura como línea de base y perspectiva orientadora. En cuanto al artículo de Smith, a Yong le preocupa que la preferencia de Smith por los aspectos preteóricos de la fe, y a su vez, impulse a aquellos dentro del pentecostalismo que ya sospechan de la educación y la formación teológica formal y la reflexión.[29] No se puede evitar, diría Yong, sino preocuparse por cómo los reclamos de Smith serían escuchados por aquellos que piensan que lo preteórico es todo lo que se necesita para negociar y desarrollar una perspectiva teológica sana.

Es cierto que estas interacciones son anticuadas, especialmente cuando se considera cómo estos académicos han desarrollado sus carreras y modifican sus argumentos con el paso del tiempo, tal como se expresa a través de las muchas obras que han escrito y editado. Pero nótese los contornos de la interacción. Noll establece la dinámica expresando lo que muchos ya tienen: los pentecostales y sus parientes han perpetuado una especie de anti-intelectualismo como resultado de "innovaciones teológicas" que involucran, hasta cierto punto, énfasis de avivamiento del encuentro divino, sucesos relacionados con el Espíritu, y similares. Tanto Johns como Smith creen que las acusaciones de Noll son poco caritativas, reductivas y reflejan un cierto tipo de mentalidad que a su vez está predispuesta a descartar o ignorar las características básicas de la creencia y práctica pentecostal. Y sin embargo, Yong, en medio de estas respuestas, desea presionar tanto a Johns como a Smith en gran medida sobre cómo pueden ser escuchados por los propios pentecostales, porque la preocupación de Yong es que los pentecostales tienden a encontrar la teología sistemática en desacuerdo con la investigación legítima de la fe cristiana de modo que un énfasis en lo pre-teórico (que en cierto sentido podría identificarse con la espiritualidad), podría deslegitimar el trabajo teológico que emprenden él y otros en nombre del movimiento. Claramente, no solo personas ajenas al movimiento, sino también personas de adentro no están de acuerdo en cómo honrar algunas de las características más importantes de la vida pentecostal dentro de un marco intelectual y teológico más amplio.

Dios y Las Bifurcaciones

Lo anterior es solo un intercambio que muestra las dificultades y los desafíos relacionados con las discusiones relacionadas con la formalización y conceptualización de las creencias e identidad

---
[29] Yong, "Whither Systematic Theology?" 87.

pentecostales. Otra interacción en esta línea tiene una agenda explícitamente teológica. Esto ocurrió entre el difunto Clark Pinnock, un prominente teólogo evangélico que tenía inclinaciones carismáticas, y Terry Cross, un teólogo pentecostal quien es parte de una segunda generación de eruditos pentecostales que ha estudiado teología formalmente a nivel de doctorado. Por su parte, Pinnock se distinguió en los últimos años de su vida como un verdadero amigo y defensor de las comunidades pentecostales y carismáticas y sus teologías. Una de las obras que surgieron de estas simpatías fue su pneumatología, *Llama del Amor*.[30] En el 2000, Pinnock publicó un artículo animando a los pentecostales a desarrollar una doctrina de Dios, una que refleje sus experiencias de Dios y que sea tanto dinámica como contextual. Pinnock cree que los pentecostales pueden "hablar una palabra fuerte en nombre de la naturaleza personal de la relacionalidad de Dios". Son, en términos de Pinnock, "teístas relacionales". De una manera muy alentadora, Pinnock insta: "Es hora de que los pentecostales se den cuenta de que tienen una doctrina distintiva de Dios implícita en su fe y deben hacerlo explícita, no solo para fines puramente académicos, sino también para el avivamiento, porque el cristianismo es tan dinámico como su comprensión de Dios."[31]

El telón de fondo de las preocupaciones de Pinnock es un paisaje teológico que él caracteriza como dominado por categorías filosóficas. Pinnock se alinea con los pentecostales y dice que pueden ofrecer un "modelo personal de Dios", que está en contraste con un "modelo absolutista". Este último se asocia con ser el resultado de una infiltración de categorías, sensibilidades y conjuntos de decoro. de la tradición filosófica griega. Una frase para este modelo sería "teísmo clásico", y las figuras que Pinnock a veces asocia con él son Aristóteles, Agustín, Aquino y aquellos a quienes llama cristianos "paleo-reformados".[32]

Para Pinnock, el modelo relacional es preferible por varias razones. En primer lugar, tiende a estar en consonancia con la forma y la dinámica de la historia de la revelación que se encuentra en la Biblia. En muchas ocasiones, Dios es retratado en las Escrituras como un cambio en la mente de Dios, alterando los cursos de acción sobre la base de la oración, y así sucesivamente. Pinnock cree que un modelo relacional es adecuado para dar cuenta de estas características del testimonio bíblico. En opinión de

---

[30] Clark H. Pinnock, *Flame of Love: A Theology of the Holy Spirit* (Downers Grove, IL: InterVarsity, 1996).
[31] Clark H. Pinnock, "Divine Relationality: A Pentecostal Contribution to the Doctrine of God," *Journal of Pentecostal Theology* 8, no. 16 (2000): 5–6.
[32] Esta última frase es curiosa. Pinnock lo explica como calvinistas que "congelan la tradición en una determinada fecha, digamos, en la Confesión de Westminster y se excluyen de todos los desarrollos positivos de la teología reformada desde entonces". ("Divine Relationality," 22–23n41).

Pinnock, ser relacional significa ser receptivo y cambiante a la luz de las circunstancias. Dios no controla todo en estas representaciones, porque Dios permite que Dios mismo sea rechazado y los planes de Dios sean frustrados por los agentes humanos. Pinnock reconoce que Dios está más allá del mundo, pero también se inclina a enfatizar que Dios está en él de maneras genuinas y que se involucran. Pinnock cree que Dios usa a los pentecostales poderosamente porque toman a Dios tan en serio precisamente de esta manera. Para ellos, la narrativa de la Escritura es la narrativa de la realidad: si Dios estaba activo y comprometido con los relatos bíblicos en las formas maravillosas que se muestran en él, entonces los pentecostales se atreven a creer que así es como Dios trabaja hoy.

Cross respondió a Pinnock en el mismo volumen de la Revista de Teología Pentecostal que publicó la contribución de Pinnock. Por su parte, Cross señala que, antes de que los pentecostales puedan responder a las impresiones de Pinnock, necesitan superar su "ambivalencia hacia la reflexión en la tarea teológica y desarrollar un método teológico acorde con [su] experiencia". En resumen, "necesitan, para examinar el papel de la experiencia y la espiritualidad en [su] empeño teológico". A partir de estas observaciones, Cross propone un espectro con dos polaridades: una espiritualidad irreflexiva en un extremo y una teología excesivamente intelectualizada en el otro. Para Cross, los pentecostales necesariamente requieren el espectro debido a su vinculación de la espiritualidad con la teología. Ven la necesidad de experiencia para la reflexión teológica, ya que están comprometidos con el punto de que "cómo uno experimenta a Dios influye en la forma en que uno reflexiona sobre Dios", pero Cross también desea que los pentecostales eviten los extremos con ese enfoque.[33]

Como una forma de fundamentar el ejercicio, Cross plantea la pregunta: "Entonces, ¿qué es la teología pentecostal?" Sus pensamientos en este artículo particular incluyen los siguientes comentarios: "La teología es una construcción humana de la reflexión sobre Dios y su relación con sus criaturas. Se basa en el evento primario de la revelación de Dios tal como se registra en las Escrituras y en el evento secundario de la revelación del Espíritu de la verdad de ese evento primario en nuestras vidas. La teología pentecostal, por lo tanto, es fundamentalmente una reflexión de segundo orden sobre la narración primaria de Dios en revelación coordinada con una reflexión sobre la experiencia de Dios en nuestras vidas."[34] A partir de esta elaboración, está claro que la teología es

---

[33] Terry L. Cross, "The Rich Feast of Theology: Can Pentecostals Bring the Main Course or Only the Relish?" *Journal of Pentecostal Theology* 8, no. 16 (2000): 34–35.
[34] Cross, "The Rich Feast of Theology," 36.

en gran medida una empresa reactiva, que responde a (y sigue) la autorrevelación inicial de Dios.

Teniendo en cuenta los límites del lenguaje y las formas de pensamiento humano, esta revelación a menudo es aprehendida y categorizada en términos de contraste. De hecho, Cross ve en Pinnock precisamente un dualismo o binario que es problemático. Está de acuerdo con Pinnock en que un modelo absolutista no es útil, pero cree que el modelo relacional preferido de Pinnock es quizás inadecuado, ya que Cross lo iguala o al menos lo alinea con las amplias propuestas metafísicas de A. N. Whitehead y el campo teológico derivado de ellas para procesar la teología. El camino de Cross es utilizar el método de la dialéctica, en gran medida a lo largo de las líneas de Barthian. A través de este mecanismo, Cross espera mantener apropiadamente ambas polaridades en el trabajo en las propuestas de Pinnock (aunque Cross prefiere el lenguaje de la "perfección de Dios" y la "relacionalidad de Dios" para describirlas). Hacia la conclusión de su artículo, Observaciones cruzadas del Dios cristiano: "Este es un Dios que va mucho más allá de nuestro lenguaje de 'yo / o': este es un Dios ante el cual solo podemos tartamudear con el tartamudeo de la paradoja."[35]

La presentación de Pinnock es más sutil y matizada de lo que Cross lo hubiera hecho, pero, curiosamente, ambas comparten afinidades muy fuertes. En primer lugar, tanto Pinnock como Cross hablan explícitamente del misterio de Dios. Por su parte, Pinnock señala que los pentecostales tienden a "resistir el cierre sistemático ordenado en cuestiones de interpretación y experiencia . . . no debido a la falta de lógica de su parte, debido a la naturaleza emocional de su fe, pero [debido a] el misterio de Yahveh, el Dios bíblico". Sobre esto, Pinnock observa que los pentecostales a su vez pueden estar dispuestos a aceptar más tensión que la que tiene en sus propias propuestas; pueden estar más dispuestos a dejar ciertas cosas sin resolver, a lo que Pinnock comenta: "Está bien, excepto que los exhortaría a no dignificar las malas ideas con la noble categoría del misterio."[36] Desde su final y en respuesta a las modelos de Pinnock, Cross comenta que "tal vez el misterio que es Dios está más allá de este tipo de dicotomía 'o ambas cosas'."[37] Cross es consciente de la insuficiencia del elemento bivalente que ve en Pinnock, ya que afirma que Dios está misteriosamente más allá de tales reducciones de categoría.

Su segunda afinidad, sin embargo, es más significativa desde el punto de vista teológico y, yo diría, problemática. Pinnock y Cross en realidad

---

[35] Cross, "The Rich Feast of Theology," 46.
[36] Pinnock, "Divine Relationality," 11.
[37] Cross, "The Rich Feast of Theology," 42.

comparten una inclinación a trabajar en términos de binarios. Tal cosa ya se ha notado en Pinnock con sus modelos "absolutistas" y "relacionales" para Dios. Pero tal es también el caso de cómo concibe la teología como un todo. Pinnock comienza su artículo con la afirmación de que las experiencias de Dios son lo primero, mientras que los tratamientos teológicos tienden a seguir. En sus palabras, "es natural que la predicación sea lo primero y luego la reflexión teológica". En un fraseo similar al mencionado anteriormente, Pinnock aboga por la primacía de la experiencia sobre la teoría.[38] En cuanto a Cross, critica los dos modelos de Dios que detecta en la obra de Pinnock, pero como se señaló anteriormente, él mismo continúa con una presentación bivalente de la tarea teológica. Para Cross, existe la "narración primaria de Dios en revelación" -un tipo de conocimiento de primer orden- y, posteriormente, hay una reflexión humana sobre esa revelación, una actividad que se entiende mejor como investigación crítica de segundo orden;[39] es este último tipo de teología lo que mejor puede explicar qué es la teología desde el punto de vista de Cross.[40]

De este artículo programático de Pinnock y su respuesta de Cross queda claro que, una vez más, la división espiritualidad-teología plaga las discusiones relacionadas con la manera en que los pentecostales entienden y persiguen la teología. Uno puede verlo hasta cierto punto en los artículos propuestos por el trabajo de Noll, pero es aún más obvio en estos últimos artículos dedicados a la doctrina de Dios. Tanto Pinnock como Cross reconocen que el misterio de Dios califica de alguna manera el trabajo teológico, pero lo que siguen ensillando es el compromiso conceptual de que la espiritualidad y la teología operan dentro de diferentes dominios. La espiritualidad tiene que ver con las experiencias de Dios y la auto-revelación de Dios; la teología, por el contrario, implica la conceptualización, la categorización y cosas por el estilo, que los humanos emprenden en un gesto posterior y receptivo. Pinnock parece pensar que ha resuelto el dilema desde el lado teológico ofreciendo una categoría maestra, integradora (relacionalidad), mientras que Cross prefiere defender una tensión dialéctica en la que dos polos (la perfección y la

---

[38] Pinnock, "Divine Relationality," 3–4, 11.
[39] Cross considera que este enfoque es bastante popular en la literatura; él cita los siguientes ejemplos: Stanley Grenz, *Revisioning Evangelical Theology: A Fresh Agenda for the Twenty-First Century* (Downers Grove, IL: InterVarsity, 1993), 78; Daniel Migliore, *Faith Seeking Understanding: An Introduction to Christian Theology* (Grand Rapids: Eerdmans, 1991), 9; y, confirmando aún más el punto anterior, Clark Pinnock, *Tracking the Maze: Finding Our Way through Modern Theology from an Evangelical Perspective* (San Francisco: Harper & Row, 1990), 182. Véase, Cross, "The Rich Feast of Theology," 36n26.
[40] Cross, "The Rich Feast of Theology," 36.

relacionalidad de Dios) se yuxtaponen. Ambos, sin embargo, no desafían la bifurcación misma entre la espiritualidad y la teología. Yo creo que precisamente este tipo de problematización de la tarea teológica es uno de los grandes obsequios del pentecostalismo a la academia teológica en el clima intelectual actual. Sin embargo, es un regalo que debe ser refinado y clarificado, dados los diferentes giros y vueltas que la erudición pentecostal ha tomado a través de los años.

¿Sistemática Pentecostal?

Para aquellos que han seguido el desarrollo de la erudición pentecostal durante el último medio siglo, una etapa temprana es especialmente clara: la primera generación de académicos dentro del movimiento -los que persiguen doctorados en disciplinas teológicas ampliamente concebidas- generalmente eran aquellos que buscaban ser especialistas en Estudios del Nuevo Testamento. Una razón para esta concentración fue la necesidad percibida de legitimar el movimiento pentecostal, particularmente la experiencia pentecostal del bautismo en el Espíritu, a través de la exégesis, generalmente a través de los hilos Lucas y Pablo del testimonio del Nuevo Testamento. Por lo tanto, la erudición teológica pentecostal temprana fue en gran parte enmarcada por el campo de los estudios bíblicos.

Por ésta y otras razones, las obras escritas por pentecostales que podrían considerarse de naturaleza teológica o doctrinal fueron escritas esporádicamente y se buscaron a menudo como elaboraciones de las Escrituras. El término "doctrinas bíblicas", por ejemplo, a veces se usa para expresar el punto.[41] La presentación en estas ofertas se alineó más explícitamente con un orden asociado con la teología sistemática, sin embargo, el contenido de estos estudios se basó en una metodología bíblicamente inductiva.[42] Esta tradición ha existido por un tiempo y continúa siendo perpetuada por pentecostales y carismáticos por igual.[43]

---

[41] Véase, Myer Pearlman, *Knowing the Doctrines of the Bible* (Springfield, MO: Gospel Publishing House, 1937).

[42] Pearlman comenta en *Knowing the Doctrines of the Bible* que el libro involucra teología bíblica y sistemática, pero observe cómo el autor describe la función de cada calificador: "Es bíblico en que las verdades se toman de las Escrituras y el estudio está guiado por las preguntas: ¿Qué dicen las Escrituras (exposición) y qué significan las Escrituras (interpretación)? Es sistemático en que el material está organizado según un orden definido" (12).

[43] Los ejemplos incluirían a Ernest S. Williams, *Systematic Theology*, 3 vols. (Springfield, MO: Gospel Publishing House, 1953); J. Rodman Williams, *Renewal Theology: Systematic Theology from a Charismatic Perspective*, 3 vols. (Grand Rapids: Zondervan, 1996); French L. Arrington, *Christian Doctrine: A Pentecostal Perspective*, 3 vols. (Cleveland, TN: Pathway, 1992–94); and Stanley M. Horton, *Systematic Theology: A Pentecostal Perspective* (Springfield, KY: Logion, 1995).

Curiosamente, Yong ha observado recientemente que, en el caso de tres obras de un solo volumen en sistemática carismática,[44] todos tienen la apariencia de "teologías evangélicas más", lo que significa que "cada uno sigue un patrón teológico evangélico básico y un patrón y un alcance metodológicos. . . se dedica explícitamente a pocos temas relacionados con la pneumatología y se reconoce como centro para la espiritualidad de la renovación."[45]

Con la llegada de las generaciones posteriores, surge la pregunta: ¿puede haber una teología sistemática pentecostal? Además, ¿debería haber tal cosa? Si es así, ¿cómo debería verse? En un artículo posterior al artículo mencionado anteriormente, Cross aborda estas preguntas directamente. En algunos momentos, resalta la importancia de la espiritualidad pentecostal para dicha actividad y menciona la Espiritualidad Pentecostal de Lands. Cross resalta: "Veo que el trabajo de Land explica la base teológica de nuestra espiritualidad, pero no hace el trabajo de la teología sistemática como se entiende tradicionalmente. La pregunta continúa: ¿Los pentecostales necesitan escribir una teología sistemática o la reflexión sobre la espiritualidad es todo lo que se requiere? ¿Necesitamos ir más allá del trabajo de Steve Land?"[46] Obviamente, tal comentario tiene algunos juicios clave que necesitan una aclaración explícita. Por ejemplo, no está muy claro lo que significa que el libro de Land se describa como "explicar la base teológica" de la espiritualidad pentecostal y cómo eso de alguna manera está fuera del alcance de la sistemática. Sin embargo, más apremiante para los propósitos actuales sería el siguiente: con toda seguridad, el libro de Land no hace "el trabajo de la teología sistemática como se entiende tradicionalmente", pero ¿qué trabajo sería exactamente? ¿Y ese trabajo es útil y vale la pena extenderlo, particularmente cuando el tema se está abordando dentro de un lenguaje y etos pentecostal autoconsciente?

Además, no está claro qué significaría "ir más allá" de la Espiritualidad Pentecostal de Land. El presente libro, por ejemplo, no pretende ir más allá del volumen de Land sino profundizar en su lógica, que es un cierto tipo de desarrollo que puede o no considerarse un avance. ¿Qué otros

---

[44] Además de Renewal Theology de Williams, Yong incluye en esta lista a Wayne Grudem, *Systematic Theology: An Introduction to Biblical Doctrine* (Grand Rapids: Zondervan, 1994), and Larry D. Hart, *Truth Aflame: Theology for the Church in Renewal* (Grand Rapids: Zondervan, 2005). Ver Amos Yong, *Renewing Christian Theology: Systematics for a Global Christianity* (Waco, TX: Baylor University Press, 2014), 10.

[45] Yong, *Renewing Christian Theology*, 10.

[46] Terry Cross, "Can There Be a Pentecostal Systematic Theology? An Essay on Theological Method in a Postmodern World" (documento presentado en la Trigésima Reunión Anual de la Sociedad de Estudios Pentecostales, 2001; la paginación para el artículo [145-66] proviene de los documentos recopilados de la conferencia), 147.

horizontes hay y una "teología sistemática pentecostal" sería realmente un nivel más allá de lo que Land ha hecho? El objetivo aquí no es elevar la contribución de Land o de alguna manera convertirlo en un estudio modelo, ya que todas las propuestas deben ser probadas y evaluadas. El asunto en cuestión son los juicios metodológicos particulares en el trabajo en los comentarios de Cross y sus repercusiones para enmarcar lo que es la teología. Lo que uno siente es precisamente la tensión en la metodología aludida anteriormente. Al continuar su trabajo, Land siguió un enfoque metodológico que estaba en desacuerdo con el esfuerzo entendido como teología sistemática; cuando se evalúa desde la perspectiva sistemática, por lo tanto, no está claro si Land "trae los beneficios teológicos", por así decirlo. Esta inquietud parece estar en exhibición en el caso de Cross; él, como Yong, desea mantener las perspectivas de la teología sistemática dentro del redil pentecostal.

Es cierto que la frase "teología sistemática pentecostal" es un tanto extraña, con dos calificadores junto a "teología". De la frase, no está claro qué relación tienen "pentecostal" y "sistemática". Dada la forma en que los pentecostales, como se señaló anteriormente, a veces han buscado la reflexión teológica formal, uno pensaría que algunos han creído que un enfoque exegético del pensamiento teológico ayudaría a retener los distintivos pentecostales, ya que se entiende que provienen del Nuevo Testamento, mientras que, al mismo tiempo, disciplinando la sistemática para que sea más explícitamente bíblica y menos conceptualmente (o tal vez, filosóficamente) especulativa. Otros pueden suponer que la "sistemática" es estrictamente una forma particular de formular y organizar creencias y que los pentecostales pueden subsumir sus creencias dentro de ese marco, tal como los luteranos, presbiterianos y otros lo han hecho en sus propias tradiciones. Estas posibilidades (y tal vez muchas otras), muestran cómo los dos calificadores pueden ejercer diversas cantidades de poder e influencia entre sí y, a su vez, guiar a diferentes resultados. Pero como se señaló anteriormente, la dificultad detectable aquí no se relaciona simplemente con la relación entre el pentecostalismo y la teología sistemática *per se*. El asunto va más profundo aún hacia la naturaleza internamente disputada de la teología misma. Las preguntas fundamentales aquí son:

¿Qué tipo de conocimiento es el conocimiento de Dios?
¿Cómo se logra y fomenta dicho conocimiento?
¿Cómo puede uno declararlo y comunicarlo?

El campo conocido como teología sistemática dentro de las disciplinas teológicas ha intentado responder a estas preguntas de una manera particular, pero muchos teólogos se preguntan sobre su idoneidad, objetivos, naturaleza y propósitos. Es decir, los teólogos a menudo están en desacuerdo el uno con el otro sobre cómo definir y comprender su disciplina, tanto que las personas pueden usar el encabezado "teología sistemática" para hablar de cosas muy diferentes. No menos una figura teológica que Karl Barth cuestionó abiertamente la frase.

> [El término "teología sistemática"] se basa en una tradición que es bastante reciente y altamente problemática. ¿No es el término "Teología sistemática" tan paradójico como un "hierro de madera"? Un día, esta concepción desaparecerá tan repentinamente como se haya creado. . ... Nunca podría escribir un libro bajo este título. . ... Un "sistema" es un edificio de pensamiento, construido sobre ciertas concepciones fundamentales que se seleccionan de acuerdo con una determinada filosofía por un método que corresponde a estas concepciones. La teología no puede llevarse a cabo en confinamiento o bajo la presión de tal construcción.[47]

La definición de Barth es bastante específica, y algunos como resultado pueden encontrarla reductiva. Por ejemplo, en la definición de Barth se nota una clase de estereotipo metodológico que podría funcionar bien con el enfoque del fundacionalismo, según el cual un edificio de pensamiento se construye sobre ciertas concepciones fundamentales alineadas con un tipo de filosofía. Otros creen que la teología sistemática puede emprenderse sin esa orientación fundacionalista. Su tendencia sería resaltar una apertura a la tarea teológica que se desarrollaría a medida que diversas autoridades teológicas se reúnen de una manera ordenada o "sistemática".

Este último enfoque parece ser la forma en que Yong percibe del campo; su Comunidad-Espíritu-Palabra, por ejemplo, ofrece un realismo comunitario o intersubjetivo dentro de un marco no fundacionalista.[48] En muchos sentidos, la esencia de este enfoque sería cómo asegurar y relacionar este realismo de una manera apropiada teológicamente. Volviendo al artículo inicial de Yong en respuesta a Johns y Smith, podemos ver algunos de los desafíos involucrados. En respuesta a Johns, Yong afirma: "Pero tradicionalmente, al menos, la teología sistemática se

---

[47] Karl Barth, "Foreword to the Torchbook Edition," en *Dogmatics in Outline* (New York: Harper & Row, 1959), 5.
[48] Amos Yong, *Spirit-Word-Community* (Eugene, OR: Wipf & Stock, 2002). Agradezco a Yong por la correspondencia personal que me ayudó a aclarar su enfoque.

ha entendido como la organización deliberada de ideas que integran la revelación bíblica sobre Dios, el yo y el mundo que apunta a la verdad universal."[49] En este aspecto, el realismo teológico se asegura sobre la base de la revelación bíblica relacionada con Dios, el yo y el mundo, que posteriormente el sistemático organiza. Yong enfatiza aún más:

> Por lo tanto, la teología sistemática se entiende mejor como una empresa reflexiva que abarca los tres horizontes de Dios, el yo y el mundo, y trata de comprender sus relaciones, y que se ajusta con precisión a las realidades que dicen comprometer. Esta empresa teológica ahora es responsable ante diversas narrativas que deben correlacionarse en su búsqueda de normas, su búsqueda de la verdad y en su esfuerzo por articular nuestra experiencia y sintetizarla dentro de un marco coherente de creencias y comprensión. La teología sistemática es, por lo tanto, la integración veraz de la fe pentecostal, la espiritualidad, la praxis y la construcción del pensamiento coherentes con sus estructuras de verosimilitud, asegurando que su comprensión corresponda a la forma en que son las cosas, y dando orientación a la vida pentecostal.

La dificultad con esta definición básica de teología sistemática es que pone al sistemático "en el asiento del conductor", por así decirlo. Otorga un lugar de privilegio al sistemático para abarcar, comprender, obtener con precisión las realidades en cuestión, articular, sintetizar, integrar y hacer coherente la suma de la vida pentecostal, todo sin mucho a modo de explicar cómo o sobre qué bases el sistemático lo hace. Además, tanto en términos de la "revelación bíblica sobre Dios" afirmada anteriormente, como del "horizonte de Dios" aludido en la definición pasada inmediata, parecería que Dios es simplemente un dato entre otros que necesita ser tenido en cuenta en la tarea sistemática. Dentro de esta perspectiva, Dios y la auto-revelación de Dios son características (entre otras) que necesitan ser unidas ordenadamente por la mano del sistemático. Como tal, "Dios" representa sólo una característica de tal tarea.

Yo argumentaría que, en estas primeras afirmaciones de Yong, dos características implícitas de la teología del espíritu pentecostal necesitan una mayor clarificación y desarrollo. La primera es que la propia teología es tan legítima y veraz como el propio viaje espiritual de uno (o lo que algunos podrían llamar coloquialmente como la vida de oración de uno). En términos pentecostales, la vida de piedad es la base esencial y orientadora para el trabajo de reflexión teológica.

---

[49] Yong, "Whither Systematic Theology?," 89.

Esta forma de plantear el asunto puede sonar demasiado pietista para algunos, pero los primeros pentecostales estaban explícitamente dispuestos a considerar el esfuerzo teológico como necesariamente dependiente de algo más grande que la proeza intelectual y la creatividad. Había algo vital en juego para ellos al evaluar y tomar en cuenta el poder y la unción de una persona impregnada de Espíritu antes de pasar a evaluar sus propuestas teológicas. El teólogo, en otras palabras, tenía que ubicarse dentro de un contexto y realidad más amplios, uno en el cual los asuntos espirituales estaban al frente y en el centro. Para usar el lenguaje antiguo de Azusa, un teólogo en la tradición pentecostal necesitaría tener, y trabajaría desde, un "Pentecostés personal" porque tal experiencia abrió horizontes teológicos (tanto imaginativos como intelectuales) y proporcionó urgencia para el testimonio Pentecostal.[50] Implícita en esta orientación está la idea de que, metodológicamente hablando, la teología es un tipo de actividad moral-teológica cuya representación está directamente ligada con el carácter del practicante.[51] La "vida de la mente" en términos pentecostales está directamente relacionada con "la vida en el Espíritu".

Esta vida en el Espíritu opera desde una modalidad doxológica, o, podríamos decir, un contexto de adoración. En este caso, se necesita especificación para evitar malentendidos. La adoración aquí no se habla simplemente como una actividad en una iglesia o servicio de avivamiento; más bien, es una forma de percibir, interactuar y comportarse en el mundo (que incluiría, pero no se limitaría a, tal iglesia o actividades de avivamiento). Los pentecostales siempre se han ubicado dentro del drama de los propósitos reveladores de Dios en el mundo.[52] Esta orientación

---

[50] En una sección dedicada a distinguir el fanatismo y defender la veracidad del movimiento pentecostal, la *Fe Apostólica* observa que los signos que confirmaron fueron el amor divino, la humildad y la vida santa; estos indicadores fueron cómo uno podría saber si el movimiento pentecostal era verdadero. La sección termina: "Hay un Espíritu Santo brillando en los rostros de los trabajadores. ¿Es esto el trabajo del diablo? Amigos, si profesan conocer el Espíritu de Dios y no lo reconocen cuando él viene, hay motivo para que estén ansiosos por su propia condición espiritual" (*Apostolic Faith* 1.2 [1906]: 6). Este tipo de "inversión epistemológica" es bastante común en contextos pentecostales; hace el punto algo circular que uno puede reconocer a Dios sólo si uno realmente conoce a Dios desde un contexto de adoración

[51] En esto y lo que sigue, sigo los argumentos que he presentado en Revisioning Pentecostal Ethics— the Epicletic Community (Cleveland, TN: CPT Press, 2012). Allí hice el caso de que pensar en la ética en los fundamentos pentecostales debe provenir precisamente de una modalidad doxológica, que desarrollé en términos de "permanecer" y "esperar" en el Espíritu de una manera "epícleta" ("invocar"). Se pueden hacer corolarios desde ese trabajo hasta la tarea teológica como un todo, ya que, según yo los veo, ambas tareas (la ética y la teológica) se llevan a cabo dentro de una representación más amplia de la naturaleza del conocimiento de Dios.

[52] Y tal vez los pentecostales lo hicieron de manera exagerada; uno no puede evitar preguntarse por qué tantos pentecostales primitivos pensaron que estaban al frente y en el centro de cambios masivos en la historia universal.

proviene de su punto de vista de que la auto presentación de Dios en sus vidas los hace, en primer lugar, participantes relacionados con Dios y dirigidos por Dios en la economía de la obra del Espíritu. Lo que continuaron diciendo, predicar, hacer, sentir y pensar fue fundamentado conscientemente en una realidad percibida como saturada de Dios. Este tipo de conciencia e intencionalidad permite que este modo pentecostal de "estar en el mundo" sea llamado adoratorio o doxológico.[53] Dicho de otra manera, insinuado por Hollenweger anteriormente, los pentecostales siempre han seguido la lógica inherente al lema *lex orandi, lex credendi* ("la ley de la oración [es] la ley de la fe"); también pueden estar de acuerdo con una expresión en la Ortodoxia Oriental asociada con Evagrio: "Si eres un teólogo, orarás verdaderamente. Y si oras verdaderamente, eres un teólogo."[54]

Necesariamente, entonces, este compromiso haría de la teología una especie de actividad espiritual. Como señala Eric Springstead en un ensayo relacionado con la interrelación de la teología y la espiritualidad: "La teología es espiritual porque implica un progreso, o está vinculada a una mejora, del espíritu. Que la teología tiene algo que ver con la espiritualidad, por lo tanto, significa que no sólo pensamos en Dios, sino que, al pensar en Dios de verdad, estamos al mismo tiempo involucrados con [Dios] de tal manera que nuestros espíritus son mejorados mediante esa participación, por ese pensamiento."[55] Springstead continúa señalando que el pensamiento está relacionado con el cambio y que pensar en Dios es una forma de relacionarse con Dios. Creo que los pentecostales se sentirían cómodos con todas estas afirmaciones. Para los pentecostales, ser humano es ser, ante todo, un adorador. Si esta perspectiva puede integrarse en una sistemática es una pregunta abierta, pero en este asunto, los pentecostales estarían de acuerdo en que el calificativo "pentecostal" necesita calificar como "sistemático".

El segundo punto que vale la pena seguir en las propuestas de Yong, tal como se citan aquí, sería que Dios y la experiencia de Dios son inherentemente irreductibles a nivel conceptual. Muchos pentecostales han estado perdidos en repetidas ocasiones para articular qué es lo que

---

[53] Este punto aparece repetidamente en *Thinking in Tongues* de Smith, pero también encaja bien con los argumentos más amplios que hace en su serie de Liturgias Culturales, como se abordó por primera vez en *Desiring the Kingdom: Worship, Worldview, and Cultural Formation* (Grand Rapids: Baker Academic, 2009).

[54] Evagrius, On Prayer, 61, en *The Philokalia*, ed. y trans. G. E. H. Palmer, Phillip Sherrard, y Kallistos Ware (New York: Faber & Faber, 1979), 1:62

[55] Eric O. Springstead, "Theology and Spirituality; o, Why Theology Is Not Critical Reflection on Religious Experience," en *Spirituality and Theology: Essays in Honor of Diogenes Allen*, ed. Springstead (Louisville: Westminster John Knox, 1998), 49–50.

atestiguan y experimentan en la adoración pentecostal. Los primeros adherentes a menudo simplemente se referían al "poder de Dios" como una forma de dar cuenta de su alcance envolvente. Sin embargo, también se inclinaban a reconocer que los sucesos que estaban presenciando estaban "más allá de toda descripción."[56] Este tipo de discurso da forma a una sensibilidad teológica particular a lo largo del tiempo. Se puede expresar de la siguiente manera: la experiencia o encuentro con Dios va más allá de las categorías típicas que las personas usan para relacionarse y explicar su realidad mundana. Los pentecostales a menudo tropiezan e incluso recurren a imágenes dramáticas y apocalípticas para transmitir todo lo que está involucrado en lo que aprehenden durante tales encuentros. Las palabras simplemente no hacen justicia a lo que tradicionalmente creen que está involucrado en tales "encuentros espirituales".

Además de los puntos señalados en relación con Yong, también se debe considerar la contribución de Cross, especialmente porque plantea de manera tan prominente la cuestión de la viabilidad de la "sistemática pentecostal". Cross persigue la legitimidad de una demarcación continua entre espiritualidad y teología, pero su programa no tiene en cuenta la complejidad de la relación ya que los pentecostales la entienden. La demarcación de Cross es evidente en varios frentes. Cuando se habla del desorden que el posmodernismo ha creado para la sistemática, Cross señala de paso: "Dar a entender que la teología sistemática está en peligro como disciplina no significa que la teología en sí, lo esté, sino una teología sin sistema que ya no explica y organiza un conjunto revelado de verdades, pero en cambio ofrece una serie de testimonios de la espiritualidad de uno está en aumento."[57] Con respecto a los pentecostales, señala, "La teología para los pentecostales podría adoptar la apariencia de una teología de la espiritualidad en lugar de un sistema general de doctrina". En este punto, tenemos notas a pie de página que hace sobre el proyecto de Land, en particular, que Land ofrece una "base teológica de la espiritualidad [pentecostal] pero [su libro] no hace el trabajo de la teología sistemática como se entiende tradicionalmente."[58] De todo lo que hemos encuestado sobre los puntos de vista de Cross, parece que la espiritualidad es algo sobre lo que se puede teologizar, pero en última instancia algo distinto de la teología, incluso si al final del día es el terreno de la teología. Aquí yo diría que Cross ha malentendido fundamentalmente las propuestas de Land: Land no estaba simplemente tratando de teologizar

---

[56] *Apostolic Faith* 1.1 (1906): 1.
[57] Cross, *"Can There Be a Pentecostal Systematic Theology?"* 147n11 (emphasis original).
[58] Cross, *"Can There Be a Pentecostal Systematic Theology?"* 147, 147n13.

sobre la espiritualidad pentecostal; más significativamente, su objetivo era explorar cómo la espiritualidad determina la manera y la forma de la teología pentecostal. En otras palabras, la contribución de Land fue metodológicamente productiva de una forma que Cross no reconoce suficientemente, quizás porque desde el principio Cross asocia la espiritualidad fundamentalmente con experiencias que pueden ser teológicamente fructíferas en algún momento en el tiempo, pero sólo cuando son tomadas dentro de un particular, estructura teológica definida metodológicamente.

Cross es consciente de que la teología pentecostal debe ser distintiva de otros tipos. De hecho, él hace varios puntos que están en línea con el proyecto que se persigue aquí. Por ejemplo, distancia la teología pentecostal de la teología evangélica, citando no menos una figura que Carl F. H. Henry al hacerlo.[59] Cross también está interesado en enfatizar el carácter pneumatológico de la teología pentecostal. Pero lo más sorprendente es que se acerca más a la agenda del presente trabajo cuando recurre a Springstead para decir que la teología debe ser algo que da forma al pensador. Cross comenta que "la teología es espiritual" y que la base de esta convicción es que "para que haya conocimiento de Dios, uno debe interactuar con Dios. Por lo tanto, la teología (o algo relacionado con el conocimiento de Dios), tiene su raíz en la espiritualidad". Más allá de la obra de Springstead, Cross señala que, al entrelazar especulativo (intelección) y *especulatio* (contemplación), Springstead quiere "crear un lugar donde Dios es el objeto de nuestra aprehensión intelectual y aun así afecta a los humanos que se encuentran con él. Dios es "espiritualmente fecundo" y por lo tanto nos atrae hacia la perfección por su propia naturaleza". Finalmente, Cross señala el uso de Springstead de Simone Weil, una figura importante con respecto a las discusiones sobre teología mística. Cross declara, "Los humanos esperan a Dios o prestan mucha atención al enfocarse en [Dios]. Esta 'acción no activa' los transforma. El intelecto y el espíritu no se dividen en esta respuesta, sino que todo el ser cambia, se eleva hacia Dios". Cross concluye: "Por lo tanto, la tarea de la teología no es meramente reflexionar sobre la propia experiencia religiosa, sino esperar a Dios, transformarse por [Dios], y hecho apto para la participación en la vida divina". Cross luego cita tanto a Ellen Charry y Land como apoyando las propuestas de Springstead, y el mismo Cross admite que hay mucho en todo esto con lo que él podría estar de acuerdo. Incluso llega a afirmar lo que podría haberse planteado como una crítica de sus trabajos y reflexiones anteriores: "La teología pentecostal debe

---

[59] Henry será un foco de cap. 3; aquí notamos simplemente que las críticas de Cross son similares a las consideradas allí.

hundirse profundamente en la experiencia del Dios de Pentecostés. . ... Sin embargo, a su vez, el desarrollo de la reflexión teológica también debe mejorar la experiencia espiritual de uno. La savia fluye en ambos sentidos en este árbol pentecostal."[60] Todas estas afirmaciones de Cross son muy prometedoras.

Y, sin embargo, Cross no puede resistir. La pregunta que forma el título de su ensayo presumiblemente necesita una respuesta, y la presión para responderla de cierta manera es considerable. Justo después de la línea citada inmediatamente arriba, Cross continúa: "La pregunta que queda, entonces, es si tal teología pentecostal puede ser sistemática."[61] ¿Por qué esta pregunta permanece? Unas pocas líneas más adelante, Cross comenta: "Casi todas las teologías tienen un principio o motivo integrador alrededor del cual opera". No quiere un enfoque de escolástica, como el que se encuentra en algunos trabajos evangélicos sobre teología sistemática, pero sí desea el pentecostalismo. teología para evitar ser "una colección de testimonios misceláneos o narraciones dispersas destacadas de las Escrituras." Lo que necesitan los pentecostales es un "esqueleto organizador sobre el cual construir, para que haya algo de contenido y consistencia de enfoque en su empeño teológico". Cross va más allá al sugerir en este punto que "son necesarios principios integradores" para asegurar la coherencia y el significado. Sin estos principios, el conocimiento no puede mantenerse unido y comunicarse. Como resultado, "la teología sistemática pentecostal necesita ofrecer un principio integrador en aras de la claridad de la presentación y la coherencia del contenido, tanto para la Iglesia como para el mundo."[62]

¿Qué podría ser tal principio integrador? Cross examina el paradigma cuádruple / quíntuple y su uso para la teología propuesto por John Christopher Thomas,[63] pero él continúa mencionando algunas reservas con ese enfoque. La alternativa de Cross es presentar la teología trinitaria como un principio integrador. Él habla de la Trinidad como una rúbrica por la cual uno puede dar cuenta del encuentro que los pentecostales confiesan tener con el Dios de su adoración, así como también uno sobre el cual los pentecostales pueden elaborar su reflexión teológica. En una línea reveladora, Cross concluye un punto al afirmar: "La riqueza de la

---

[60] Cross, *"Can There Be a Pentecostal Systematic Theology?"* 160, 162. Curiosamente, esta elaboración del trabajo de Springstead problematiza en cierta medida la propia lógica de la subsecuencia de Cross dentro de la dinámica espiritual-teológica.

[61] Cross, *"Can There Be a Pentecostal Systematic Theology?"* 162 (emphasis original).

[62] Cross, *"Can There Be a Pentecostal Systematic Theology?"* 162.

[63] John Christopher Thomas, "Pentecostal Theology in the Twenty-First Century," *Pneuma* 20 (1998): 3–19.

vida trinitaria se convierte en el principio integrador y sistemático para una teología pentecostal."[64] La promesa insinuada anteriormente en el documento de Cross ahora ha sido abandonada. Contra sus propias intuiciones, diría yo, Cross ha llegado a conceptualizar aquello que desde un ángulo sabe que no puede ser.

Al igual que con Yong, así con Cross aquí: deseo hacer dos puntos con respecto a las propuestas de este último en las que ha desafiado las sensibilidades teológicas pentecostales. En primer lugar, el compromiso de Cross de que todo el conocimiento -y, por ende, todo conocimiento teológico- requiere un principio integrador para hacer sonidos sensoriales muy cerca de las reservas de Smith con respecto al proyecto de Noll, es decir, que se necesita una teoría para involucrarse en la construcción de significados. En esto, Cross quizás suena más como los evangélicos que desea mantener a cierta distancia de lo que a él le gustaría admitir. Yo diría que, cuando los pentecostales comparten sus testimonios, no lo hacen al azar, por casualidad o por casualidad. Uno siente una lógica en sus testimonios, pero tal lógica no se basa en un principio integrador *per se*. La lógica de los testimonios pentecostales suena verdadera sólo cuando uno puede vislumbrar quién es el Dios a quien proclaman los pentecostales, y esta visión implica una serie de registros (incluido uno cognitivo, pero de cierto no exclusivamente). El testimonio pentecostal no recibe su coherencia de ser estructurado alrededor de una rúbrica o principio integrador, ni tiene sentido sólo cuando es empujado a un mecanismo más amplio de significado.[65] En última instancia, cuando los pentecostales testifican, están dando testimonio de alguien más allá de su comprensión cognitiva o comprensión (de sus oyentes). Sus testimonios son una invitación implícita a entrar en esa realidad, a darse un banquete en "las cosas buenas de Dios", a experimentar un bautismo de amor que casi mata con su dulzura.[66]

En este resultado, vale la pena mencionar un segundo punto acerca de las propuestas de Cross, una que es bastante similar a la planteada con

---

[64] Cross, "*Can There Be a Pentecostal Systematic Theology?*" 165. Uno de los problemas con los "principios integradores" es que siempre tienen deficiencias en la aplicación y la posibilidad de relación; los mismos anillos son ciertos aquí: los pentecostales de la Unidad tendrían algo que decir sobre la adecuación de este motivo organizacional para la teología pentecostal.

[65] De acuerdo, los primeros pentecostales simplemente asumieron la meta-narración de las Escrituras y lo hicieron dentro de acentos de avivamiento particulares. Dentro de este enfoque, se asumieron varias cosas como el caso de Dios, los propósitos de Dios y el trabajo de Dios en general; en otras palabras, una lógica estaba en juego. Pero tal movimiento es diferente de la afirmación de que la vida trinitaria es "un principio sistemático integrador" o una "rúbrica" generalizada para ordenar una cuenta de creencias. Con ese tipo de lenguaje y las expectativas que introduce, diría que uno ha entrado en un dominio distinto, intelectualista (según el uso de Smith anterior).

[66] *Apostolic Faith* 1.1 (1906): 1.

respecto a la de Yong. Por motivos pentecostales, la vida triuna -y, por lo tanto, el Dios de la confesión cristiana- no pueden reducirse a un concepto teológico. Para usar el fraseo de Cross, "la riqueza de la vida trinitaria" es que de hecho es una vida, y una vida no puede usarse como una rúbrica, principio integrador o esqueleto organizacional que a su vez sirve para ayudar a la construcción de un sistema de pensamiento.[67] Cuando se expone a dicha reducción, una vida se objetiva de tal manera que puede utilizarse y apropiarse para cualquier cantidad de fines inútiles. En lugar de este enfoque, se presenta otra posibilidad: una vida debe encontrarse solo desde otra vida dentro de las condiciones de un tiempo y espacio específicos. Este tipo de compromisos son válidos para pensar en la intersubjetividad humana, pero también pueden mantenerse análogamente en la consideración de las interacciones entre Dios y el hombre.

La Interface Espiritualidad-Teología

La búsqueda persistente de Yong y Cross de la viabilidad de la teología sistemática pentecostal es en muchos sentidos desafortunada, en el sentido de que tales preocupaciones operan en respuesta a presiones que ejercen una influencia significativa en determinar qué es la teología para ser una disciplina académica respetable. En cierto sentido, Yong y Cross no pueden ser culpados por plantear tales preguntas y expresar tales preocupaciones en estos primeros trabajos. La teología pentecostal es relativamente nueva y desconocida para la escena teológica, y las interacciones y el diálogo son en gran medida parte del crecimiento y la comprensión tanto de los iniciados como de los que no lo son. Cross plantea importantes consultas que mucha gente ha preguntado y continuará formulando, y quizás nadie ha hecho más en la memoria reciente para elevar la prominencia de la teología pentecostal en la academia que Yong. La preocupación que se considera aquí es si la teología pentecostal corre el riesgo de conceder demasiada metodología teológica cuando trata de responder la cuestión de la sistemática pentecostal. ¿Puede la teología, como suele hacerse, hacer justicia a

---

[67] Lo que puede ser más apropiado decir (y quizás este sea el propósito de Cross) es que la doctrina de la Trinidad (y no la Trinidad per se) puede formar la base de una teología sistemática pentecostal. Pero, una vez más, la noción de una doctrina como estrictamente teórica o conceptual es en sí misma lo que se cuestiona aquí. Obviamente, una dimensión conceptual está involucrada cuando los asuntos se comunican, se relacionan y se piensan, pero la doctrina de la Trinidad no es estrictamente una noción conceptual. Como el próximo capítulo sugerirá ampliamente, las doctrinas como la de la Trinidad son místicas porque van más allá de la cognición teórica a niveles participativos de participación, convirtiéndose en una expresión y una invitación para encontrarse con el Dios viviente.

algunas de las características más importantes de lo que es el pentecostalismo? La pregunta empuja la atención hacia los pentecostales para pensar detenidamente sobre lo que hace que su tradición sea distintiva. En otras palabras, exige la tarea de la negociación tradicional.

Una de las dificultades con este proceso de negociación de tradición (que tanto Yong como Cross sienten y reconocen en sus respectivas formas) es que la reflexión pentecostal tiene al menos dos corrientes significativas en la literatura primitiva: se publicaron testimonios y narraciones de las experiencias de las personas de Dios, y el otro involucró obras más expansivas y elaboradas que fueron intencionalmente escritas como tratados explicativos y sugerentes. La segunda categoría es lo que constituye en gran medida la encuesta que Douglas Jacobsen presentó en su Pensando en el Espíritu. Aquí, Jacobsen destaca a los doce primeros líderes pentecostales que vivieron en el período 1900-1925 y que publicaron importantes obras de reflexión teológica. Jacobsen utilizó estos trabajos para resumir cómo estos líderes estaban reflexionando sobre el movimiento durante sus primeros años. Por ejemplo, cuando se considera a Charles Parham, Jacobsen lo hace en gran medida en los términos establecidos en Kol Koré Bamidbar (Voz que clama en el desierto) de Parham; cuando Jacobsen revisa a Richard Spurling, destaca El Vínculo Perdido, y así sucesivamente. Los comentarios de Jacobsen sobre estos trabajos de estos doce líderes son fascinantes por su sugerencia metodológica:

> El punto es que, si bien la teología pentecostal tiene un centro de gravedad diferente a muchos otros tipos de teología, la teología pentecostal no existe en una clase en sí misma. La diferencia estilística entre la teología pentecostal y otras formas de teología es de grado, no de disyunción radical. Desde el comienzo del movimiento, los pensadores pentecostales han estado produciendo tratados teológicos junto con sus canciones, sermones, oraciones y testimonios. Estos autores nunca dieron a entender que tuvieron que renunciar a parte de su fe pentecostal para escribir de manera sistemática y lógica, y no hay evidencia de que su estilo de escritura relativamente sistemático los obligara a dejar de lado ciertos temas pentecostales simplemente porque no lo hicieron. lógicamente encaja con todo lo demás. Escribían como pentecostales a pentecostales con fines teológicos pentecostales mientras trataban de ser tan minuciosos y sistemáticos como sus pares teológicos no pentecostales. Son estos trabajos los que proporcionan el enfoque de este estudio.[68]

---

[68] Douglas Jacobsen, *Thinking in the Spirit* (Bloomington: Indiana University Press, 2003), 7.

Claramente, Jacobsen ha privilegiado cierto tipo de evidencia textual en el desarrollo de su comprensión de la teología pentecostal. Continúa: "El objetivo principal de estas presentaciones sistemáticas de la fe pentecostal no fue la transformación personal sino la revelación de la verdad. El propósito principal era la explicación, no el testimonio. El impulso motivador no era necesariamente llevar al lector a una u otra experiencia espiritual. . . sino para explorar el significado teológico de esas experiencias". Concluye resumiendo: "Si bien muchos de estos teólogos pentecostales podían exhortar y testificar con los mejores de ellos, tenían la intención de mantener su predicación separada de sus conferencias en sus publicaciones explícitamente teológicas."[69]

Al presentar su historia intelectual y encuesta, Jacobsen necesita circunscribir su tarea de alguna manera. Lo hace resaltando la importancia del segundo capítulo mencionado anteriormente, incluso cuando reconoce que lo que hace que el pentecostalismo sea único es el primer capítulo. Jacobsen lo sugiere implícitamente al comenzar su texto con el testimonio de William Durham y al señalar explícitamente que el pentecostalismo tiene un "centro de gravedad diferente" que otras formas de teología, dada su espiritualidad.[70] Jacobsen es solo uno de los muchos que piensan que la teología pentecostal, para ser teología, debe tener algún tipo de estructura ordenada o sistemática. Pero se supone que las narrativas y los testimonios son algo más que la teología propiamente dicha, muy probablemente la categoría "espiritualidad" menos respetable académicamente.

Las reservas mencionadas anteriormente en relación con las propuestas de Yong y Cross podrían aplicarse en algún sentido a la de Jacobsen también. Estas inquietudes se derivan de la perspectiva que Land argumentó ampliamente en la literatura contemporánea, a saber, que la narración y el testimonio son categorías teológicas legítimas y productivas en sí mismas. Esta posición lleva a la teología pentecostal a una encrucijada metodológica, con las diversas propuestas procedentes de una encrucijada que tiene sus propios seguidores y fundamentos. Según Jacobsen, la segunda corriente realmente no es tan diferente metodológicamente de otras alternativas dentro de la tradición cristiana.

---

[69] Jacobsen, *Thinking in the Spirit*, 7–8.
[70] En este contexto (*Thinking in the Spirit*, 6), Jacobsen alude a un comentario extendido por Harvey Cox: "Como teólogo, me había acostumbrado a estudiar movimientos religiosos leyendo lo que sus teólogos escribieron y tratando de captar sus ideas centrales y las más destacadas doctrinas. Pero pronto descubrí que con el pentecostalismo este enfoque no ayuda mucho. Como dice un erudito pentecostal, en su fe "la experiencia de Dios tiene una primacía absoluta sobre el dogma y la doctrina". Por lo tanto, la única teología que puede dar cuenta de esta experiencia dice, es "una teología narrativa cuya expresión central es la testimonio. "Creo que él tiene razón" (*Fire from Heaven* [Reading, MA: Addison-Wesley], 71). Cox no identifica al teólogo que está citando, pero las ideas están en línea con gran parte de lo que propongo aquí.

El Desafío del Método

Para algunos, este resultado es perfectamente aceptable y tal vez incluso atractivo. Mi punto de vista, sin embargo, es diferente. Deseo resaltar el significado teológico de la primera corriente porque creo que captura gran parte de lo que hace que el pentecostalismo sea distintivo de otras tradiciones cristianas; también constituye lo que la contribución del pentecostalismo puede ser para esos públicos más amplios.

Si se concede la integridad teológica de la primera corriente, se siguen varias implicaciones. Primero, este reconocimiento reconoce que la teología no necesita ser completamente cautiva de las tendencias y prejuicios que gobiernan cómo se enmarcan las disciplinas académicas. Dado que las narrativas y los testimonios surgen de experiencias y eventos de la vida, a su vez pueden exponer la abstracción y la descontextualización que a menudo rodean los entendimientos disciplinarios, ya que promueven la objetividad y la libertad de los prejuicios. En marcada distinción con este último, la teología que está atenta a la vida de la fe debe perseguirse de una manera única si su objeto de estudio no puede ser abstraído o selectivamente mantenido a distancia. Un énfasis en la primera corriente significaría que los pentecostales entienden implícitamente que la teología no puede ser simplemente otra disciplina entre otras en un entorno universitario o de seminario.

En segundo lugar, las narrativas y los testimonios sitúan el conocimiento de Dios en el centro y en el frente como lo que ocupa la tarea teológica. Este conocimiento de alguna manera tiene que estar disponible más allá de los límites de aquellos que hablan de él, ya que su objetivo es ser de carácter teológico y no simplemente antropológico. Dicho de manera pintoresca, los pentecostales típicamente quieren decir sobre Dios, no sólo sobre ellos mismos, cuando hablan de sus experiencias. Grant Wacker hace esta observación de manera bastante directa: "Retrocediendo en el tiempo, deslizándome silenciosamente en las cocinas y salones de los primeros pentecostales, escuché, antes que nada, una gran cantidad de charlas sobre el bautismo del Espíritu Santo. . . sobre la Biblia, su poder, su belleza y la forma en que sirvió como la autoridad final. . . sobre signos y maravillas." Pero, agrega, "Cuanto más escuché esas discusiones. . . cuanto más me daba cuenta de que la mayoría de ellos eran realmente sobre otra cosa. Y esa otra cosa, por supuesto, era Dios".[71] De tal observación, uno puede afirmar convincentemente con respecto a las dos corrientes significativas de la teología pentecostal mencionadas

---

[71] Grant Wacker, *Heaven Below* (Cambridge, MA: Harvard University Press, 2001), 11. Para los propósitos de este estudio, es importante resaltar lo que Wacker continúa diciendo inmediatamente después de la línea anterior: "Ocasionalmente, el anhelo de tocar a Dios bordeaba el misticismo, un anhelo de ser absorbido por el Uno o incluso borrar su propia identidad en la identidad del Todo".

anteriormente: el primer capítulo puede ser teológico en formas que el segundo no puede.

En tercer lugar, si la teología debe ser teológica (es decir, apropiadamente acerca de Dios), entonces debe entenderse como directamente relacionada con la espiritualidad. Separar los dos es siempre un error teológico. Si el objeto de la teología es el Dios de la confesión cristiana, entonces es significativo cómo y de qué manera este objeto se compromete y se conoce. Si las narrativas y los testimonios dentro del redil pentecostal son privilegiados en la reflexión teológica, entonces tenemos una interacción genuina entre teología y espiritualidad. Esta relación, que llamaré en aras de la brevedad "la interface espiritualidad-teología", es una de las grandes contribuciones de la Espiritualidad Pentecostal de Land. Para aquellos que observan las muchas características del movimiento, la dinámica es muy obvia. Como el propio Jacobsen admite, "dentro del pentecostalismo temprano, la teología y la experiencia iban de la mano."[72]

De hecho, el privilegio metodológico de la interface espiritualidad-teología en el pentecostalismo -con su dependencia de narrativas y testimonios para su fundamentación teológica, - simplemente saca a la luz muchas características de la reflexión teológica pentecostal que de otro modo podrían ocultarse. Algunos de estos puntos ya se han destacado anteriormente, incluida la integridad de la teología vinculada a la espiritualidad de un teólogo, la irreductibilidad de Dios y la experiencia de Dios, el registro de significado más allá de la construcción teórica de referencia y la afirmación de que Dios es mejor entendido no simplemente como un concepto. La interface de espiritualidad-teología también aborda la preocupación directa de los pentecostales de mantener la reflexión teológica bajo control, para que no comprometa la experiencia de la fe genuina. Repetidamente, los primeros pentecostales expresaron cautela con respecto a las declaraciones teológicas (incluidas doctrinas, credos y demás) y la educación teológica formal (al menos, tal como se perseguía fuera de sus propios esfuerzos educativos nacientes) porque habían visto repetidamente que podían obstruir o comprometer el centro animador de la vida de la fe. Por supuesto, los pentecostales lucharon y se dividieron (¡excesivamente!) Por cuestiones doctrinales, pero en general, esta función reguladora de la doctrina operaba junto con una sospecha de doctrina. La lógica de tal tensión requiere un paradigma que resalte la interfaz espiritualidad-teología.

---

[72] Jacobsen, *Thinking in the Spirit*, 3.

El Desafío del Método

Expandiendo el Campo de la Sistemática

Debido a estos muchos puntos que surgen de esta lectura en particular, que privilegia esta primera línea de la autoexpresión pentecostal en la literatura primitiva, el pentecostalismo comienza a parecerse más a una tradición mística cristiana y menos a un movimiento que puede ser convenientemente circunscrito por cualquier teología sistemática. Para enfatizar una dirección parece inevitablemente apartarse de la otra. Sin embargo, uno debe reconocer que el lenguaje de la sistemática puede significar cosas diferentes para diferentes circunscripciones; estas posibilidades valen la pena investigar más.[73]

"Sistematizar" puede significar construir un sistema arquitectónico de pensamiento mediante deducción, basado en ciertos principios o axiomas, como sugiere Barth en la cita anterior en la página diecinueve. Este modelo representa una comprensión fundacionalista que recuerda a formas de pensamiento modernistas, pero su linaje puede remontarse a Aristóteles. Algunos se refieren a este modelo como euclidiano o geométrico debido a la forma en que funciona a partir de datos a priori de reclamos posteriores. Este tipo de razonamiento geométrico puede ocurrir dentro de un depósito de material (convirtiéndolo en un tipo de fundacionalismo intrínseco) o fuera de dicho depósito, lo que requiere algún otro fundamento. El tipo de movimiento derivado de fundamentos a priori de axiomas posteriores también puede variar. Para los relatos "fuertes" de estos esfuerzos, la deducción es bastante rigurosa en términos de una continuidad y lógica mostradas llevadas a la práctica. Para otros, la inter-conectividad de varios reclamos se ordena más en un modelo de red; están conectados e interrelacionados en cierto sentido, pero la lógica de los axiomas a los principios posteriores es "débil".

Quizás estas posibilidades se ilustran mejor a través de ejemplos concretos de la historia de la reflexión teológica. Entre los primeros teólogos, por ejemplo, Ireneo es un tipo de sistemático diferente de Orígenes.[74] La de Ireneo sobre Predicación Apostólica y Los Principios

---

[73] Para las siguientes elaboraciones, estoy en deuda con Colin Gunton; véase, *"A Rose by Any Other Name?" de 'Christian Doctrine' a 'Systematic Theology,'" International Journal of Systematic Theology* 1, no. 1 (1999): 4–23. Gunton se basa en parte en un trabajo sugestivo que no se limita a la teología sistemática, sino que es aplicable a él: Nicholas Rescher, *Cognitive Systematization: A Systems-Theoretic Approach to a Coherentist Theory of Knowledge* (Totowa, NJ: Rowman & Littlefield, 1979).

[74] Este emparejamiento es de Gunton en "A Rose by Any Other Name?" se dan cuenta de que muchos eruditos (incluido el mismo Gunton) a menudo consideran los Principios Fundamentales de Origen como la primera ejemplificación autoconsciente del género de la teología sistemática; sin embargo, me alienta la comparación de Gunton en este punto, ya que el trabajo de Irenaeus también puede considerarse "sistemático" de cierta manera. Aquí es útil para Gunton haber incluido a Irenaeus a fin

sobre Origen de Orígenes son dos textos muy distintos en sus compromisos teóricos y epistemológicos. Ambos son, de hecho, relatos sistemáticos de la fe cristiana, pero lo son de diferentes maneras.

En reconocimiento del celo por la piedad de su amigo Marciano, a quien Ireneo escribe, Ireneo comenta en el prefacio de su obra:

> No hemos dudado en hablar un poco con usted. . . escribiendo y demostrando, por medio de un resumen, la predicación de la verdad, a fin de fortalecer su fe. Te estamos enviando, por así decirlo, un memorándum resumido, para que puedas encontrar mucho en un poco, y por medio de este pequeño [trabajo] entiendas a todos los miembros del cuerpo de la verdad, y a través de un resumen recibas la exposición de las cosas de Dios para que, de esta manera, lleve tu propia salvación como fruto, y que puedas confundir a todos los que tienen opiniones falsas y para todo aquel que desee saber, puedes expresar nuestra palabra sana e irreprochable con toda audacia.[75]

Para Ireneo, la verdad está asociada con la fe, la piedad, la santificación y cosas por el estilo. Él agrega al final de la sección, "Debemos mantener la regla de la fe inquebrantablemente, y cumplir los mandamientos de Dios, creer en Dios y temerle, porque Él es Señor, y amarlo, porque Él es el Padre."[76] Fe, obediencia y amor: esto es lo que permite a los creyentes tener "una verdadera comprensión de lo que es", para tener un sentido de trabajo de las elaboraciones "sistemáticas" que siguen en la obra de Ireneo.

El trabajo de Orígenes es de otro orden; tiene una orientación operacional y metodológica diferente. Orígenes afirma que Jesucristo es la verdad y que las personas han llegado a conocer y hablar de esta verdad a causa de la obra del Espíritu Santo. Varias enseñanzas pueden surgir en estos puntos, sin embargo, y Orígenes considera necesario "fijar un límite definido y establecer una regla inequívoca" con respecto a cada uno de los

---

de matizar y variar lo que el modificador "sistemático" puede significar en la reflexión teológica. Además, debo agregar que Sarah Coakley recientemente alentó a los lectores de Orígenes a ir más allá de los Primeros Principios para "completar el cuadro de su visión doctrinal de maneras infinitamente más ricas". (Sarah Coakley, *God, Sexuality, and the Self: An Essay "On the Trinity"* [Cambridge: Cambridge University Press, 2013], 37). Tan útil como este estímulo está en el caso de Orígenes (y la recomendación también se aplica a otros), el punto sigue siendo que ciertas obras de la antigüedad son seleccionadas y privilegiadas como que incorporan la etiqueta de "teología sistemática". Afortunadamente, con la ayuda de Coakley y otros, este privilegio se puede mostrar por lo que es, a saber, un sesgo académico moderno.

[75] St. Irenaeus of Lyons, *On the Apostolic Preaching*, trans. John Behr (Crestwood, NY: St. Vladimir's Seminary Press, 1997), 39.

[76] Irenaeus, On the Apostolic Preaching, 41.

temas de la fe.⁷⁷ Después de resumir algunos de los puntos de la enseñanza de los apóstoles, concluye el prefacio a Los Primeros Principios de la siguiente manera:

> Cada uno, por lo tanto, debe hacer uso de elementos y fundamentos de este tipo, de acuerdo con el precepto, "Ilumínense con la luz del conocimiento", si desea formar una serie conectada y un cuerpo de verdades conforme a la razón de todo estas cosas, que mediante afirmaciones claras y necesarias puede determinar la verdad con respecto a cada tema individual, y formar, como hemos dicho, un cuerpo de doctrina, por medio de ilustraciones y argumentos, ya sea que haya descubierto en la Sagrada Escritura, o que ha deducido al rastrear de cerca las consecuencias y seguir un método correcto.⁷⁸

Orígenes se compromete a establecer un resumen de la fe, al igual que Ireneo, pero Orígenes cree que hacerlo depende en gran medida de un trabajo intelectual basado en ejemplos de la Escritura o asuntos deducidos de la localización de las consecuencias y siguiendo la lógica inherente de un método particular.

El compromiso con Cristo por parte de estos autores no está en cuestión en términos de los méritos de estas propuestas; más bien, el asunto se refiere a cómo el Evangelio cristiano está conceptualmente asegurado, ordenado y enmarcado. Sin lugar a dudas, diferentes metodologías están en funcionamiento en estas dos obras, pero vale la pena señalar aquí que los diferentes fines y propósitos también están involucrados. Para Ireneo, "resumir" y "sistematizar" son actividades que, sobre la base de los términos anteriores, representan un tipo de esfuerzo que está intrínsecamente orientado a la red y no deductivamente delineado. También está claro, sin embargo, que Acerca de la Predicación Apostólica tiene como objetivo fortalecer la fe del lector, ayudar al lector a dar un testimonio efectivo, en resumen, para ayudar al lector en su santidad de mente, alma y cuerpo. Mientras que el trabajo puede considerarse "sistemático" en cierto sentido, su objetivo en última instancia está más allá de sí mismo: conducir a la transformación del lector, que está por encima de todo estar ubicado dentro de una realidad impregnada de Dios. Como señala Colin Gunton, Ireneo se ocupa en última instancia de "la economía de la acción divina hacia y en el mundo".⁷⁹ En estos sentidos, Ireneo está privilegiando una interface espiritualidad-teología.

---

[77] Origen, *On First Principles*, Preface como se encuentra en ANF 4:239.
[78] Origen, *On First Principles*, Preface, ANF 4:241.
[79] Gunton, "A Rose by Any Other Name?" 9.

Orígenes, por el contrario, también persigue un tipo de proyecto intrínseco y fundacionalista, aunque la forma de interconexión dentro de él es "fuerte", ya que el formato deductivo es bastante pronunciado. ¿Cuál es el objetivo de Orígenes con los primeros principios? Parece ser ofrecer un relato de la fe cristiana que representa un solo cuerpo de enseñanza, unificado por un rigor metodológico y deductivo. En otras palabras, el propósito de este trabajo se considera en gran medida en términos de su atractivo intelectual; está orientado hacia sí mismo, a su propia integridad a través de la demostración y la argumentación en aras de una presentación unificada.

Las metodologías de estos trabajos son diferentes, y también lo son sus objetivos. Ambos operan fuera de lo dado -y de las restricciones y posibilidades- asociados con la narrativa del Evangelio. Pero uno es más riguroso en la lógica deductiva que el otro; Orígenes está más inclinado a mirarse a sí mismo, mientras que el de Ireneo está dirigido externamente en términos del compromiso y obra de Dios, que incluiría, entre otras cosas, al lector en sus propias circunstancias particulares. La debilidad sistemática evidente en las propuestas de Ireneo parece ser estratégica. Orígenes busca la consistencia dentro de una metodología dada, y su punto de partida incluye un rigor racionalista. Ireneo, por el contrario, se esfuerza por alcanzar la fidelidad dentro de una economía de santidad: el teatro de la participación y el compromiso de Dios con el mundo que conduce a su curación y divinización.

Tal como los entiendo, la visión de Ireneo y los que les gustan típicamente serán atractivos para los pentecostales. Esta visión requiere que el teólogo sistemático y su escritura, expresión oral y conceptualización (es decir, sistematización) se ubiquen dentro de la economía de la actividad y los propósitos de Dios. En este aspecto, la santificación es una categoría más fundamental que la completud académica: la convicción y la pasión son más determinantes aquí que la coherencia y la racionalidad. Lo que establece el tono para la teología pentecostal es la realidad y la confesión de que Dios está trabajando en el mundo, incluido el ámbito académico. Con tal línea de base y demanda de orientación, los pentecostales no pueden evitar pensar que postrarse de rodillas en oración es más básico para una forma de compromiso fiel que escribir los pensamientos en un teclado. La lógica de la oración, sin embargo, puede sostenerse a un nivel más profundo: escribir en un teclado puede, en cierto sentido, cuando se interpreta como una actividad en el marco de la autopresentación y el trabajo de Dios, ser un acto de fidelidad en oración. La importancia que se destaca aquí no es tanto en una actividad específica (por ejemplo, mecanografía) como en el contexto de la actividad dentro de la economía y los propósitos de la auto-revelación de Dios.

De nuevo, el esfuerzo intelectual no es necesariamente anti-fe; muchos se han beneficiado de Los Primeros Principios de Orígenes a lo largo de los siglos, y otros lo han seguido exitosamente. Pero hay diversas maneras de comprometerse con la regla de la fe. Intelección, conceptualización, descripción, explicación, análisis: este tipo de actividades son importantes, pero en términos pentecostales son teológicamente significativas solo cuando se mantienen coram Deo, es decir, con plena conciencia de que se persiguen con la esperanza de aprehender a Dios y viviendo dentro de los propósitos de Dios. La razón y la revelación no necesitan operar en diferentes dominios, pero como señala Murray Rae, "la Revelación no está a disposición de la razón".[80] Para los pentecostales, la sistematización debe estar en sintonía con la economía de la auto presentación de Dios, y tal marco implica intrínsecamente que la interfaz espiritualidad-teología es viva y operativa.

Conclusión

Este capítulo intenta limpiar el aire metodológico dentro de la reflexión teológica pentecostal. Sin lugar a dudas, el pentecostalismo ofrece diferentes propuestas sobre cómo conceptualizar sus compromisos básicos y orientadores. A partir de los argumentos considerados hasta este punto, este trabajo se sitúa dentro de la trayectoria de esfuerzos que encuentran que la espiritualidad está íntimamente conectada con la teología. Lamentablemente, esa orientación a veces se ve marginada en la escena contemporánea como promoción de parcialidad o novedad subjetiva, pero una mayor conciencia de la historia del pensamiento cristiano arroja una imagen diferente. El pentecostalismo es de diversas maneras vitalmente relevante para los desafíos de hoy porque muestra instintos que pueden ubicarse dentro de las muchas expresiones del misticismo cristiano a través de las edades.

---

[80] Gunton, "A Rose by Any Other Name?" 16, citing Murray Rae, *Kierkegaard's Vision of the Incarnation* (Oxford: Clarendon, 1997), 112.

CAPÍTULO 2

¿Una Tradición Mística?

Muchos, si no la mayoría de los pentecostales dudarían en identificarse como místicos modernos. La etiqueta "misticismo" podría entenderse como demasiado esotérica, egocéntrica, arcaica o, lo peor de todo, pagana. Pero en el capítulo 1, se argumentó que los pentecostales resistirían las muchas bifurcaciones dentro de las disciplinas teológicas actuales. En particular, los pentecostales rechazarían la división entre la espiritualidad y la teología, buscando en su lugar una interfaz genuina entre los dos, cada uno condicionando al otro de una manera mutuamente autenticada. Esta actitud proviene en gran parte de cómo piensan los pentecostales sobre el conocimiento de Dios. Para los pentecostales, el conocimiento de Dios no se cultiva tanto a través de las acciones del intelecto como a través del compromiso holístico. En la medida en que estas características del etos pentecostal continúen, yo diría que el uso del lenguaje de la mística podría muy bien contribuir a una comprensión más rica del conocimiento de Dios para los pentecostales.

Por supuesto, es fundamental cómo definimos en última instancia el "misticismo" en lo que se refiere al carácter teológico único del pentecostalismo. Gran parte de esta tarea es el enfoque del presente capítulo, que considera cómo el lenguaje místico puede emplearse teológicamente de una manera que los pentecostales encontrarían útil.

Para empezar, la afirmación de que el pentecostalismo representa una tradición mística dentro de la iglesia católica supone que las tradiciones místicas dentro del cristianismo históricamente han existido y que, presumiblemente, pueden existir en la actualidad. Tal afirmación no es difícil de sostener, al menos históricamente. Muchas personas con cierto sentido práctico de la historia cristiana reconocen los nombres de, digamos, Pseudo-Dionisio o Hildegard de Bingen. A pesar de la importancia relativa de tales figuras, sin embargo, las figuras y movimientos místicos han estado en gran medida en los bordes de la corriente principal teológica como se ha entendido típicamente, especialmente desde la era moderna. Entonces, debemos preguntar: ¿Cuán significativo es el misticismo para la identidad cristiana? ¿Se puede entender que el cristianismo es en esencia una fe mística, o estas figuras y movimientos son tangenciales y altamente idiosincráticos que "toman" una religión que en general es algo más?

Dada la forma en que el cristianismo ha sido repetidamente enmarcado como una "fe pública" —como vemos, por ejemplo, en los escritos de los primeros apologistas y de aquellos a través de las diversas expresiones del privilegio constantiniano que el cristianismo ha disfrutado en Occidente— podría parecer que un enfoque místico del cristianismo no es sólo un esfuerzo minoritario, sino que es en gran medida irrelevante e insignificante. Yo respondería que, para las primeras generaciones de cristianos, no había forma de evitar los motivos místicos. Gran parte del lenguaje, los sucesos y las prácticas de los primeros cristianos y de la iglesia primitiva se pueden entender como inherentes y completamente místicos. Considere los discursos de despedida del Evangelio de Juan, los sucesos del Día de Pentecostés registrados en el Libro de los Hechos, la práctica temprana de los sacramentos como la eucaristía y el bautismo, e incluso la formulación de doctrinas tales como la encarnación y la Trinidad; todo esto se puede decir que tiene dimensiones y cualidades místicas.[1] No es de extrañar, entonces, que los impulsos místicos aparezcan repetidamente en el cristianismo, ya sea que se cultiven en iglesias locales, encarnadas por figuras venerables, o se manifiesten en escuelas, abadías y avivamientos de diversa índole.

Para pasar a la agenda inmediata, deseo argumentar que el pentecostalismo representa un tipo particular de resurgimiento de estas dimensiones místicas del cristianismo dentro de un contexto mayoritariamente occidental, y cada vez más global. Su aumento en este contexto es importante, ya que Occidente a menudo ha sido incapaz de dar cuenta de cosas que son inconsistentes con los principios de su epistemología preferida. El ascenso y la prominencia de un pentecostalismo dinámico en las últimas décadas ha sido algo inesperado. Muchas de sus cualidades, sin embargo, han sido consistentes con las características de larga data del cristianismo místico. No soy el primero en hacer este reclamo. Espero, sin embargo, extender este pensamiento de una manera más dirigida, crítica y sostenida. También pretendo aclarar lo que el lenguaje de la mística puede significar en un contexto cristiano autoconsciente, dado que se entiende de diversas maneras; estas

---

[1] Andrew Louth considera esto como "doctrinas místicas formuladas dogmáticamente" (*The Origins of the Christian Mystical Tradition: From Plato to Denys* [Oxford: Clarendon, 1981], xi). Estoy de acuerdo con esta evaluación, dado que estas doctrinas tienen como tema el Dios de la confesión cristiana, que se conoce sólo como este Uno que ha revelado a Dios mismo.

variaciones pueden ser útiles o perjudiciales para su recuperación como una categoría viable dentro de la teología cristiana. Gran parte de este trabajo puede tener lugar sólo si observamos cuidadosamente cómo la teología ha experimentado cambios y mutaciones significativas en Occidente, ya que a menudo han tenido implicaciones para la comprensión del misticismo en general.

Una Categoría Considerada Aplicable por Los Internos y Externos

Ocasionalmente, los escritores sobre el pentecostalismo se han referido al movimiento como una tradición mística. En el innovador *Pensando en Lenguas* de James KA Smith, habla de la necesidad expresada por el pentecostalismo del núcleo afectivo de una persona alcanzada en el discipulado, a lo que agrega la siguiente nota al pie: "Creo que esto hace del pentecostalismo una tradición 'mística' expresada, por ejemplo, en las disciplinas de San Juan de la Cruz, *La Noche Oscura del Alma*."[2] Otra erudita que ha hecho esta conexión es Margaret Poloma, quien utilizó "místicos" para el título de uno de sus libros sobre pentecostalismo.[3] Además, Dale Coulter, un erudito pentecostal especializado en estudios medievales, ha establecido conexiones entre los pentecostales y los pensadores místicos en términos de exégesis medieval y las prácticas hermenéuticas, y Simón Chan también ha desarrollado significativamente este punto.[4] Tal vez el estudioso que más enfatizó este punto haya sido Daniel Albrecht.[5] Dicha lista podría ampliarse más.

Una figura que hace un caso sostenido para los pentecostales como místicos es una clasificación externa: Harvey Cox, Profesor de Investigación de Divinidad en Hollis de la Escuela de Divinidad de Harvard. Cox hizo una contribución significativa para los estudios pentecostales a través de su obra *Fuego desde el Cielo*. La suya es una perspectiva y contribución únicas. En este capítulo me enfoco

---

[2] James K. A. Smith, *Thinking in Tongues* (Grand Rapids: Eerdmans, 2010), 77.
[3] Margaret M. Poloma, *Main Street Mystics: The Toronto Blessing and Reviving Pentecostalism* (Lanham, MD: Altamira Press, 2003).
[4] Dale Coulter, "What Meaneth This? Pentecostals and Theological Inquiry," *Journal of Pentecostal Theology* 10, no. 1 (2001): 38–64; Simon Chan, *Pentecostal Theology and the Christian Spiritual Tradition*, Journal of Pentecostal Theology Supplement 21 (Sheffield: Sheffield Academic Press, 2000).
[5] Daniel Albrecht, *Rites in the Spirit: A Ritual Approach to Pentecostal/Charismatic Spirituality*, Journal of Pentecostal Theology Supplement 17 (Sheffield: Sheffield Academic Press, 1999), 238–40. El estudio de Albrecht es en estudios rituales, pero en un momento hace la misma afirmación teológica hecha en este trabajo, a saber, que "aunque los pentecostales parecen desconocer en gran medida, participan en una rica herencia de misticismo cristiano" (238-39).

particularmente en el trabajo de Cox, que será útil para describir el misticismo de una manera que aclare la identidad teológica del pentecostalismo.

El volumen de Cox es significativo tanto en lo que dice como en las circunstancias de su redacción. Este teólogo establecido presenta una lectura crítica pero comprensiva de un fenómeno cristiano mundial. No es sorprendente que, dada su persistente marginación, los pentecostales descubrieran que el enfoque y el tono general de Cox eran un cambio refrescante. En ella estaban siendo reconocidos por el establecimiento de una manera que afirmaba que sus voces importaban, que tenían algo que decir y que deberían ser consideradas seriamente en la escena religiosa y cultural. *Fuego desde el Cielo* adoptó la forma que no sólo se debió al crecimiento y relevancia mundial del pentecostalismo, sino también a la amistad, curiosidad y humildad de Cox. Por ejemplo, Cox reconoce en esta obra que podría haber prestado demasiada atención a los pronosticadores sociológicos cuando escribió *La Ciudad Secular*, dado el aumento de la religiosidad (sobre todo de la variedad carismática cristiana) en todo el mundo desde su publicación en la década de 1960. En cuanto a su impacto más amplio, *Fuego desde el Cielo* ha ayudado al pentecostalismo a obtener un mayor apoyo dentro de la academia teológica. Ahora es bastante común ver conferencias, grupos de trabajo y esfuerzos académicos similares enfocándose y tomando en serio las preocupaciones de los pentecostales y carismáticos. Sin duda, Cox y su trabajo contribuyeron a este incremento.

En cuanto al contenido del libro, Cox comienza trazando desde los días de su adolescencia. Señala que, debido a una experiencia temprana en una iglesia a la que asistió con un joven amigo, se dio cuenta de que "el eros y el ágape, las energías erótica y espiritual de la vida, pueden no ser tan distintas como algunos teólogos nos quieren hacer creer." La iglesia en cuestión, muy probablemente una iglesia de Santidad tenía, sin embargo, raciocinios significativos de lo que Cox llegaría a asociar con el pentecostalismo, estaba llena de gente apasionada que usaba sus cuerpos y emociones explícitamente en su adoración. Tales acontecimientos nunca ocurrieron en las congregaciones bautistas y cuáqueras que Cox conoció cuando era joven. Cox menciona cómo los grupos que atienden los "afectos religiosos" le atraían especialmente, incluido el pentecostalismo, que representa "la rama más experiencial del cristianismo."[6]

A pesar de estas simpatías, Cox admite que, una vez que comenzó a profundizar en la evidencia documental primaria de la tradición

---

[6] Harvey Cox, *Fire from Heaven* (Reading, MA: Addison-Wesley, 1995), 10, 14.

pentecostal, se encontró en una encrucijada. Al principio, confiesa que le molestó el sensacionalismo de algunos de los relatos que estaba leyendo y, como resultado, no estaba seguro de cómo proceder. Finalmente, decidió "dejarse llevar" mientras leía la literatura primaria. Esta decisión condujo a un cambio significativo:

> Rápidamente descubrí que mi nueva actitud me permitía seguir la espectacular propagación del pentecostalismo mejor de lo que podría hacerlo la credulidad o el escepticismo. Al estudiar detenidamente estos relatos arcaicos, me quedó claro que, para los primeros convertidos, el bautismo del Espíritu no sólo cambió su afiliación religiosa o su forma de adoración. Cambió todo. Literalmente vieron el mundo entero bajo una nueva luz. El bautismo del Espíritu no era sólo un rito de iniciación, era un encuentro místico. Por eso a veces sonaban como Santa Teresa de Ávila o San Juan de la Cruz, aunque probablemente nunca habían oído hablar de ninguna de los dos.[7]

Más tarde, Cox comenta sobre el "realismo mágico que origina muchos testimonios pentecostales". Esta característica "radiante" de la experiencia pentecostal "es tan total que rompe la envoltura cognitiva."[8]

Como un forastero mirando hacia adentro, Cox lidia con una serie de posibilidades sobre por qué la religiosidad pentecostal se ha vuelto tan popular en las últimas décadas. Vemos su teoría en el siguiente resumen: "Ha tenido éxito porque ha hablado del vacío espiritual de nuestro tiempo al traspasar los niveles de credo y ceremonia al núcleo de la religiosidad humana, a lo que podría llamarse 'espiritualidad primordial'. ese núcleo mayormente sin procesar por la psiquis en el que continúa la lucha interminable por un sentido de propósito y significado." Cox procede a extender este lenguaje de primalidad al afirmar que el pentecostalismo ha ayudado a la gente a recuperar una "espiritualidad elemental" que consiste en "habla primordial". (Glosolalia, enunciación extática, lenguaje del corazón), "piedad primaria" (experiencia mística, trances, sueños y otras "expresiones religiosas arquetípicas") y "esperanza primordial" (una expectativa de un futuro mejor). Este enfoque en la primalidad significa que el pentecostalismo no es una aberración sino "parte de la historia más

---

[7] Cox, *Fire from Heaven*, 70–71. Cox también hace una referencia significativa a *Catherine of Sienna* más adelante en el libro (204ff), mientras continúa documentando su creciente aprecio por el giro contemporáneo a la espiritualidad primordial.
[8] Cox, *Fire from Heaven*, 71. Smith, in *Thinking in Tongues*, habla de este punto en términos de una visión "encantada" de la realidad.

grande y más larga de la religiosidad humana", que funciona desde el sentido universal y profundo de que somos *homo religiosus*.[9]

Otros comentarios que hizo Cox son interesantes. Al hablar sobre el habla primordial, Cox expresa acerca de cómo el hablar en lenguas se relaciona con el "déficit de éxtasis" que cultivamos en las sociedades occidentales seculares contemporáneas porque nos hemos protegido de nuestros registros más profundos y resistido a bajar nuestras barreras perceptivas para que "lo profundo [pueda hablar] a lo profundo."[10] A través de este tipo de discurso, el pentecostalismo muestra su poder de "acceder a una esencia recóndita de la religiosidad humana y [significa] otro alejamiento radical del protestantismo evangélico o fundamentalista en el que ni la lengua ni los vínculos con otras religiones son tolerados." Sin embargo, los pentecostales, al utilizar el marco bíblico, permite una familiaridad para cubrir este elemento más amplio y numinoso, basado en una afirmación primordial: "El Espíritu de Dios no necesita mediadores, pero está disponible para cualquiera de una manera intensa, inmediata e incluso interior."[11]

Esta intensidad para Cox se entiende mejor en términos místicos. Cox amplía los parámetros de consideración diciendo: "Creo que el significado interno de hablar en lenguas u orar en el espíritu se puede encontrar en algo que virtualmente toda tradición espiritual en la historia humana enseña de una manera u otra: que la realidad se esfuerza en símbolos religiosos; expresarse finalmente desafía incluso al lenguaje humano más exaltado. Prácticamente todos los místicos de todas las religiones han indicado que esta visión que han vislumbrado, aunque intentan desesperadamente describirla, finalmente se les escapa."[12] Cox aplica este amplio comentario al pentecostalismo en particular: "Parece irónico que el pentecostalismo, la religión de los pobres y los iletrados, en este sentido, se acerque a las formas más sublimes de misticismo que las denominaciones más respetables que a veces desprecian "Un poco más tarde agrega," Es precisamente esta religión diversa desde el otro lado de las vías que ahora está llevando la antorcha mística con más vigor."[13]

---

[9] Cox, Fire from Heaven, 81, 82–83.
[10] Cox señala luego que estas barreras se erigieron dentro de la civilización occidental entre "los aspectos cognitivos y emocionales de la vida, entre la racionalidad y el símbolo, entre los estratos consciente e inconsciente de la mente" (*Fire from Heaven*, 100-101).
[11] Cox, *Fire from Heaven*, 91, 87.
[12] Cox, *Fire from Heaven*, 92. In chap. 4, consideramos la conexión entre el habla de lenguas y el misticismo.
[13] Cox, *Fire from Heaven*, 92, 93.

Influyendo más Profundo en el Término "Místico"

¿Qué deberíamos hacer con los análisis y consideraciones de Cox? De nuevo, uno no puede dejar de notar el tono que Cox emplea a lo largo de su libro. Se sumergió lo suficiente en las tradiciones del pentecostalismo para comprender de manera significativa sus pasiones, virtudes, temores y preocupaciones. En general, él trata de ser caritativo y amable, teniendo en cuenta los éxitos y las deficiencias del movimiento como lo ha experimentado. Por todos estos motivos, es un valioso compañero de diálogo para los pentecostales. Sin embargo, debido a cómo Cox usa la etiqueta "místico", creo que los pentecostales dudarían en usarlo para describirse a sí mismos. Los pentecostales podrían aceptar muchas de las descripciones que brinda Cox, pero hay algunas características de su narración -los comentarios más teóricos y explicativos- que muy probablemente suenen extraños y desagradables para muchos, sino para la mayoría de ellos.

En términos generales, usar "misterio" al hablar de pentecostalismo es útil para Cox, pues ayuda a indicar la continuidad entre el pentecostalismo y otras tradiciones cristianas que destacan la espiritualidad cristiana, que a menudo se encubre en las formas occidentales modernas del cristianismo. Los primeros pentecostales con frecuencia pensaban que estaban participando en un movimiento restauracionista, es decir, uno que restablecería las características básicas del cristianismo neotestamentario. Sin embargo, con el paso de los años, los eruditos pentecostales se han inclinado más a notar la continuidad con otras tradiciones cristianas a través de los siglos.[14] Cox se une con simpatía a estos esfuerzos dibujando la conexión entre el pentecostalismo y las voces pasadas en el misticismo cristiano.

Pero tenemos que preguntar: ¿Qué se entiende exactamente por misticismo? Responder a esta pregunta difícil nos ayudará a entender las representaciones de Cox, y también servirá para propósitos más amplios.

---

[14] Un pionero en este sentido es Stanley Burgess. Sin embargo, el punto de que se trata de un desarrollo reciente no debe presionarse demasiado. Por ejemplo, en *Fe Apostólica* estaba dispuesta a reconocer el florecimiento de los signos carismáticos en otros movimientos cristianos; por ejemplo: "A principios del siglo XVIII, entre los protestantes franceses, hubo maravillosas manifestaciones del poder del Espíritu acompañadas por el Don de las lenguas. Los primeros cuáqueros recibieron el mismo poderoso estímulo religioso y tuvieron el don de las lenguas. La iglesia Irvingita, alrededor de 1830, tuvo el bautismo con el Espíritu Santo y habló en otras lenguas. En el resurgimiento sueco en 1841-43 hubo las mismas manifestaciones del Espíritu y también el Don de las lenguas. En el avivamiento irlandés de 1859 está el registro del poder del Espíritu para ganar almas y el hablar en lenguas por hombres y mujeres llenos del Espíritu" (1.1 [1906]: 3). Claramente, un impulso, aunque fuerte, fue notable entre algunos pentecostales primitivos para fundamentar su experiencia y creencias dentro de la historia continua de la iglesia cristiana y no simplemente dentro de los sucesos del primer siglo.

¿Una Tradición Mística?

Podemos comenzar considerando la definición dada por Andrew Louth, un respetado erudito ortodoxo que caracteriza el misticismo como "una búsqueda y experiencia de inmediatez con Dios". El místico no se contenta con saber *acerca* de Dios, anhela la unión con Dios. Y agrega: "Sin embargo, la búsqueda de Dios, o lo último, por su propio bien y la falta de voluntad para estar satisfecho con algo que no sea Él; la búsqueda de la inmediatez con este objeto del anhelo del alma: esto parecería ser el corazón del misticismo."[15] La definición de Louth es curiosa, ya que dice poco sobre el objeto que se busca a través de los esfuerzos místicos ("Dios" y más tarde "el último"), pero mucho acerca de cómo uno se involucra y persigue este objeto. Es casi como si el término "Dios" fuera un marcador de posición en estas definiciones: un fin u objetivo sin forma que puede intercambiarse fácilmente con otra frase (como "El último").

Si eliminamos "Dios" y "El último" de tales declaraciones y dejamos abierta la referencia, entonces esta definición de misticismo sería aceptable para una variedad de tradiciones religiosas. Términos tales como "búsqueda", "experiencia", "inmediatez" y "unión" serían comunes al describir el misticismo. Por ejemplo, el gran pensador hindú Adi Shankara podría llamarse místico, ya que expone la no dualidad (*advaita*) como presionar a través de las apariencias (*māyā*) hacia adentro del alma (*ātman*) y hacia "Brahman" (el ser eterno o la última realidad), un viaje de búsqueda y un deseo de sentido y unión. Y, sin embargo, si reemplazáramos los términos sánscritos por otros más familiares para los occidentales, aquí podríamos encajar con las enseñanzas de Plotino, o quizás las reflexiones de alguien como Meister Eckhart. De hecho, Rudolf Otto hace una serie de conexiones entre Shankara y Eckhart en un estudio comparativo. Señala varias similitudes, una de ellas es la siguiente: "De esta forma se podría construir una metafísica casi idéntica. Aún más sorprendente, ambos místicos se expresan en una metafísica que parece ser esencialmente "ontológica", básicamente una especulación sobre la naturaleza del Ser, utilizando métodos que son sorprendentemente parecidos, y una terminología aún más similar."[16]

Los eruditos en estudios religiosos podrían debatir los méritos de esta evaluación y comparación; sin embargo, Otto y otros con una orientación metodológica similar encuentran este tipo de trabajo útil en última instancia. Por su parte, Otto está convencido de que existen similitudes

---

[15] Louth, *The Origins of the Christian Mystical Tradition*, xv.
[16] Rudolf Otto, *Mysticism East and West: A Comparative Analysis of the Nature of Mysticism* (Wheaton, IL: Theosophical Publishing House, 1987), 8. Otto es bastante optimista sobre las posibilidades; nota en la misma página: "Sería posible tratar a Eckhart tal como lo hemos tratado aquí con Sankara. . . . Las oraciones se pueden tomar sin cambios de sus obras, o se pueden formar otros en línea con su pensamiento, que corresponden exactamente a los de Sankara."

debido a su creencia de que los seres humanos comparten un común *intuitus mysticus* ("intuición mística") que abarca contextos muy diferentes.

Esta propuesta y otras muestran que el misticismo se ha convertido en una categoría frecuentemente utilizada dentro de los estudios religiosos para abarcar una amplia gama de fenómenos, incluidos los místicos musulmanes (sofistas) y los místicos judíos (cabalistas). La gran variedad de textos, figuras, temas y prácticas en las religiones del mundo que pueden catalogarse como "místicos" tienden a forjar que las diferencias entre las diversas tradiciones sean menos pronunciadas.

Tan útil como la categoría "misticismo" puede ser fenomenológica, sin embargo, está limitada por el que observa los fenómenos. Después de todo, cada uno de nosotros tiene un contexto -una lente o una cosmovisión- en el que operamos, y entonces, cómo algo se lee, se narra y se categoriza como místico necesariamente reflejará esta orientación. Irónicamente, la tendencia de los observadores a pensar que "misterio" es una gran categoría sombrilla que abarca una amplia gama de experiencias, refleja una mentalidad, cultura y visión del mundo en particular.[17]

Cox manifiesta esta tendencia de los estudios religiosos cuando pasa de documentar etnográficamente el discurso y las vidas pentecostales a describir sus órdenes y su lógica; en otras palabras, cuando él busca explicar y dar sentido al pentecostalismo como movimiento religioso mundial dentro de un marco conceptual, lingüístico y explicativo, que difiere de lo que sostienen los propios pentecostales. Considere las siguientes observaciones de Cox: "Casi todas las tradiciones religiosas tienen ahora, o han tenido en un momento u otro, el fenómeno básico de lo que mejor podría llamarse 'enunciación extática'. Lo han explicado en una amplia variedad de formas y han creado innumerables teologías al respecto. . ... Lo que vincula estas tradiciones religiosas entre sí, y lo que conecta un siglo con otro o incluso dentro de una sola tradición, no puede estar en las explicaciones teológicas. . . pero se encuentra en la profunda comprensión de que la realidad de Dios trasciende por completo nuestra escasa capacidad para describirla."[18] Cox localiza esencialmente el pentecostalismo, el enunciado/experiencia extática y la realidad de Dios, todo dentro del marco más amplio de la fenomenología religiosa. Dentro

---

[17] Se podría decir, por ejemplo, que esto hace girar sobre una distinción de Kant entre los reinos fenoménico y noúmeno. Para una perspectiva que toma este rumbo en referencia al trabajo de John Hick y Wilfred Cantwell Smith (entre otros), véase Kenneth Surin, "A Politics of Speech': Religious Pluralism in the Age of the McDonald's Hamburger," en *Christian Uniqueness Reconsidered: The Myth of a Pluralistic Theology of Religions*, ed. Gavin D'Costa (Maryknoll, NY: Orbis Books, 1990), 192–212.

[18] Cox, *Fire from Heaven*, 95–96.

de esta perspectiva, las explicaciones teológicas de los practicantes pentecostales son simplemente expresiones de realidades supuestamente más fundamentales.

En opinión de Cox, nosotros los humanos podemos, al final del día, clasificarnos como *homo religiosus*. Es decir, los humanos somos seres religiosos en su sustancia, y expresamos esta característica de nosotros mismos de manera diferente a través del tiempo y lugar. Las raíces del misticismo radican en esta convicción fundamental sobre lo que significa ser humano. Dado este enfoque, Cox puede establecer fácilmente conexiones entre muchas tradiciones religiosas y hablar de la espiritualidad primordial que él ve obrando entre los pentecostales y otros. Su perspectiva es en gran medida teológicamente agnóstica. Cox de vez en cuando usa términos explícitamente cristianos para enmarcar este impulso religioso (por ejemplo, en un lugar menciona la lógica de *imago Dei*), y usa intermitentemente el lenguaje de Dios para etiquetar lo que de otro modo podría ser una referencia amplia a lo numinoso o santo (para usar la redacción popularizada por Otto, Mircea Eliade y otros). Pero tal uso es en gran medida genérico. Sin especificidad teológica, estas propuestas no arrojan luz sobre su tema. De hecho, uno podría argumentar, como lo ha hecho Nimi Wariboko, que el enfoque principal de Cox en *Fuego desde el Cielo* no es el pentecostalismo en sí, sino esta categoría amorfa de espiritualidad primordial que Cox cree que el pentecostalismo ejemplifica.[19]

Estas complejidades que rodean el uso de "místico" pueden parecer insuperables. ¿Dónde nos deja esto? En términos generales, creo que los pentecostales no pueden usar el lenguaje de la mística como lo hacen típicamente los eruditos religiosos. Estos dos grupos simplemente operan desde diferentes puntos de vista "confesionales". Los pentecostales pueden tratar de apropiarse de los discursos de estudios religiosos para sus fines particulares (por ejemplo, cuando intentan formar propuestas particulares dentro de una teología de las religiones), pero tendrían que hacerlo de una manera marcadamente única. ¿Por qué? Porque dado su *etos*, el núcleo de su identidad, los pentecostales no pueden ser teológicamente agnósticos. Todo lo contrario. Mientras que varias definiciones de misticismo usan descripciones antropológicas (que

---

[19] "Incluso si el libro está codificado como un estudio pentecostal, se trata de la peregrinación mundial de Cox hacia el interior, el misterio del ser humano y la naturaleza de la espiritualidad primordial en el siglo XX. Cox, el *homo quaerens*, estaba explorando la dimensión profunda del espíritu humano tal como es descubierto por los pentecostales. Él no estaba realmente interesado en sus doctrinas, creencias o teologías. La emoción estaba en investigar su expresión particular del encuentro con 'preocupación máxima', una muestra particular de *mysterium tremendum et fascinans*" (Nimi Wariboko, "*Fire from Heaven*: Pentecostals in the Secular City," *Pneuma* 33, no. 3 [2011]: 403).

nosotros como humanos somos *homo religiosus* o tenemos un *mysticus intuitus* o tenemos un sentido de lo santo o lo numinoso), los pentecostales insisten en describirse a sí mismos en términos de preocupación *teológica*. En última instancia, los pentecostales centran su atención, testimonios y pasiones en *quién es Dios y qué está haciendo Dios*, y especifican a "Dios" como Aquel que es proclamado solamente por y en la obra de Jesús a través del poder del Espíritu Santo. Esta distinción no es incidental o secundaria a la tarea en cuestión; al contrario, apunta a una encrucijada metodológica.

Si el término "misticismo" va a ser de alguna utilidad para los pentecostales, tendrá que concebirse, apropiarse y aplicarse en gran medida en formas émicas (es decir, internas). "Misticismo" tendría que ser un término que los pentecostales usan de sí mismos para afirmar su identidad como algo distinto y, sin embargo, parte del mundo cristiano más amplio. Tendría un uso diferente del de los estudiosos religiosos eruditos. Tales distinciones son difíciles, si no imposibles, de mantener para aquellos que usan y oyen el término. Muchos discursos contemporáneos tienden a pasar por alto tales distinciones, aun cuando afirman ser receptivos a la singularidad, la diversidad y la apertura. Pero tal es el desafío con cualquier rango de términos, incluyendo "escritura", "tradición", "experiencia", "espíritu", "lo sagrado", "carisma" y "secta". Para que el lenguaje grandemente empleado sea útil para fines específicos, debe ser deliberado y decididamente limitado. La suposición corriente en lo que sigue es que este proceso puede y debe suceder en el caso del "misticismo" cuando los pentecostales articulan su identidad en formas productivas.

Parámetros para el Misticismo como una Categoría Teológica

Hasta ahora, hemos considerado el misticismo como una categoría utilizada por los estudiosos religiosos para hacer comparaciones entre las tradiciones religiosas en gran medida en términos fenomenológicos. Pero también debemos notar que, dentro del discurso cristiano, el término también es muy controvertido y utilizado de diversas maneras. Por ejemplo, a veces les señalo a mis alumnos que los iniciadores protestantes de teología suelen tener un primer capítulo sobre la revelación o la Biblia, mientras que sus homólogos ortodoxos a menudo comienzan con un tratamiento de misterio. Las diferencias aquí sin duda se relacionan con las diversas formas en que los teólogos ven el conocimiento de Dios. Mientras que algunos cristianos pueden sospechar del término "misterio", un teólogo reconocido como Vladimir Lossky pudo hacer la siguiente afirmación: "En cierto sentido, toda la teología es mística, en la medida en que muestra el misterio divino."[20] Para que tal afirmación tenga sentido, necesitamos reconocer una cierta sensibilidad epistemológica presente aquí que involucra cómo formamos y desarrollamos el conocimiento de Dios.

Esta sensibilidad particular se puede explorar con la ayuda de una propuesta reciente. Steven Boyer y Christopher Hall han delineado posibilidades para lo que el término "misterio" puede significar en español y sus implicaciones para el conocimiento teológico. Han observado debidamente que este término es bastante flexible y puede ir más allá de la comprensión más amplia del diccionario de algo que resiste o desafía la explicación. Boyer y Hall comienzan presentando dos grandes distinciones. Una es la comprensión del misterio como un rompecabezas por resolver. Se refieren a este sentido cuando se habla de ficción detectivesca, pero también de cierto trabajo filosófico que apunta a probar la existencia de Dios. Usan la categoría de misterio investigativo para elaborar este sentido, y enfatizan que su característica principal es lo que se desconoce. Los misterios de este tipo deben ser descifrados o explicados.

Boyer y Hall creen que esta comprensión de la palabra "misterio" no es muy útil para la teología, ya que la disposición primaria de uno hacia Dios y los propósitos de Dios no debe ser una explicación o una resolución buscada. Por el contrario, una explicación teológica del misterio debe ser de otro orden. Argumentan que Dios es un misterio que se revela a sí mismo a través de lo que Dios hace en diversos contextos; es decir, *Dios es un misterio de revelación*. En este punto, el misterio en cuestión debe ser considerado principalmente en términos de lo que se conoce: los cristianos contemplan a un Dios que se revela a sí mismo, y dentro de tales momentos de revelación, Dios es aprehendido como Uno que desafía la categorización y la definición. Observe la distinción: las personas abordan un misterio de investigación por ignorancia con el objetivo de encontrar más para explicarlo, mientras que un misterio revelacional implica cierta base de conocimiento que con el tiempo revela dimensiones cada vez más profundas y más ricas que no pueden ser adecuadamente categorizadas o definidas. Boyer y Hall resumen el punto de la siguiente manera: "Un misterio revelacional" es uno que sigue siendo un misterio incluso después de que ha sido revelado. Es precisamente en su revelación que se muestra

---

[20] Vladimir Lossky, *The Mystical Theology of the Eastern Church* (Crestwood, NY: St. Vladimir's Seminary Press, 2002), 7.

su carácter distintivo como misterio."[21] Citan varios temas que ilustran tal entendimiento, todos de pasajes bíblicos, incluida la resurrección de Jesús, la unión de marido y mujer y la persona de Cristo.

La distinción entre los dos tipos de misterio delineados por Boyer y Hall es importante por una serie de razones metodológicas. En primer lugar, uno podría abordar un misterio de investigación de manera similar, independientemente del objeto en cuestión. En otras palabras, se podrían utilizar diversas racionalidades y metodologías (por ejemplo, investigación empírica, prueba y error, formas de análisis variadas) para explicar este tipo de misterios, ya sean casos cerrados, la causa del cambio climático, los orígenes de las enfermedades, y así. Pero un misterio revelacional requiere una racionalidad y una metodología específicas del objeto, dado que está disponible (o revelada) dentro de marcos y términos establecidos por su objeto. Dicho de otra manera, se supone que un misterio de la revelación es conocible de alguna manera específica desde el comienzo de su consideración; la forma en que debe conocerse dependerá de su propia forma de autopresentación.

Un segundo punto que vale la pena es que, con un misterio de investigativo, uno se imagina que la categoría "misterio" es una categoría inestable y hasta cierto punto intolerable para el largo plazo. Dado que las energías asociadas con los misterios investigativos están dirigidas a desentrañar y eliminar así su misteriosa calidad, la categoría de misterio en este caso funciona como un impedimento, algo que debe superarse o esperar resolución. Por lo general, las personas se sienten incómodas en los misterios de investigación porque la ignorancia se describe aquí como algo negativo, como una exposición a la fragilidad y la debilidad humanas.

Sin embargo, todo lo contrario, es cierto para los misterios reveladores. Aquí el sentido misterioso no es algo que deba superarse sino, más bien, algo que debe ser aprehendido y tenido en cuenta *como tal*. Esta perspectiva no debe lamentarse, sino defenderse y celebrarse en el sentido de que un misterio revelador, al continuar conservando su misteriosa calidad, tiene un almacén de riquezas disponible para ser perpetuamente descubierto y explotado. El tipo específico de ignorancia que opera en este caso no es tanto una exposición a la fragilidad humana como una invitación a anticipar sorpresa, admiración, maravilla y asombro. Un misterio revelacional tiene el potencial de ser hermoso, verdadero y bueno, ya que puede cautivar y encantar a quienes lo atraviesan.

Boyer y Hall profundizan en la discusión del misterio al distinguir tres subdivisiones del misterio revelacional. Primero, ese misterio puede ser

---

[21] Steven D. Boyer and Christopher A. Hall, *The Mystery of God: Theology for Knowing the Unknowable* (Grand Rapids: Baker Academic, 2012), 6.

subcategorizado como un *misterio extenso*. En este sentido, algo es cuantitativamente inagotable. Un misterio extenso es simplemente demasiado para tener en cuenta en términos de registros métricos estándar. Boyer y Hall hablan de un segundo tipo de misterio revelacional en términos de "opacidad no racional". Más que cuantitativamente excesivo, este sentido tiene que ver con un carácter cualitativo único, que intentan capturar a través del lenguaje del *misterio facultativo*. Con ciertos misterios, se necesita un registro perceptivo o capacidad diferente, dado que algunas cosas simplemente desafían la consideración de las formas típicas. Y finalmente, Boyer y Hall tienen una tercera subcategoría: el *misterio dimensional*. Esta última categoría tiende a ser su clase preferida para pensar en Dios. En este sentido, algo es misterioso a causa de "una superabundancia inclasificable que trasciende, pero no invalida la exploración racional."[22] Utilizan como ejemplo ilustrativo la noción de una figura bidimensional que mira un círculo que resulta ser el final de un cilindro; dada la mirada de la figura bidimensional, todo lo que se puede ver es un círculo, pero para nosotros que no estamos limitados a esa mirada, podemos ver tanto el círculo como algo más expansivo.

El trabajo de Boyer y Hall para especificar dimensiones adicionales dentro de un misterio revelacional es bastante útil, aunque parte de su discusión no está clara. Por un lado, se puede ver cómo un extenso misterio depende de un sentido de escala, y esta dependencia en sí misma representa un tipo de limitación si simplemente se deja de pie catapáticamente (es decir, como una declaración positiva sobre el misterio). Por otro lado, su ligero rechazo de un misterio facultativo como inadecuado para el trabajo teológico es poco claro, y uno no puede evitar vincular esta conclusión con la forma en que continúan hablando sobre un misterio dimensional que es de tal naturaleza que "trasciende, pero no invalida la exploración racional". Continúan diciendo: "La exploración racional es ciertamente posible, y sin embargo se persigue a la luz de una sustancialidad más profunda, más densa o más compleja de lo que la razón conoce."[23] Lo que podría haberse presentado como una relación complementaria entre un misterio facultativo y dimensional se describe como un privilegio del último, que también conserva una relación incómoda con la razón. Pero ¿por qué es relevante esta defensa de la razón (lo que signifique en este caso) aquí? Además, ¿cómo se puede saber que la razón ha sido trascendida, aparte de alguna capacidad sensorial o facultativa? Con la razón se menciona incluso en términos de un misterio dimensional, parece que un misterio revelacional podría convertirse de

---

[22] Boyer and Hall, *The Mystery of God*, 8, 11.
[23] Boyer and Hall, *The Mystery of God*, 11.

alguna manera en un misterio de investigación. Para ser justos, quizás Boyer y Hall están tratando de mantener la discursividad y el potencial de evaluación y valoración con su atractivo para la razón cuando se habla de un misterio dimensional. Tal vez están tratando de evitar un gnosticismo latente o una privatización operativa que abriría la puerta al lenguaje de la experiencia, convirtiéndose inútilmente en parte de estas discusiones. Pero una apelación a la razón puede no ser la mejor manera de evitar estas alternativas problemáticas.

Más prometedor, al parecer, es la forma en que Boyer y Hall concluyen un resumen de sus puntos de vista:

> Cuando hablamos de "misterio" a partir de ahora, estamos hablando de un misterio revelacional que es de carácter dimensional, es decir, de misterio que es impenetrable incluso después de que se revela, no en virtud de su magnitud cuantitativa, ni en virtud de su singularidad existencial, pero en virtud de una profundidad o densidad inimaginable que trasciende nuestras capacidades racionales y todas nuestras otras capacidades también. Y hablar del "misterio de Dios" es insistir en que, para criaturas finitas como nosotros, Dios el Creador, el Dios viviente de la fe cristiana, es justamente este tipo de misterio.[24]

Esta última forma de expresar el punto insinúa una característica importante de los sentidos del misterio para fines teológicos. Boyer y Hall, de manera bastante apropiada, se encuentran enfrentados a la interfaz de creación del Creador cuando hablan de la idoneidad del misterio para hablar de Dios. Esencialmente y en última instancia, cuando los cristianos se atreven a hablar de su Dios, lo hacen dentro de las condiciones de su ser; ellos intentan tal obra como criaturas que están luchando por dar cuenta de su fuente, su Creador. Tales condiciones hacen que la categoría de misterio sea adecuada para describir a Dios, dado que la creación es un tipo único de actividad y que la criatura es una categoría ampliamente registrada en términos de limitaciones o límites.[25]

Considera el último punto primero. Antropológicamente, los cristianos necesariamente encuentran sus propios límites, prejuicios y condiciones de contextualización cuando hablan de Dios. Para recordar la ilustración utilizada por Boyer y Hall, el límite no está en el extremo del cilindro que parece ser sólo un círculo a una figura bidimensional; el límite sería la bidimensionalidad misma, en la cual subsiste la figura bidimensional. Análogamente, no es tanto que Dios sea como el cilindro, sino que somos

---

[24] Boyer and Hall, *The Mystery of God*, 13 (emphasis original).
[25] Véase, Norman Wirzba, "The Art of Creaturely Life: A Question of Human Propriety," *Pro Ecclesia* 22, no. 1 (2013): 7–28.

como las figuras bidimensionales; sólo podemos dar cuenta de ello, dado que somos criaturas que, sin embargo, intentamos hablar y pensar en lo que finalmente nos supera.

En cuanto al primer punto, Dios es un misterio infinitamente rico y superabundante. Tal es lo que está involucrado al confesar a Dios como Creador. Muy a menudo la radicalidad de esta confesión se pierde en medio de otras presiones y tangentes asociadas con el lenguaje de la creación. Pero la afirmación de que Dios es el Creador supone que la creación de *ex nihilo* es un acto único realizado de manera única por un agente único.[26] Estas afirmaciones subrayan el punto de la trascendencia de Dios. Debemos hacer la afirmación de la trascendencia de Dios sin contratiempo o no comparativamente, porque sólo de esta manera se puede hablar de Dios como apropiadamente comprometido e involucrado con todo lo que es.[27] Tal descripción hace que la cuestión de la disponibilidad sea aún más apremiante.

Misticismo y Encuentro

Si el misticismo es una categoría apropiada para describir los esfuerzos teológicos que conciernen principalmente a Dios, a veces llamado la teología propiamente dicha, entonces uno también debe dar cuenta de cómo se llega a involucrar a Dios. Como se señaló anteriormente, Dios es un misterio a causa de la revelación de Dios. Cuando se da a conocer a Dios, uno llega a ver características cada vez más profundas de la vida divina. Pero este proceso plantea una pregunta: ¿cómo se conoce a Dios? La cuestión es oportuna porque, con el advenimiento de la modernidad, las inquietudes epistemológicas han ocupado tanto a filósofos como a teólogos. La necesidad de asegurar el conocimiento sobre la base de fundamentos generalizables es parte del patrimonio que colorea los esfuerzos contemporáneos en teología. Las diferentes etapas de esta discusión se pueden ver a través de la gran cantidad de debates académicos actuales, y el discurso puede ser bastante técnico y sofisticado, a menudo con muy poco que mostrar a través de los resultados.

---

[26] El asunto se subraya por la insistencia de Herbert McCabe en la diferencia entre "hacer" (actualizar una potencialidad) y "crear" (para producir tanto una potencialidad como una realidad); ver *God and Evil in the Theology of St. Thomas Aquinas* (New York: Continuum, 2010), 104. Para un tratamiento reciente de esta doctrina, ver Ian A. McFarland, *From Nothing: A Theology of Creation* (Louisville: Westminster John Knox, 2014).

[27] Para más sobre este punto, ver Kathryn Tanner, *God and Creation in Christian Theology* (Minneapolis: Fortress, 1988), 45–48.

Pero si uno trabaja dentro de la dinámica de la interface creación-Creador, aceptando que la revelación es, de hecho, la condición para conocer esta vida superabundante y profunda, entonces se requiere la autopresentación divina. Para decirlo con crudeza: Dios tiene que darse a conocer a Dios para ser conocido, y la forma en que Dios desea ser conocido hace toda la diferencia en cuanto a si Dios es conocido en absoluto. La iniciativa debe venir del lado de Dios, ya que el esfuerzo humano no puede cerrar la brecha entre el Creador y la creación. Todos estos puntos llevan a la conclusión de que conocer a Dios no es un logro humano, sino un tipo de participación en la gracia. La solución de un misterio de investigación trae consigo los elogios de los logros humanos, pero con el conocimiento de un misterio de revelación, un sentido de devoción, atención y dependencia de lo que se da es *crucial* para reconocer.

Esta clase de atención en el conocimiento de Dios es ilustrada por Louth a través de dos analogías diferentes. Una es la dinámica interpersonal o relacional. Dentro de esta forma de entender (tal vez mejor, contemplar), uno no puede simplemente conocer a Dios a partir de los testimonios o ideas de otros. Del mismo modo que sería insuficiente conocer a una persona simplemente por lo que otros dicen sobre él o ella, entonces en este caso (de nuevo análogamente) uno tiene que conocer a Dios y no simplemente *acerca* de Dios si el relato de Dios-conocimiento es apropiado.[28] Se necesita una especie de cuenta de primera mano, que denota un tipo particular de participación. Una segunda analogía amplia que Louth ofrece es la experiencia estética. Cuando uno ve una obra de arte, se le presenta una experiencia única de contemplar algo más. La dinámica aquí implica alteridad (la obra de arte es diferente de la que lo ve), así como interpretaciones cargadas de eventos (la obra de arte y su espectador se unen en el tiempo, es decir, en un momento determinado). La analogía se presenta de manera similar a Dios una vez más: no hay sustituto para experimentar a Dios por uno mismo, una clase de evento que Hans-Georg Gadamer llamaría una fusión de horizontes (*Horizontverschmelzung*).[29] La influencia, el compromiso y el intercambio que se hacen posibles a través de dicho evento no están disponibles de otras maneras. Como una persona le dirá a otra acerca de una obra de arte en particular, "¡Sólo tienes que verlo por ti mismo!"

Para ambas analogías, podemos hablar de *encuentro*, un motivo que Louth no considera extensamente, pero que a menudo aparece en la literatura que rodea estos temas. Uno debe encontrar y ser encontrado con

---

[28] Andrew Louth, *Theology and Spirituality* (Oxford: SLG Press, 1978), 2.
[29] Hans-Georg Gadamer, *Truth and Method*, 2nd rev. ed. (London: Continuum, 1989).

el misterio del Dios trino para ser cautivado, conmovido y golpeado por la belleza y la gloria de la Trinidad. El evento debe ser un encuentro genuino, en el que la dinámica "Yo-Tú" de Buber esté en funcionamiento.[30] Cuando las personas se relacionan con los demás o con las obras de arte, un realismo está necesariamente en juego: alguien o algo existe fuera de la mirada. Aplicado a nuestra principal preocupación, Dios no puede ser simplemente una proyección de los deseos propios o una forma de realización de deseos. Dios debe ser un Otro verdaderamente auto-subsistente. Y, sin embargo, un punto de contacto o una conexión de clases también debe estar funcionando. De alguna manera, un verdadero compromiso debe tener lugar. Por supuesto, en ambos puntajes-alteridad y conectividad-estas características de encuentro son complicadas, dado que Dios está siendo considerado. Dios no puede simplemente ser un Tú, como otras personas o sujetos, ni podemos simplemente hablar de encontrar o encontrar a Dios, ya que Dios es la base de nuestro ser. De nuevo, la naturaleza análoga de este ejercicio (y de todo lenguaje teológico para el caso) debe ser reconocida.

Al mismo tiempo, sin embargo, sin algo así como el tema del encuentro, uno tiene que preguntar: ¿Cómo se puede hablar de conocer y experimentar a Dios? ¿De qué otra manera se puede seguir para afirmar con un grado de audacia santa que Dios está obrando, que Dios está hablando, o que la voluntad de Dios es de una manera u otra, si de alguna manera Dios no es manifiesto y no es reclamado como tal? Este problema es quizás uno de los más difíciles en la reorientación de la teología hacia su propia materia. Como señala Louth en la primera parte de su fino folleto, académicamente hablando, se supone que es mucho más fácil analizar las opiniones de otras personas sobre Dios o la idea de Dios mismo, o buscar otras estrategias que en cierto modo evitan la pregunta: ¿Quién? es este Dios?[31] Pero esta vacilación indica precisamente el problema que tenemos ante nosotros. La teología académica tiene la incapacidad de reclamar con confianza su contenido. Tales dificultades pueden fomentar cualquier cantidad de temperamentos sagrados y virtudes, incluyendo la humildad, el temor del Señor y la gratitud. Por lo general, en los círculos académicos, sin embargo, este reconocimiento conduce a aplazamiento o evasión. Este estado de cosas no siempre ha sido el caso, pero persiste en el clima actual, lo que sugiere que las estructuras de plausibilidad de nuestra imaginación contemporánea no pueden contemplar la interface teología-espiritualidad.

---

[30] Martin Buber, *I and Thou* (New York: Touchstone, 1970).
[31] Louth, *Theology and Spirituality*, 1–3.

Por desafiante que pueda ser el punto, los teólogos cristianos, si deben considerar a Dios como un misterio de revelación en oposición a uno de investigación, requieren algún relato de que Dios viene a nosotros o se nos ha manifestado para que se pueda decir que Dios es conocido de una manera genuina y verdadera. Una posibilidad para asegurar este punto es a través de un tema estrechamente relacionado con el misticismo, a saber, la espiritualidad.

Misticismo y Espiritualidad

Si el "encuentro" puede ser útil al hablar de la manera y la forma de aprehender el misterio que es el Dios trino y las obras de éste, se presentan otras preguntas en términos de cómo pensar en este encuentro, incluyendo cuándo, cómo y para qué al final sucede. A la luz de estas preguntas, tal vez sea mejor distinguir el misticismo y la espiritualidad dentro del discurso cristiano. Si el misterio tiene que ver con encontrar al Dios superabundante y auto-descubridor de la confesión cristiana, entonces la espiritualidad puede denotar la gama más amplia de prácticas y actividades que tienen tal encuentro como su fundamento, propósito y objetivo.

Como señala Louth, la experiencia de Dios no puede ser evocada, pero puede prepararse en términos de los esfuerzos que cultivan apertura y espera en quietud para Dios.[32] En estos comentarios, Louth se aproxima a lo que se dijo antes en términos de una disposición epiclética, una que marca la vida de aquellos que buscan "estar en el Espíritu". El lenguaje de la epíclesis en particular ayuda a mostrar el punto, dado que es un término que proviene de la vida litúrgica de la iglesia, afirmando así la modalidad doxológica necesaria para la teología pentecostal. La dimensión eclesial es crucial porque involucra una dinámica más amplia que un individuo y su experiencia subjetiva. De hecho, denota un contexto (que involucraría a un Tú particular) en el cual ubicar un "Yo" para que el "Yo" pueda ser identificado, entendido, conformado y potencialmente transformado como resultado. Esta gama más amplia es lo que mejor describe la noción de espiritualidad. Según Mark Macintosh, la espiritualidad "no es algo que el creyente tiene, sino que es un nuevo patrón de crecimiento personal que tiene lugar en la comunidad de aquellos que han sido buscados, convertidos y apreciados por Cristo resucitado". También afirma que la espiritualidad "es inherentemente mutua, comunitaria, práctica y orientada

---
[32] Louth, *Theology and Spirituality*, 3.

¿Una Tradición Mística?

hacia el Dios que se hace conocer precisamente en este nuevo patrón de vida llamado iglesia."[33] Con tales énfasis en la comunidad y la práctica, Macintosh afirma que la espiritualidad representa un tipo de cultura que promueve el perfeccionamiento de capacidades y habilidades particulares en las que el discernimiento y la formulación del significado del encuentro místico pueden ocurrir con el tiempo. El punto es significativo, ya que la noción de encuentro místico -quizás aún más en nuestro clima actual que en épocas anteriores- es un tema difícil de manejar propenso a todo tipo de excesos y malentendidos.

Rowan Williams capta bastante bien la dinámica entre el misticismo y la espiritualidad: "Todo pensador cristiano, si merece la designación, parte de la experiencia de ser reconciliado, aceptado, retenido (aunque precariamente) en la gracia de Dios. Y esto está mediado en la forma objetiva de una vida y un lenguaje compartidos, una comunidad pública e histórica de hombres y mujeres, que se reúnen para leer ciertos textos y realizar ciertos actos".[34] La dinámica, como la presenta Williams, tiene características objetivas internas-externas o subjetivas, pero se superponen significativamente en términos de la vida que ambos comparten. A través del encuentro y la encarnación, un individuo es llamado a participar en una forma de vida en comunidad para propulsar una especie de etos en el que la plenitud de las vidas humanas se pueda situar dentro de la plenitud de la vida trina de Dios.

Espiritualidad y Teología

En lugar de utilizar el lenguaje de la epíclesis, Louth prefiere ver la espiritualidad en términos de oración en general, lo cual es típico de un enfoque ortodoxo. Históricamente, este movimiento se puede rastrear a la declaración de Evagrius que mencioné anteriormente: "Si eres un teólogo, orarás verdaderamente. Y si oras verdaderamente, eres un teólogo". En la lectura de Louth, esta expresión tenía sentido desde los primeros padres de la iglesia hasta Anselmo de Canterbury y los Victorinos, sin los inconvenientes que a menudo se encuentran en la escena contemporánea. Pudo hacerlo en parte porque los compromisos epistémicos no habían enfrentado el tipo de desafíos asociados con la modernidad con respecto a la verosimilitud de que Dios es un objeto de conocimiento. Las crisis que complican este trabajo, como han sido especialmente formuladas y

---

[33] Mark A. McIntosh, *Mystical Theology* (Malden, MA: Blackwell, 1998), 6, 7.
[34] Rowan Williams, *The Wound of Knowledge: Christian Spirituality from the New Testament to Saint John of the Cross*, rev. ed. (London: Darton, Longman & Todd, 1990), 12.

sentidas en Occidente, provienen en gran parte de la Edad Media. La teología como disciplina aún no se ha recuperado de tales desarrollos desgarradores y sus consecuencias epistemológicamente fragmentarias. Marcan mucho el paisaje teológico de hoy.

Pero antes de examinar esas dificultades, debe quedar claro por qué, en cierto sentido, esta división es profundamente problemática. Si la espiritualidad tiene que ver con las vidas dirigidas por seguidores de Cristo y la teología tiene que ver con el discurso y los conceptos utilizados por los cristianos para dar cuenta de sus vidas como tales, entonces tiene perfecto sentido cómo, al menos formalmente, los dos pueden y deberían ser complementarios y constituirse mutuamente. La experiencia y la imaginación, la conciencia y el lenguaje son simplemente características comunes de una identidad sostenida en el tiempo. Son aspectos conectados de la vida cristiana porque en el centro de la teología y la espiritualidad está el Dios del testimonio y la confesión cristiana, que a su vez es contemplado y examinado por la totalidad del ser de una criatura. En términos de esta subsección, la vida encarnada de uno -incluidas las prácticas, las actividades y los amores (espiritualidad), así como las ideas, los conceptos y las categorías (teología) de uno- es representativa de la totalidad requerida en la contemplación de este misterio revelado.

A pesar de lo difícil que puede ser para algunos occidentales modernos imaginar el vínculo entre la teología y la espiritualidad de esa manera, uno ve ejemplos de tales posibilidades en el testimonio de la iglesia a través de sus muchas edades. Por ejemplo, dos palabras clave que designan este vínculo animador son "contemplación" y "sabiduría". El primero tiene una larga y reverenciada historia en la reflexión cristiana. Su ámbito incluye lo que a menudo se separa, a saber, lo que Macintosh llama "el impulso afectivo o amoroso", así como el "impulso intelectual o de conocimiento".[35] Tanto Macintosh como Louth son aficionados a citar y elaborar la definición de Ricardo de San Víctor, que creen captura esta dinámica: "La contemplación es una visión libre y clara de la mente fija en la manifestación de la sabiduría en maravilla suspendida". Varias características de esta definición valen la pena elaborar, incluidos los siguientes:

1. La libertad y la claridad de la visión revelan una intensidad y un enfoque dirigidos hacia el exterior;

---

[35] McIntosh, *Mystical Theology*, 11.

¿Una Tradición Mística?

2. La mirada y la modalidad asociadas con la "maravilla suspendida" recuerdan las riquezas infinitas y superabundantes del misterio divino; y
3. Las referencias a la mente y a la sabiduría sugieren una forma expansiva y ricamente texturizada para la comprensión.

Uno de estos últimos términos, "sabiduría", es útil en sí mismo como otra posibilidad para mantener la espiritualidad y la teología juntas de una manera mutuamente acondicionadora y vivificante. La sabiduría es tanto personificada en la Escritura como un término muy relacionado con Dios, pero también se caracteriza en términos afectivos ("el temor del Señor es el principio de la sabiduría"), así como asociado con dimensiones deliberativas que implican experiencia, praxis, y tiempo. Una propuesta define sabiduría como la integración de "conocimiento, entendimiento, cuestionamiento crítico y buen juicio con miras al florecimiento de la vida humana y de toda la creación", con la sabiduría teológica que intenta "todo lo que está delante de Dios, alerta a Dios, y en alinearse con los propósitos de Dios."[36] Con contemplación y sabiduría, uno encuentra temas que no son anti-intelectuales ni intelectuales; más bien, apuntan a una expansión y contextualización del registro cognitivo dentro de la totalidad del yo humano ante Dios.

Tristemente, palabras tales como "contemplación" y "sabiduría" son difíciles de recuperar en la escena contemporánea. Las consecuencias de no poder contar con las palabras que visualizan la unidad del conocimiento teológico incluyen no sólo su disolución en partes astilladas sino también (y más severamente) su empobrecimiento y deformidad. En una expresión que Macintosh reconoce como franca, señala: "La teología sin espiritualidad se vuelve cada vez más refinada metodológicamente pero incapaz de conocer o hablar de los mismos misterios en el corazón del cristianismo, y la espiritualidad sin teología se vuelve desarraigada, fácilmente secuestrada por el individualismo consumismo."[37] La interrelación entre la espiritualidad y la teología permite tanto un proceso crítico como un proceso de legitimación que mantiene a cada uno dirigido honestamente a su tema apropiado: el Dios revelado en Jesucristo por el poder del Espíritu Santo. El divorcio entre teología y espiritualidad no ha sido mejor para ninguno de los dos.

---

[36] David F. Ford y Graham Stanton, "Introduction," en *Reading Texts, Seeking Wisdom*, ed. Ford and Stanton (Grand Rapids: Eerdmans, 2003), 2–3.
[37] McIntosh, *Mystical Theology*, 10.

La División de Conocimiento Teológico

En el segundo volumen de su muy respetada obra *Una Historia de la Filosofía*, Frederick Copleston ofrece un recordatorio aleccionador tanto para filósofos como para teólogos cuando afirma que "el cristianismo vino al mundo como una religión revelada". El cristianismo surgió y operó más como una forma de vida que como una escuela teórica. Cristo envió a sus discípulos a "predicar, no a ocupar las sillas de los profesores."[38] Y, sin embargo, desde muy temprano en su existencia, el cristianismo sintió la presión, tanto externa como internamente, para buscar relatos intelectuales más sofisticados de lo que se suponía que estaba disponible a través de la revelación. La presión externa implicó la aclaración de malentendidos y sospechas sostenidas por la cultura más amplia del Imperio Romano. Internamente, los cristianos encontraron importante profundizar en los dominios cognitivos relacionados con su fe y usarlos para describir toda la vida y el mundo de uno. Ambas clases de presiones estaban en el trabajo (y hasta cierto punto difíciles de distinguir) ya durante la era apologética. No se puede enfatizar lo suficiente como para que, asombrosamente, ya en el siglo II, los cristianos se comprometieran en esfuerzos reflexivos para entender la fe cristiana como la única y verdadera filosofía. Por ejemplo, Copleston menciona a Marciano Arístides, cuya *Apología* (140) toma en cuenta el orden y el diseño del universo y sobre esa base deduce que nadie más que el Dios cristiano está detrás de todo. Además, tanto Justino Mártir (ca. 100-164) como Clemente de Alejandría (ca. 150 - ca. 215) pensaron que la filosofía era un don de Dios que servía para facilitar la recepción del Evangelio; Curiosamente (e infamemente), ambos creyeron que Platón tomó prestado de Moisés y los Profetas por su propio pensamiento.

El problema, entonces, no giraba en torno a si los cristianos se involucrarían en una cultura más amplia, por lo que elegirían separarse de ella o capitular a ella. Más bien, para que el cristianismo haya surgido en el contexto que lo hizo, significaba que los términos, sensibilidades e inclinaciones filosóficas del período de tiempo fueron apropiados por aquellos cristianos que deseaban buscar explicaciones públicas de sus identidades como cristianos. Tales inclinaciones son bastante obvias en una figura como Minucio Félix, quien argumentó que "la existencia de Dios puede conocerse con certeza desde el orden de la naturaleza y el diseño involucrado en el organismo, particularmente en el cuerpo humano, y.... la unidad de Dios puede inferirse de la unidad del orden cósmico".[39]

---

[38] Frederick Copleston, *A History of Philosophy*, vol. 2: *Medieval Philosophy* (New York: Image Doubleday, 1993), 13.
[39] Copleston, *A History of Philosophy*, 23.

¿Una Tradición Mística?

Félix creía que esta inferencia podría ser hecha tanto por los cristianos como por la tradición filosófica griega. Pero tales inclinaciones también se mostraban en una figura como Tertuliano (alrededor de 160-ca. 225), quien -a pesar de ser famoso por preguntar retóricamente qué tiene que ver Jerusalén con Atenas- estaba explícitamente en deuda con los estoicos, Zenón y Cleantes. Una vez más, para subrayar cuán pronto fueron estas tendencias, tanto Félix como Tertuliano escribieron en los siglos segundo y tercero.

Desde los primeros tiempos hasta las edades medievales, los intelectuales cristianos no mantuvieron demarcaciones rígidas entre teología y filosofía. Evitaron hacerlo debido al mundo de pensamiento que habitaban y la manera en que lo abordaban. Estas figuras creían que Dios era la fuente de toda la verdad, que incluye tanto la fe como la razón, y, por lo tanto, a menudo perseguían su vocación de una manera que parecía ser más filosófica que teológica, al menos cuando se mide según los estándares contemporáneos. Tal ha sido la historia del pensamiento cristiano. Desde los orígenes de la tradición intelectual cristiana, han surgido una diversidad de tendencias y trayectorias, y éstas a lo largo del tiempo se han desplazado, cambiado y transformado, dado el surgimiento de diferentes desafíos y la promulgación de varios cambios de paradigma.

Una narración exhaustiva de estos muchos aspectos va más allá de los límites del presente libro, pero deberíamos considerar cómo el rol de la santidad no era típicamente incidental a este trabajo intelectual. En otras palabras, no sólo la teología y la filosofía no se demarcaron consistentemente durante este período de tiempo, sino que a menudo tampoco lo fueron la teología y la santidad. Como señaló Hans Urs von Baltasar en un importante capítulo de esta discusión, hasta el período de la escolástica, los grandes santos de la iglesia también fueron teólogos. Estos individuos "fueron 'pilares de la Iglesia' por canales de vocación de su vida: sus propias vidas reprodujeron la plenitud de las enseñanzas de la Iglesia y su enseñanza de la plenitud de la vida de la Iglesia". Este testigo colectivo hizo una contribución indeleble. Los espectadores pueden ser edificados en su fe como resultado de mirar a estos líderes de la iglesia; la gente podía ver en las vidas de estos santos cómo el conocimiento de Dios es intelectualmente exigente y purifica el alma. En resumen, estos pilares ayudaron a comunicar un cierto relato de la verdad del Evangelio. Baltasar comenta que estos líderes ayudaron a presentar un "concepto completo de la verdad. . . [que consiste] precisamente en esta exposición viviente de la teoría en la práctica y del conocimiento llevado a la acción". Luego agrega: "Desde el punto de vista de la revelación, simplemente no hay verdad verdadera que no tenga que encarnarse en un acto o en alguna acción, para que la encarnación de Cristo sea el criterio de toda la verdad real y 'andar en la verdad' es la forma en que el creyente posee la verdad."[40] Dicho de otra manera, los comienzos de la revelación de la fe cristiana, así como la intelectualización posterior de la fe, se anclaron a la comunidad cristiana de una manera convincente y holística a través de la encarnación de líderes de la iglesia ejemplares. A través de su ejemplo, la actividad de oración y el trabajo de teología coincidieron y se entendieron mutuamente.

A medida que se desarrollaba la historia, sin embargo, se produjeron cambios significativos. La complejidad de estos cambios es desalentadora; los síntomas son más fáciles de señalar que enumerar todos los factores que contribuyeron a ellos. Louth señala que, para la Imitación de Cristo de Thomas à Kempis (1418) y la analogía de Cajetan (1506), la división entre teología y espiritualidad era evidente: la primera era principalmente una obra de devoción, mientras que la segunda era claramente una del intelecto Louth continúa diciendo que la división fue arreglada para la época del Renacimiento. Otros han argumentado que la transición ocurrió con el auge de la modernidad. Varias lecturas de la historia intelectual occidental señalarán diferentes culpables, privilegiarán ciertas circunstancias y enfatizarán la importancia de desarrollos específicos. El cambio de una cosmovisión ptolemaica a una copernicana, el desplazamiento gradual de una perspectiva platónica por la recuperación y el ascenso de un aristotelismo moderno, el cuestionamiento de las autoridades institucionales y el privilegio de la experiencia subjetiva (como la conciencia, los sentidos empíricos, las facultades y operaciones mentales de uno); estos y muchos otros factores podrían citarse como factores que contribuyen a la desmitologización, el desencanto y la secularización de Occidente. A pesar de lo complejos e innumerables que fueron los factores, aún se comprende y se acepta ampliamente que ocurrió una transición y que se produjo un cambio en la cosmovisión.

El Énfasis en La Epistemología

Al dar sentido a estos desarrollos para la teología cristiana, muchos escritores han destacado la importancia de los cambios en la epistemología y sus efectos relacionados con la metodología teológica. Una figura que ha emprendido tal narración es Ellen Charry, quien señala en su excelente estudio *Por la Renovación de Vuestras Mentes* que, mientras que en eras

---

[40] Hans Urs von Balthasar, "Theology and Sanctity," en *Explorations in Theology*, vol. 1: *The Word Made Flesh* (San Francisco: Ignatius Press, 1989), 181–82.

anteriores "una tarea teológica central [fue] ayudar a la gente a acercarse a Dios", esta obra fue impugnada en la teología moderna, "que se ha alejado de las creencias cristianas primarias y se centró en el método teológico."[41] Este punto ha sonado verdad en lo que ha sucedido en la teología actual. Una y otra vez, hemos vuelto a la cuestión del método teológico, en gran medida porque el clima intelectual contemporáneo, en particular el ámbito de la teología académica, lo exige. Para muchos, si no para la mayoría de los teólogos académicos, el desafío principal ante ellos es asegurar la base por la cual se pueden hacer afirmaciones teológicas. Nos enfrentamos a esta situación debido a los profundos problemas y reservas en el trabajo, en el ámbito de la epistemología teológica. La teología contemporánea opera a raíz de una profunda crisis epistemológica, que obstaculiza su capacidad de hablar con confianza acerca de Dios y la actividad presente de Dios. Algunos se han quejado de que esto significa que la teología está constantemente en un proceso de "limpieza de garganta", y uno puede ver las garantías para tal evaluación en la situación actual. Pero el clima epistemológico actual hace que ese trabajo -por tedioso y oneroso que sea- es necesario de alguna manera.

Por su parte, Charry destaca tres figuras en particular que han contribuido significativamente a nuestra situación epistemológica actual, que a su vez ha llevado a la crisis teológica: John Locke (1632-1704), David Hume (1711-76) y Emmanuel Kant (1724-1804). Se ha entendido que los tres presionan la división de fe-razón de tal manera que el primero fue desprivilegiado y eclipsado por el segundo, lo que significaba que el "razonamiento teológico" estaba cada vez más deslegitimado, si no completamente descartado. En cuanto a Locke, Charry cree que el resultado de su empirismo es que la revelación queda desacreditada en última instancia si va más allá del alcance de la razón.[42] Con Hume, Charry apunta al cuestionamiento tanto de la teología natural como de la revelación divina y, a su vez, del privilegio del conocimiento asegurado en el modelo de la ciencia experimental, particularmente con respecto a sus cualidades como independiente del observador, uniforme y repetible.[43] Finalmente, Charry considera a Kant y su crítica del conocimiento

---

[41] Ellen T. Charry, *By the Renewing of Your Minds: The Pastoral Function of Christian Doctrine* (Oxford: Oxford University Press, 1997), 5.

[42] Charry señala que el propio Locke podría no haber tenido esta visión, pero que esta es la forma en que ha sido leído por muchos a través del tiempo (*By the Renewing of Your Minds*, 7). Charry no hace una referencia directa, sino que simplemente cita, *The Reasonableness of Christianity* (1695) como la prueba de las garantías para este comentario. Diría que figuras como John Toland (1670-1722, ver su obra *Christianity Not Mysterious*, 1696) y Matthew Tindal (1657-1733, ver su obra *Christianity as Old as the Creation*, 1730) ilustran mejor el punto.

[43] Charry, *By the Renewing of Your Minds*, 8–9.

trascendente. Ella califica la recepción de Kant, admitiendo que tal vez sus puntos de vista no son tan devastadores para la teología una vez que están relacionados con algunas de las propuestas apofáticas (es decir, declaraciones negativas, afirmando lo que Dios no es) desde la antigüedad cristiana. Utilizando esta selección particular de figuras, Charry traza las raíces de la crisis epistemológica en teología para el período moderno.

Ciertamente, la modernidad tiene un papel importante que desempeñar en esta crisis, pero uno puede seguir la narrativa intelectual aún más atrás. Por ejemplo, dada la lectura de Louth, la divisoria fatídica entre la fe y la razón, así como también entre la espiritualidad y la teología, precede incluso a la *Ilustración*. El Renacimiento e incluso el período de Escolástica muestran signos de la fisura. Comenzar la historia con la Edad Media ayuda a contextualizar a Locke, Hume, Kant y otros en el período moderno, lo que nos permite verlos como representantes que no tanto rompe con una cierta tradición tanto como proveedores y quizás incluso desarrollos de un proceso que los precedió mucho.

Si pasamos a la premodernidad como un foco para los comienzos de esta ruptura, vemos por qué algunos han elevado la escolástica como una edad de oro en la que la razón y la fe se unieron de manera saludable. El período medieval, después de todo, engendró los grandes "summas" de la antigüedad cristiana, esos tomos masivos que sintetizaban la totalidad de la vida como *coram Deo*. La *Summa theologiae* de Aquino se cita a menudo como ejemplar del género con su vasto esquema estructural *exitus-reditus* (todas las cosas provienen de Dios, y todas las cosas vuelven a Dios), en las que "la gracia perfecciona la naturaleza". Tal visión ha sido encontrada repetidamente ser prometedor, como lo indica la encíclica *Aeterni Patris* (1879) de León XIII.

El género del summa (el primero de los cuales se asocia a veces con Hugo de San Víctor) es en sí mismo una expresión intelectual de la época, y junto con otros desarrollos (el surgimiento de la universidad occidental, el protagonismo del formato "oraciones") generalmente asociado con Peter Lombard, y otros) hizo el período medieval especialmente fecundo intelectualmente. Quizás uno de los acontecimientos más importantes fue la recuperación de Aristóteles. Por supuesto, Aristóteles era conocido en Europa occidental en períodos anteriores, en gran parte debido a las traducciones de Boecio, pero esa influencia se frenó debido a la cantidad de escritos disponibles y posiblemente incluso debido a los desarrollos en la teología conciliar.[44] Sin embargo, un renacimiento aristotélico ocurrió

---

[44] Josef Pieper señala que un factor importante para este abandono fue el resurgimiento y el repudio del nestorianismo (*Scholasticism: Personalities and Problems of Medieval Philosophy*[New York: McGraw Hill, 1964], 102–3). Evidentemente, el nestorianismo forjó una fuerte alianza con el

en el siglo XII, que trabajó en conjunto con la ciencia en ascenso y el empirismo de la era moderna. Anteriormente, había surgido una "gran tradición", una en la que el cristianismo y las formas del platonismo trabajaban codo a codo; sin embargo, esa síntesis fue ampliamente cuestionada en el siglo XII con la proliferación de traducciones latinas de Aristóteles provenientes de fuentes árabes. En pocas palabras, el giro del aristotelismo a lo inmediato, a lo particular, a la naturaleza y, por implicación, a la razón fue un desarrollo sumamente importante para el clima intelectual de la época.

Con estos desarrollos, la noción de que la verdad está disponible tanto por la razón como por la revelación se hizo cada vez más pronunciada. El resultado deseado fue una síntesis de géneros entre los dos para que la razón y la revelación pudieran funcionar constructivamente en su interacción sostenida; con el paso del tiempo, sin embargo, se llegó a entender que la razón ejercía un papel más determinado. La "naturaleza" como fuente de conocimiento también creció en importancia, y, de nuevo, uno puede ver cómo este resultado simplemente fluyó de estos muchos factores contextuales e intelectuales.[45] Tanto la naturaleza como la razón constituyeron un tándem productivo que con el tiempo aumentó en alcance e importancia. Sobre este cambio, Baltasar señala que la teología poscolarista "se limitó a usar una teología natural, anterior a la teología bíblica como base para una exposición racional de esta última."[46] Como resultado, dada la forma en que se desarrolló la historia de la tradición intelectual occidental, se podría decir que el escepticismo de Hume y Kant es un subproducto de un cierto enfoque de la razón y la naturaleza que tiene sus orígenes en el surgimiento y florecimiento de Escolástica. Obviamente, uno podría hipotetizar que el escepticismo no tiene que haber sido el resultado de esta trayectoria; sin embargo, uno puede trazar un hilo a lo largo de estas muchas figuras y desarrollos. En otras palabras, una historia con un mínimo de continuidad rastreable se puede identificar a lo largo de muchos de estos hilos, en momentos aparentemente dispares. Sin duda, contrariamente a sus deseos, los escolásticos pueden haber plantado ciertas semillas que las siguientes generaciones cuidaron, modificaron y depusieron de tal manera que derrocaron, irónicamente, los grandes

---

aristotelismo, dadas las similitudes intelectuales entre los dos; sin embargo, cuando el primero fue denunciado en Éfeso, este último sufrió, lo que llevó a la salida de los estudiosos en esa tradición del Imperio Romano. Esta dinámica forma el trasfondo para el surgimiento de las figuras más frecuentemente asociadas con este renacimiento del aristotelismo de fuentes árabes: Avicena (980-1037), Averroes (1126-1198) y Moisés Maimónides (1138-1204).

[45] Parte de este desarrollo se debió a un redescubrimiento de *De Rerum Natura* de Lucrecio en el siglo XVII.

[46] Balthasar, "Theology and Sanctity," 186.

edificios escolásticos del pensamiento y con ello la credibilidad intelectual en Occidente de una forma dirigida y segura de conocimiento de Dios.

Un Ejemplo de Transición: Boecio

¿Por dónde comenzar, entonces, por las huellas nacientes de estas tendencias? Una posibilidad ya aludida es una figura excesivamente temprana, Boecio (alrededor de 480 a 524). Como romano y miembro de una familia senatorial, Boecio fue parte de la era clásica del Imperio Romano, y, sin embargo, sirvió en la corte de Teodorico el Grande, que simboliza un nuevo orden después de la caída de Roma. Como tal, Boecio era en su propia vida y situación una figura mediadora, una realidad que pudo haber contribuido a su lamentable final: fue acusado de conspiración contra Teodorico, encarcelado y ejecutado. Mientras estuvo en prisión, escribió su obra más famosa, *La consolación de la filosofía*. A lo largo de los siglos, *La Consolación* ha desconcertado a la gente porque Boecio, a pesar de este tiempo desesperado de necesidad, no menciona a Cristo ni una vez en la obra. Muchos se han preguntado cómo un cristiano piadoso no apelaría, y sacaría consuelo de la vida de Cristo, particularmente de su pasión y crucifixión, durante semejante prueba. ¿Traiciona esta característica de *La Consolación* el establecimiento del cristianismo, mostrando que, en tiempos de coacción, el defecto siempre será una autoridad cultural más amplia que la revelación?

Independientemente de lo que uno haga del carácter particular de la *Consolación*, Boecio muestra sin embargo en sus cinco tratados específicamente teológicos una metodología particular, que a menudo se considera el precursor del espíritu escolástico, lo que lleva a muchas personas a pensar en Boecio como el primero de los escolásticos. Esta metodología implicó explícitamente la búsqueda de las doctrinas cristianas de la manera más racional posible. Por supuesto, otros ya habían participado en semejante trabajo, pero al menos en la mente de Josef Pieper, "la novedad [del proyecto de Boecio en los tratados teológicos] reside en lo explícito de su programa; ese procedimiento [de llevar la razón hasta donde sea posible] hasta ahora practicado *de facto* se presentó conscientemente como un principio." Pieper continúa haciendo referencia a una famosa frase de estas obras, una tomada de una carta escrita al Papa Juan I: "Hasta donde puedas, une la fe con la razón."[47]

---

[47] Pieper, *Scholasticism*, 37. El trabajo en cuestión es "Whether Father, Son, and Holy Spirit Are Substantially Predicated of the Divinity" ("Utrum Pater et Filius et Spiritus Sanctus de Divinitate Substantialiter Praedicentur"), y la línea en cuestión es "fidem si poterit rationemque coniunge".

¿Una Tradición Mística?

Vale la pena citar por completo la evaluación general de Pieper: "Nueva y extraordinaria, además, fue la forma en que Boecio llevó a cabo este principio de examen racional del dogma. Él era completamente consecuente; no se encuentra ni una sola cita de la Biblia en estos tratados, a pesar de que tratan con temas exclusivamente virtualmente teológicos. Todo es lógica y análisis. Este fue de hecho un elemento asombrosamente nuevo, que debía ser imitado y continuado en la escolástica medieval." Por supuesto, los medievales utilizaron y comentaron la Escritura, pero esta "conjunción de fe con conocimiento, expresamente proclamada por Boecio por primera vez, no constituyen una marca de escolástica." En una línea extremadamente reveladora, Pieper señala que "el carácter específico de la escolástica está determinado (o al menos en parte determinado) por el peso que se atribuye a la razón en proporción a la fe."[48]

El "peso de la razón" en relación con la fe es en gran medida el tema que nos ocupa. ¿Qué es exactamente este peso, qué forma toma con el tiempo, y cuál es su origen? Estas preguntas masivas se pueden sondear a través de nuevas consultas: ¿El peso se deriva significativamente de los arreglos occidentales de Constantino? ¿Aumenta con la caída del Imperio Romano? ¿Cambia considerablemente ya que tanto *fides* como *ratio* varían en su lugar dentro de la historia intelectual y la cultura occidental? Nuevamente, las cuestiones en juego en estas preguntas son tan complejas y significativas que los síntomas a menudo son más fáciles de obtener que las causas. El peso ya está algo implícito en las preguntas que se hacen en relación con *La Consolación*; se convierte en una cuestión de preocupación metodológica explícita en los tratados teológicos de Boecio. Y sería abrumador, diría, con Anselmo, una figura posterior del período medieval.

Otro Ejemplo de Transición: Anselmo de Canterbury

Anselmo de Canterbury (ca. 1033-1109) representa un caso interesante, dado que ha sido interpretado de diversas maneras a lo largo de los años

---

[48] Pieper, *Scholasticism*, 37–38. Para ser justo con Boecio, uno también debe tener en cuenta la declaración que hace en "The Trinity Is One God Not Three Gods" (*Trinitas unus Deus ac non tres Dii*): "Si la gracia de Dios me ayuda, he proporcionado un apoyo adecuado en la discusión *de un artículo que se sostiene con firmeza sobre la base de la fe*, la alegría sentida por la obra terminada volverá a la fuente de donde vino su efecto." ("Quod si sententiae fidei fundamentis sponte firmissimae opitulante gratia divina idonea argumentorum adiumenta praestitimus, illuc perfecti operis laetitia remeabit unde venit effectus") (*Boethius: The Theological Tractates*, trans. H. F. Stewart, E. K. Rand, y S. J. Tester, Loeb Classical Library 74 [Cambridge, MA: Harvard University Press, 1973], 31 [emphasis added]).

en una serie de temas, incluida su epistemología teológica. Como se mencionó anteriormente, Louth habla de Anselmo como el mantenimiento de la interface espiritualidad-teología. Baltasar, por el contrario, es un poco más matizado. Al principio de su capítulo ya mencionado, Baltasar comenta: "Los primeros pensadores medievales en el oeste, bajo la égida de Agustín, no se apartaron de este concepto básico. Anselmo, siendo él mismo abate, obispo y doctor de la Iglesia, no conocía otro canon de la verdad que la unidad del conocimiento y la vida". Esa afirmación ciertamente puede sostenerse, pero las obras de Anselmo traicionan una característica que Baltasar sólo insinúa de paso: "Y esto simplemente significa que el pensamiento de [los santos] es una función de su fe; a pesar de que, como en el caso de Anselmo, por el sólo hecho de comprender, pueden prescindir momentáneamente de la fe."[49] La admisión es curiosa. Si la lectura de Baltasar es correcta, ¿por qué Anselmo se sentiría obligado a retirarse momentáneamente de la fe "por el bien de la comprensión"? ¿Cómo es esto posible? ¿Por qué esta estrategia fue atractiva? Una exploración adicional de sus escritos está en orden.

En el Prólogo de su *Monologion*, de mediados del siglo XI, Anselmo establece la agenda de esa obra explicando que algunos monjes de la Abadía de Bec le habían pedido que les ofreciera una meditación modelo sobre la esencia de lo divino. Pero tenían una especificación significativa: no querían que "nada en absoluto fuera argumentado sobre la base de la autoridad de la Escritura, sino las limitaciones de la razón para probar de manera concisa, y la claridad de la verdad para mostrar claramente, en el estilo simple, con argumentos cotidianos y dialéctica práctica, las conclusiones de distintas investigaciones."[50] Anselmo continúa para obligarlo, lo que lo lleva a abrir el *Monologion* de la siguiente manera: "Ahora, toma a alguien que nunca ha oído hablar o no cree en él y, por lo tanto, no sabe, esto- lo otro, o ninguna de muchas otras cosas que necesariamente creemos acerca de Dios y su creación. Creo que pueden, incluso si tienen una capacidad promedio, convencerse a sí mismos, en

---

[49] Balthasar, "Theology and Sanctity," 184, 195–96.
[50] Anselmo of Canterbury, *The Major Works*, ed. Brian Davies and G. R. Evans (Oxford: Oxford University Press, 1998), 5. Las citas de Anselmo también serán seguidas por sus originales latinos como se encuentran en *S. Anselmoi Cantuariensis Archiepiscopi Opera Omnia*, 6 vols., ed. Franciscus Salesius Schmitt (Edinburgh: Thomas Nelson &Sons, 1946). En este caso, "Quatenus auctoritate scripturae penitus nihil in ea persuaderetur, sed quidquid per singulas investigationes finis assereret, id ita esse plano stilo et vulgaribus argumentis simplicique disputatione et rationis necessitas breviter cogeret et veritatis claritas patenter ostenderet" (1: 7).

gran medida, de la verdad de estas creencias, simplemente por la sola razón."[51]

Varias características de estas observaciones de apertura merecen una atención más cercana. Primero, la solicitud en sí es bastante sorprendente. Es notable que los compañeros monjes de Anselmo desearan una meditación sobre la esencia divina desprovista de garantías escriturales, pero basada estrictamente en consideraciones racionales. ¿Cuál es la fuente de este deseo? En segundo lugar, Anselmo respondió a su pedido, por lo que reconoció implícitamente que consideraba que ese trabajo era factible y útil. Sorprendentemente, él continúa hablando de una manera que se ha tomado para sugerir la autosuficiencia de la razón para acceder a las afirmaciones de verdad inherentes a las creencias cristianas sobre Dios y la creación. Si esta es una lectura fiel de Anselmo, ciertamente ofreció sus propuestas con una sólida confianza en la adecuación y el poder de la razón.[52] Su respuesta nos muestra que los pensadores de la Ilustración -que a menudo criticaron por crear crisis teológicas epistemológicas en la modernidad- simplemente representan una etapa de un clima cultural e intelectual mucho más amplio en Europa, en el que la razón fue comprendida y apelada de diversas maneras para asegurar y promover la veracidad de los reclamos cristianos.

Cuando Anselmo escribe posteriormente el *Proslogion*, se puede detectar una mayor tensión metodológica de la que se encuentra en su trabajo anterior. Una vez más, Anselmo le da al lector una orientación en el prefacio de este trabajo sobre lo que está tratando de hacer. Anselmo comenta que, después del *Monologion*, "comencé a preguntarme si quizás sería posible encontrar un argumento único que para su demostración no requiriera otro salvo en sí mismo, y eso en sí mismo sería suficiente para probar que Dios realmente existe, que Él es el bien supremo no necesita otro y es aquel a quien todas las cosas necesitan para su ser y bienestar, y también para probar todo lo que creemos acerca del Ser Divino."[53]

---

[51] Anselmo, *Major Works*, 11. latín: "Aliaque perplura quae de deo sive de eius creatura necessarie credimus, aut non audiendo aut non credendo ignorat: puto quia ea ipsa ex magna parte, si vel mediocris ingenii est, potest ipse sibi saltem sola ratione persuadere" (1:13).

[52] Etienne Gilson insiste en que el contexto de Anselmo es de fe, y los lectores de Anselmo volverán a este punto repetidamente. No estoy cuestionando esta característica de Anselmo en absoluto. Pero deseo destacar lo que Gilson también considera apropiado agregar: "Siendo esta la regla, aún debe conocerse hasta qué punto puede ir realmente la razón, en la interpretación de la fe". Y agrega: "Se puede decir que, Prácticamente, la confianza de San Anselmo en el poder de interpretación de la razón es ilimitada". (*History of Christian Philosophy in the Middle Ages* [New York: Random House, 1955], 129).

[53] Anselmo, *Major Works*, 82. Originalmente, "Coepi mecum quaerere, si forte posset inveniri unum argumentum, quod nullo alio ad se probandum quam se solo indigeret, et solum ad astruendum quia deus vere est, et quia est summum bonum nullo alio indigens, et quo omnia indigent ut sint et ut bene sint, et quaecumque de divina credimus substantia, sufficeret" (1:93).

Anselmo continúa hablando de lo frustrante que esta búsqueda fue para él, sin embargo, la idea le vino justo antes de que se diera por vencido en la búsqueda, un evento cuya resolución le proporcionó un alivio significativo. Anselmo señala: "Juzgando, entonces, que lo que me había dado tanta alegría de descubrir proporcionaría placer, si se escribía, a cualquiera que lo leyera, he escrito el siguiente breve tratado que aborda esta cuestión, así como varios otros, desde el punto de vista de alguien que trata de levantar su mente para contemplar a Dios y tratar de entender lo que cree."[54] Una vez más, es importante tener en cuenta el desideratum intelectual. El resultado de la búsqueda de Anselmo no es el punto clave aquí; más bien, es la necesidad detectada y el valor de aventurarse en esa búsqueda en primer lugar. ¿Por qué, después de todo, valdría la pena tener un único argumento que, por su propio mérito evidente, probaría la realidad de Dios?

Las tensiones metodológicas alcanzan su punto álgido cuando Anselmo comienza formalmente el trabajo e incluye palabras que fácilmente podrían estar presentes en escritos como las Confesiones de Agustín de varios siglos antes: "Ven, Señor Dios mío, enséñale a mi corazón dónde y cómo buscarte, dónde y cómo encontrarte."[55] Una tensión intelectual y espiritual está trabajando en Anselmo, como se evidencia en la forma del *Proslogion*; el patrimonio de la contemplación es detectable a través de los discursos y oraciones dirigidas a Dios en las secciones iniciales de este trabajo. La búsqueda, sin embargo, se enmarca, en cierto sentido, como una especie de ejercicio en teología racional o filosófica, dadas sus inclinaciones metodológicas.

Dicha exhaustiva escritura integral ha generado una serie de interpretaciones que se contraponen mutuamente tanto por parte de los cristianos como por parte de aquellos que están fuera de la fe cristiana. Karl Barth descubrió que el trabajo de Anselmo en el *Proslogion* había sido en gran parte malentendido por lectores posteriores; Barth, mirando el contexto más amplio, creía que la *"Prueba de la existencia de Dios"* de Anselmo (*Proslogion* 2-5) debía entenderse como un esfuerzo realizado dentro de los confines de la fe cristiana.[56] Después de todo, Anselmo originalmente subtituló esta obra Fides quaerens intellectum ("búsqueda de fe entendiendo"). Algunos incluso han sugerido que Anselmo opera a

---

[54] Anselmo, *Major Works*, 82–83. Originalmente, "Aestimans igitur quod me gaudebam invenisse, si scriptum esset, alicui legenti placiturum: de hoc ipso et de quibusdam aliis sub persona conantis erigere mentem suam ad contemplandum deum et quaerentis intelligere quod credit, subditum scripsi opusculum" (1:93–94).

[55] Anselmo, *Major Works*, 84–85. Originally, "Eia nunc ergo tu, domine deus meus, doce cor meum ubi et quomodo te quaerat, ubi et quomodo te inveniat" (1:98).

[56] Ver ampliamente Karl Barth, *Anselmo: Fides Quaerens Intellectum* (London: SCM Press, 1960).

partir de un misticismo implícito que hace posible lo que él dice, incluso si tiene un tono racionalista.[57] Tales lecturas son verosímiles y se han sustentado de vez en cuando, pero no hay duda de que Anselmo tiene una inclinación a otorgar a la razón un lugar significativo de privilegio metodológico, como es evidente tanto en el Monologion como en el Proslogion. Anselmo ha cambiado el peso a la prominencia de la razón, tanto al continuar las inclinaciones anteriores de Boecio como al extenderlas aún más para registrar "razones necesarias" para asuntos típicamente entendidos como apoyados de principio a fin por la revelación. El suyo es un tipo de razonamiento deductivo que le permite argumentar a favor de la racionalidad de doctrinas tales como la Trinidad y la encarnación.

Volviendo al análisis de Pieper de la escolástica en general, las mentes dirigentes de la época -incluidas Buenaventura y Aquino- llevaron a cabo la coordinación "entre la aceptación creyente de la verdad revelada y tradicional, por un lado, y la argumentación racional, por otro lado, con una resolución inquebrantable"; sin embargo, Pieper continúa diciendo que "también sabían dónde trazar la línea entre los reclamos de la razón y los reclamos de la fe."[58] Tal comentario plantea más preguntas. ¿Cómo, de hecho, sabían dónde trazar la línea? ¿Y este acto de equilibrio cargado de tensión fue insostenible a lo largo del tiempo, especialmente cuando las nuevas realidades se presentaron ante la era medieval que progresaba y se transformaba en modernidad? De nuevo, sintomáticamente, está claro que las fides y la razón cambiaron en su relación entre sí y que el "peso de la razón" se volvió excesivamente dominante en relación con los asuntos de fe. Después de todo, utilizar la razón en el discurso teológico es una cosa, y el mundo del pensamiento conocido simplemente como racionalismo es otra cosa.[59] Lo que surgió en medio de este acto de equilibrio fue un vuelco de las escalas a un lado de la balanza. La escolástica siempre corría el riesgo de sobreestimar el poder de la razón para asegurar el conocimiento de Dios. Como Pieper y muchos otros han destacado, William de Ockham (alrededor de 1287-1347) representa la consecuencia de esta sobreestimación; en palabras de Pieper, una de las hipótesis de Ockham era que "la creencia es una cosa y el conocimiento otra cosa completamente diferente; y que un matrimonio de los dos no es ni significativamente ni siquiera deseable."[60] La integridad intelectual

---

[57] Pieper (*Scholasticism*, 70) llama la atención sobre esta lectura, encontrada en A. Stolz, "Zur Theologie Anselmos im *Proslogion*," *Catholica* 2 (1933): 1–24.
[58] Pieper, *Scholasticism*, 38.
[59] Pieper define el paradigma del "racionalismo" como el siguiente de la afirmación de que "no puede haber nada que exceda el poder de la razón humana para comprender" (Scholasticism, 45).
[60] Pieper, *Scholasticism*, 39.

percibida del conocimiento de Dios no podía evitar verse afectada como resultado del lugar de privilegio creciente de la razón.

La Privatización Resultante de la Espiritualidad

Con el surgimiento de la razón en particular como un motivo de guía en la investigación filosófica y teológica, la espiritualidad y la teología gradualmente se dividieron, y las ramificaciones de esta separación fueron significativas para ambos. Como ya se mencionó, la teología ha tenido dificultades para explicar su propia materia: el conocimiento-de-Dios ha sido constantemente cuestionado en cuanto a su disponibilidad y estabilidad, dada la creciente división entre *fides* y *ratio*. La breve encuesta anterior tiene como objetivo mostrar los aspectos más destacados de estas transiciones. Sin embargo, también se debe prestar la debida atención a la espiritualidad, ya que también se ha transformado con el tiempo, y este proceso no siempre ha sido útil para asegurar un tipo de forma confiable de conocimiento de Dios.

Macintosh señala que alrededor del siglo XII el término *espiritualitas* pasó de preocuparse por "el poder de Dios que anima la vida cristiana" a caracterizar una cualidad privatizada, refiriéndose a un "estado altamente refinado del alma, con el enfoque en cómo se logra tales estados de pureza interior y exaltación". Macintosh agrega además que, en el tiempo de los siglos XVI y XVII, el término "espiritualidad" tanto en latín como en lenguas vernáculas llegó a significar disposiciones internas y "estados interiores del alma". De otra manera, la "espiritualidad" se convirtió gradualmente en una categoría orientada antropológicamente en Occidente, en el sentido de que la interioridad humana y tal vez incluso una "tecnología del yo" (incluso si se trata a través de categorías explícitamente teológicas como "santificación", "teología moral", o incluso "mistagogía") se transformó en el enfoque. Macintosh concluye que "la dimensión mística de la espiritualidad cristiana, ese conocimiento transformador de Dios que los primeros escritores cristianos a menudo veían como el fundamento mismo de la teología, se alejaba cada vez más de la teología" centrándose gradualmente en la "mecánica de la búsqueda espiritual."[61] Aunque no sigue el asunto extensivamente, se refiere a Madame Guyon como un ejemplo representativo de estos cambios.

El caso de Jeanne-Marie Bouvier de la Mothe Guyon (1648-1717) es triste en muchos aspectos. No sólo tenía una vida personal turbulenta, sino

---

[61] McIntosh, *Mystical Theology*, 7, 8.

que también parecía haber sido víctima de cambiar la opinión popular y la promoción política principalmente a fines del siglo XVII en Francia. Su vida turbulenta fue en parte el resultado de sus enseñanzas sobre la vida espiritual, que en algunos momentos se vieron favorecidas y en otros se sostuvieron con gran sospecha. A veces, el término utilizado durante su vida para designar sus enseñanzas era "Quietismo", que al parecer se utilizó para indicar lo que se consideraban puntos de vista problemáticos de Miguel de Molinos en el momento de las propias dificultades de Guyon. Por lo tanto, la gente usó los cargos contra Molinos como una forma de enmarcar a los dirigidos a Guyon. Eventualmente, Guyon fue encarcelada en la Bastilla durante varios años, aunque los últimos años de su vida resultaron ser relativamente pacíficos, durante los cuales cultivó relaciones y se hizo influyente entre muchos tipos diferentes de grupos a través de sus escritos. Estos incluyen pietistas alemanes, metodistas británicos y cuáqueros estadounidenses.[62]

La selección de Macintosh de Guyon como ejemplar de las transiciones en espiritualidad está bien-justificada, como podemos ver al examinar varios de sus escritos, incluido *"Un Método Corto y Fácil de Oración"*.[63] Uno se da cuenta enseguida de un principio democratizador operativo en esta obra. Esta característica no es del todo mala, pero se combina con garantías de facilidad y disponibilidad que se prestan para dar vueltas en cuestiones de técnica y refinamiento. Al principio, Guyon comenta: "Todos somos capaces de orar de manera contemplativa hacia adentro, y es una vergüenza terrible que casi todas las personas tengan en sus cabezas el hecho de no hacerlo."[64] En su opinión, "la oración contemplativa no es más que afecto y amor sincero. Lo que es necesario es amar a Dios y enfocarse en él";[65] por lo tanto, se puede aprender y realizar en cualquier momento sin referencia a un estilo de vida particular. Guyon afirma con valentía: "Nada es más fácil que experimentar a Dios y probarlo. Él es más parte de nosotros que nosotros mismos. . . . La única forma de buscarlo es tan fácil y natural como respirar el aire y no es más que eso."[66]

---

[62] Véase, "Introduction," en *Jeanne Guyon: Selected Writings*, ed. Dianne Guenin-Lelle and Ronney Mourad (New York: Paulist Press, 2012), 7, 13.
[63] *Jeanne Guyon*, 55–98.
[64] "A Short and Easy Method of Prayer," 57. francés: "Tous sont propres pour l'Oraison; & c'est un malheur effroyable que presque tout le monde se mette dansl'esprit de n'être pas appellé à l'Oraison" (*Les Opuscules Spirituels de Madame J. M. B. de la Mothe-Guyon*, new ed. [Paris: Libraires Associés, 1790], 1:9).
[65] "A Short and Easy Method of Prayer," 57. The French is simpler: "L'Oraisonn'est autre chose quel' Application du coeur à Dieu, & l'exercice intérieur de l'amour" (9, emphasis original).
[66] "A Short and Easy Method of Prayer," 59. francés: "Rien n'est plus aisé que d'avoir Dieu & de le goûter. Il est plus en nous que nous-mêmes. . . . Il n'y a que la manière de le chercher, qui est si aisée & si naturelle, que l'air que l'on respire n el'est pas davantage" (12).

En opinión de Guyon, la oración contemplativa es facilitada por la lectura meditativa o la meditación misma. En términos de lo primero, "algunas verdades fuertes sobre la teoría y la práctica" deben "digerirse" (*digerer*) y "saborearse" (*goûter*) lentamente para que puedan penetrar en uno mismo. La meditación implica una dinámica similar, con el objetivo final de enfocar el espíritu para cultivar la presencia de Dios. Todas estas enseñanzas suponen que "la fe viviente, desde el fondo de nuestros corazones, en un Dios presente, nos impulsa a enfocarnos en nuestro ser interior, enfocando todo nuestro enfoque hacia adentro en lugar de hacia las cosas externas. Una consideración importante desde el principio es liberarnos de una gran cantidad de distracciones o estímulos externos para encontrar a Dios, que sólo se puede encontrar dentro de nosotros y en nuestra profundidad, que es el santuario interior donde vive". Guyon remarcó un poco más tarde, "Una vez que estamos centrados en nosotros mismos y somos profundamente penetrados por Dios en nuestras profundidades, una vez que todos nuestros sentidos están reunidos y atraídos hacia adentro desde la circunferencia hacia las profundidades una vez que el alma está tan concentrada en sí misma, puede enfocarse suave y dulcemente en la verdad que se lee."[67]

Podemos ver fácilmente la forma en que Guyon ha lanzado la oración contemplativa y, por lo tanto, la espiritualidad en general en términos de un método que involucra enfoque, intención e interioridad. Muchos de sus comentarios en este trabajo son exhortativos, instando a sus lectores a profundizar más y más interiormente, porque allí pueden encontrar a Dios. Todos pueden participar en esta actividad, incluidos aquellos que no pueden leer, ya que Cristo "es el gran Libro, escrito tanto en el interior como en el exterior, que enseñará todas las cosas." Las personas pueden no saber lo que significa el Padre Nuestro, pero de acuerdo El método de Guyon consiste en detenerse en partes de él en un profundo silencio, esperando que Dios les muestre la voluntad de Dios.[68]

El énfasis de Guyon, entonces, es bastante distinto. Su carácter populista los hace teológicamente anémicos, y la vida espiritual es representada por ella como algo intencionalmente refinado a través de medios enfocados en la vida interior. En todas estas cualidades, la espiritualidad cristiana se ha convertido en algo bastante diferente de los relatos anteriores. La división entre teología y espiritualidad es demasiado evidente desde el lado de este último. Los "maestros espirituales" y los "doctores de la iglesia" son ahora categorías separadas, con pocos capaces de habitar ambas esferas. La credibilidad y el logro en un dominio bien

---

[67] "A Short and Easy Method of Prayer," 59, 60.
[68] "A Short and Easy Method of Prayer," 61, 62.

podría entenderse que descalifica a uno de la consideración en el otro. En gran medida, las circunstancias y los desarrollos que emergen de la modernidad temprana han hecho que se aludan los "pilares" en las observaciones citadas anteriormente por Baltasar entre las reliquias de una época pasada.

Perspectivas de Hablar del Pentecostalismo como una Tradición Mística

Este contexto cuestionado, en el que la relación entre la espiritualidad y la teología se separa y cada uno se lleva al extremo, ha sido legado a los pentecostales cada vez que han intentado encargarse teológicamente de su propia tradición. Como se dijo anteriormente, los pentecostales han sido maltratados por los recursos de la academia para dar cuenta de su identidad y cultura de fe, y uno de los culpables de este estado infeliz es la forma en que se ha fracturado el conocimiento teológico en los últimos siglos en Occidente. El acto de hacer que el pentecostalismo sea "teológicamente respetable" a veces ha llevado a cuentas empobrecidas de su propio etos, dado que los términos asumidos para hacerlo eran a menudo limitados y no se ajustaban a la tarea.

El presente argumento ha progresado preparando el escenario para un uso pentecostal de temas místicos cristianos con el propósito de clarificar la identidad pentecostal. La estrategia ha sido encargarse de este lenguaje y recuperarlo de una forma tradicional, de manera consciente de la costumbre y consagrada a la tradición, para que los pentecostales puedan utilizarlo para fundamentar su identidad en algo más amplio y profundo de lo que muchas opciones disponibles tiene que ofrecer Esta estrategia de ir más allá del estado actual de las cosas no es nada nuevo para los pentecostales, porque el impulso restauracionista de los primeros pentecostales tenía mucho de eso: indirectamente, si no directamente, reconocía que algo en la escena teológica y espiritual había salido mal. Obviamente, la Iglesia del Nuevo Testamento no pudo ni puede ser repristinada ni repetida, pero el impulso restauracionista sugiere, al menos en la escena teológica, que algo muy bien podría necesitar exhumación. Creo que el llamado de los pentecostales al "Cristianismo del Nuevo Testamento" o incluso a "la religión antigua" puede significar algo muy particular en las actividades teológicas académicas: la espiritualidad y la teología necesitan una reconexión para poder informarse mutuamente y constituirse recíprocamente se utilizan para dar cuenta del Dios de la adoración cristiana. La estrategia actualmente concebida para tal recuperación es el reclamo del lenguaje y el etos del misticismo cristiano para el movimiento pentecostal en su conjunto.

Tal tarea, como ha sido reiteradamente enfatizada, no es fácil. Por ejemplo, muchos pentecostales probablemente afirmarían la experiencia aludida por Teresa de Ávila (1515-1582) en su *Vida*: "Al imaginar a Cristo de la manera que he mencionado, y algunas veces incluso al leer, usé inesperadamente para experimentar una conciencia de la presencia de Dios, de tal clase que no podría dudar de que Él estaba dentro de mí o de que estaba completamente envuelto en Él. Esto no era de ninguna manera una visión."[69] Tal afirmación podría resonar bien con la dinámica a la que alude Smith como el compromiso epistemológico expuesto en el testimonio pentecostal en el que las personas comentan que "saben que saben que saben" que Dios está obrando en medio de ellos.[70]

Es probable que los pentecostales hagan una pausa en la línea que sigue a la cita de Teresa: "Creo que [esta experiencia] se llama teología mística."[71] Para algunos, el impasse terminológico potencial sería suficiente para no seguir adelante; dadas las diversas connotaciones y usos del lenguaje de la mística, muchos probablemente rechazarían inmediatamente su aplicabilidad al pentecostalismo. A pesar de esta falta de inclinación, el objetivo que tenemos ante nosotros en este capítulo es calificar y matizar este lenguaje de tal manera que los pentecostales puedan apropiarse específicamente de sus esfuerzos continuos para negociar su identidad.

Correctamente, los pentecostales probablemente no verían ningún valor en el lenguaje de la mística si fuera simplemente de la variedad encontrada en los discursos de estudios religiosos, particularmente dentro del dominio de la fenomenología religiosa. Obviamente, el Espíritu "soplará donde el Espíritu lo quiera", pero los pentecostales típicamente no desean asumir un discurso que sugiera que todas las tradiciones religiosas y sus seguidores son, a pesar de su utilización de diferentes "encajes doctrinales", hablando de la misma cosa, que implica una dimensión antropológica que puede etiquetarse como un *mysticus intuitus* o un encuadre de la condición humana común como *homo religiosus*. Los

---

[69] *The Life of Teresa of Jesus: The Autobiography of Teresa of Avila*, trans. and ed. E. Allison Peers (Garden City, NY: Doubleday Image Books, 1960), 119 (X). español: "Acaecíame en esta representación que hacía de ponerme cabe Cristo, que he dicho, y aun algunas veces leyendo, venirme a deshora un sentimiento de la presencia de Dios, que en ninguna manera podía dudar que estaba dentro de mí, u yo toda engolfada en El. Esto no era manera de visión" (*Obras de Sta Teresa de Jesus*, ed. P. Silverio de Santa Teresa [Burgos, Spain: Monte Carmelo, 1915], 1:69).
[70] Smith, *Thinking in Tongues*, 50
[71] *The Life of Teresa of Jesus*, 119 (X). español: "Creo lo llaman mística Teología" (69).

pentecostales por lo general, son demasiado teológicamente conscientes como para abrazar esta epistemología.

Como se señaló anteriormente, los pentecostales quieren ver que la división espiritualidad-teología sea viva e interactiva, lo que definitivamente no es el caso en la tradición teológica occidental moderna. Por lo tanto, cualquiera que sea el uso que hagan del lenguaje de la mística, debería ajustarse a un marco que permita este tipo de interacción. Querrían evitar tanto una tendencia escolástica dentro de la teología (en la cual se abstrae de las realidades de la experiencia cristiana vivida) como una tendencia privatizadora dentro de la espiritualidad (en la cual se fomenta mediante técnicas y patrones que mejoran el enfoque y empujan la conciencia hacia la interioridad para encontrar a Dios ya presente en el alma). No es de extrañar, entonces, que los estudiosos de vez en cuando hayan notado que los pentecostales encajan mejor dentro de una cosmovisión premoderna, ya que, dentro de los temas y debates contemporáneos, a veces rezuma un tipo particular de excentricidad; en muchos registros están simplemente fuera de sintonía con varias corrientes de la teología occidental. Y, sin embargo, este tipo de excentricidad los ha vuelto tremendamente relevantes en otros puntajes, particularmente porque el proyecto moderno ha mostrado fisuras en su marco conceptual y racional.[72]

¿Dónde nos deja esta descripción? ¿Qué tienen que ver los pentecostales con el lenguaje de la mística? En términos generales, creo que se puede hacer un caso para postular una "semejanza familiar" entre el pentecostalismo y el misticismo cristiano, como se señaló anteriormente por Cox y otros. En este sentido, el pentecostalismo no es algo completamente nuevo en la escena cristiana. Desde cierto punto de vista, los pentecostales en su discurso, compromisos, convicciones, actividades y prácticas caen directamente dentro de aquellas formas de existencia cristiana que a veces están marginadas por tendencias teológicas anti-supernaturalistas. Los pentecostales se unen a una multitud de otros cristianos que creen en (entre otras cosas) exorcismos, milagros y la obra activa y presente del Espíritu Santo.

---

[72] Un caso relevante de esta excentricidad es el movimiento hacia la interpretación teológica en los estudios bíblicos. Joel Green señala que "en los últimos años, la tradición que posiblemente haya examinado esta cuestión [de los compromisos teológicos que desempeñan un papel en la interpretación] es la tradición pentecostal" (*Practicing Theological Interpretation: Engaging Biblical Texts for Faith and Formation* [Grand Rapids: Baker Academic, 2011], 11).En la lectura de Green, debido a que los pentecostales llegaron relativamente tarde al campo de la interpretación bíblica, pudieron criticar algunos de los compromisos básicos del proyecto de la Ilustración. Aunque creo que esta lectura es cierta hasta cierto punto, no creo que el tiempo sea el único factor involucrado. Los pentecostales también pudieron ver más allá de la ilusión de la "neutralidad" interpretativa debido a su particular orientación teológico-hermenéutica, que les permitió ver precisamente esos límites.

PENTECOSTALISMO: UNA TRADICIÓN CRISTIANA MÍSTICA

Al mismo tiempo, si el pentecostalismo debe llamarse una tradición mística de la iglesia católica, debe serlo dentro de su propio contexto y teología. En este sentido, el pentecostalismo es único. Porque el pentecostalismo parece exhibir características premodernas, y sin embargo surgió en la modernidad tardía. ¿Cómo podemos explicar esta combinación? En términos generales, el ascenso del pentecostalismo se puede leer (como lo hace Cox de cierta manera) como una especie de acusación contra algunos de los acontecimientos más difíciles en el Occidente cristiano moderno. El movimiento también ha ayudado a marcar el comienzo de un renacimiento cristiano global, que pocas personas podrían haber anticipado hace algunas décadas. El etos pentecostal atrae a personas de todos los ámbitos de la vida con un mensaje de la presencia de Dios en lo mundano, el poder de Dios entre los pobres y oprimidos, y la esperanza de Dios de un mundo que sufre el peso sofocante de su propia autodestrucción.

Específicamente, ¿cómo es el pentecostalismo una tradición mística única en este contexto contemporáneo? Para los propios pentecostales, los siguientes temas pueden no sonar distintos o extraordinarios, dado que son tan relacionados con la forma en que experimentan y encarnan la fe cristiana. Sin embargo, para los espectadores que entran y salen del redil cristiano, estos temas pueden ser cualquier cosa menos comunes y mundanos. Y para los propios pentecostales, puede ser útil matizar aún más y clarificar más cuidadosamente lo que se puede asumir y operar en un entorno pentecostal típico. Mediante la organización de estos temas, se usará la esquematización de purgación (*purgatio*), iluminación (*illuminatio*) y unión (*unio*). Estas categorías son útiles porque tienen un fuerte pedigrí en la tradición del misticismo cristiano (que se remonta al menos a Pseudo-Dionisio), pero también pueden resaltar elementos vitales sobre el etos pentecostal único que surgió en la escena estadounidense a principios del siglo XX.

Purificación y Santificación

Aunque el pentecostalismo surgió en una serie de contextos y a través de una variedad de corrientes, hay algo que decir acerca de los fuertes vínculos que existen entre el movimiento de santidad del siglo XIX y el emergente movimiento pentecostal del siglo XX. Algunos de esos vínculos se remontan más atrás a la cultura de avivamiento estadounidense, que ganó una forma definitiva con el Primer Gran Despertar. En particular, sucesos como la reunión de carpas, la actividad

¿Una Tradición Mística?

del altar, la promoción de experiencias religiosas universalmente accesibles y otros colectivamente forman una cultura particular de encarnación cristiana en la escena estadounidense. Algunos incluso podrían llevar la narración más atrás a movimientos como el pietismo y el metodismo,[73] pero la firma estadounidense es definitiva en gran parte de lo que se convirtió en prácticas y fenómenos pentecostales populares.

Al mismo tiempo, la conexión íntima entre la santidad y las corrientes pentecostales en particular necesita ser enfatizada, especialmente debido a que algunos ven un vínculo lo suficientemente fuerte para etiquetar la dinámica como una sola tradición o familia.[74] Muchos de los primeros líderes pentecostales tenían raíces de santidad, ya fuera informal, (Richard Spurling) o formal, (Charles Parham, William Seymour y muchos otros). Esta observación contextualizadora no es incidental a lo que se sugiere sobre el etos del pentecostalismo, porque a nivel macro, el pentecostalismo como movimiento de poder surgió dentro de un entorno de santidad que enfatizaba la pureza. De hecho, como Jacobsen observa el etos de Azusa propugnado por Seymour y sus asociados, la tendencia fue pensar en la experiencia del bautismo del Espíritu no como una "crisis" o una "obra de gracia" en que los dos que llevaban la designación (justificación / salvación y santificación) tenía que ver con preparar un "recipiente"; estos constituían la "doble cura" requerida para abordar el pecado en la vida de una persona. El bautismo-en-el-Espíritu, por el contrario, fue "un 'regalo de poder' para ayudar al creyente completamente salvo y santificado en el ministerio del evangelio a otros".[75] En este nivel amplio, entonces, al movimiento no le fue posible moverse al poder antes de abordar en cierto sentido la necesidad de pureza; de lo contrario, el énfasis en el poder fácilmente podría volverse difícil de manejar e incluso podría llegar a ser corrupto como resultado.

Uno ve esta lógica también en funcionamiento repetidamente a nivel micro, individual. El caso de G. B. Cashwell ilustra bien el punto. Viniendo de Carolina del Norte, Cashwell llegó a la Misión de Azusa Street, y se horrorizó al ver a los afroamericanos tomando roles de liderazgo en la dinámica del culto corporativo y público. Él confiesa que regresó a su alojamiento profundamente perturbado, pero con más oración y tardanza, llegó a reconocer cosas que debían ser "crucificadas" en su

---

[73] David Martin, *Pentecostalism: The World Their Parish* (Oxford: Blackwell, 2002), 167.

[74] Como se señaló explícitamente en Vinson Synan *The Holiness-Pentecostal Tradition: Charismatic Movements in the Twentieth Century* (Grand Rapids: Eerdmans, 1997), y Henry H. Knight III, "The Wesleyan, Holiness, and Pentecostal Family," en *From Aldersgate to Azusa Street: Wesleyan, Holiness, and Pentecostal Visions of the New Creation*, ed. Knight (Eugene, OR: Pickwick Publications, 2010), 1–9.

[75] Douglas Jacobsen, *Thinking in the Spirit* (Bloomington: Indiana University Press, 2003), 70.

propia vida.[76] Una vez que se desarrolló esa dinámica, regresó a las reuniones de Azusa, los líderes afroamericanos oraron por él y experimentó su Pentecostés personal. En la vida de Cashwell, así como en muchos otros, la dinámica de poder de pureza prevaleciente entre los movimientos entre los siglos XIX y XX tomó una nota personal. Tanto a nivel colectivo como individual, se necesitaba un período y un proceso de consagración y purgación para que el poder subsiguiente pudiera venir y afianzarse de manera adecuada.

Iluminación y Maduración

Muchos comentaristas sobre el pentecostalismo han señalado que promueve una forma diferente de mirar y participar en la realidad. Para un movimiento religioso proporcionar esta dinámica en una escala tan masiva y generalizada es significativo. Ya se hizo alusión a Cox en este aspecto cuando habla de la narración y el testimonio funcionando para relacionar una experiencia de Dios que emana un "realismo mágico" que en conjunto "es tan total que rompe el envoltorio cognitivo."[77] Y Smith hace mucho del lenguaje de la "cosmovisión" y del "modo de vida" para llegar al corazón del pentecostalismo. Estas observaciones y afirmaciones plantean las siguientes preguntas: ¿Cómo llegan los pentecostales a ver esta realidad alternativa? ¿Cómo se puede hablar de esta transición de una forma de ver a otra, de tener los ojos abiertos para ver el mundo como una realidad impregnada de Dios?

Algunos simplemente se han referido en general a la categoría de "una experiencia" o particularmente al "bautismo-en-el-Espíritu" para responder a la consulta. Tales respuestas son, en cierto nivel, engañosas porque son demasiado simplistas y reductivas. La contribución de Land es fundamental aquí, y argumenta que los pentecostales llegan a encarnar su forma de ver y comprometer al mundo a través del sostenimiento de su espiritualidad colectiva. Ninguna característica de esta espiritualidad puede explicar el impacto formativo que tiene sobre sus practicantes; en cambio, en este caso, la suma es mayor que sus partes individuales. Los milagros desempeñan un papel, pero no exclusivamente. Las lenguas son un signo importante, pero no singular. La oración, la imposición de manos, el hablar con la unción, la profecía, todo esto funciona de manera

---

[76] Ver su testimonio en *ApostolicFaith*1.4 (diciembre 1906): 3; sin embargo, él no menciona que el problema que involucraba su "muerte a muchas cosas" involucraba prejuicios raciales. Para una cuenta más completa, vea Synan, *The Holiness-Pentecostal Tradition*, 113–14.
[77] Cox, *Fire from Heaven*, 71.

¿Una Tradición Mística?

vital pero no individual. Todas estas muchas características de la espiritualidad pentecostal contribuyen a un proceso de formación y modelación de un pueblo de una manera vital. El lenguaje de los afectos que Land usa tan prominentemente cumple su propósito de relacionar este rol formativo. En ocasiones he enfatizado las virtudes de maneras similares y complementarias.[78] Con ambos conjuntos de términos, el enfoque no está en los incidentes aislados, sino en la forma en que las personas son moldeadas y transformadas por un etos colectivo y de adoración.

Tanto el pentecostalismo como las características de la tradición mística cristiana enfatizan las dimensiones de la formación, el crecimiento y la maduración. En ambas corrientes, la vida espiritual se presenta como algo vivo y en necesidad de atención y cuidado. En lugar de manipulación o construcción, las acciones preferidas en estos esquemas son la atención y la devoción. Actividades como alabar a Dios a través de la música, compartir testimonios, predicación sensible, permanencia en el altar, imposición de manos y "orar a través de" contribuyen colectivamente a un tipo de modalidad de conocimiento y ser que es tanto espiritual como teológicamente productiva. En resumen, la espiritualidad pentecostal facilita e inculca una cuenta específica y una forma de conocimiento-de-Dios, una que es personal, exigente, humilde y enriquecedora. En general, la participación es crucial, porque los registros más profundos del yo están comprometidos con esta tradición cristiana.

Unión y Transformación

Lo que principalmente hace del pentecostalismo una tradición mística de la iglesia católica es su énfasis persistente, apasionado y generalizado en el encuentro, que en algún nivel es relacionable a través del lenguaje de la unión. El tema del encuentro se destacó anteriormente en los esfuerzos por circunscribir el lenguaje de la mística. Desde su final, los pentecostales creen que se encuentran profunda y transformativamente con el Dios de su confesión y adoración. Este tema es central para la identidad pentecostal.[79] Aunque los pentecostales pueden no hablar frecuentemente de trascendencia o de misterio al referirse a Dios, las implicaciones de estos

---

[78] Vease, Castelo, *Revisioning Pentecostal Ethics—the Epicletic Community* (Cleveland, TN: CPT Press, 2012), chap. 3.

[79] Keith Warrington cree que la esencia del pentecostalismo es la evidente necesidad de "un encuentro personal y experiencial del Espíritu de Dios" (*Pentecostal Theology: A Theology of Encounter* [London: T&T Clark, 2008], 20).

términos son bastante evidentes en los testimonios pentecostales. Por lo general, se encuentran en el fondo de las clases de cosas que los pentecostales asocian con la presencia y el poder manifiesto de Dios. Gran parte de ese lenguaje y lógica encajarían en la designación de Boyer y Hall de un "misterio dimensional". Dios se presenta a sí mismo (o curiosamente, "Dios aparece"), y Dios establece un orden diferente, uno en el cual La gloria y santidad de Dios alteran y vuelven a clasificar a todo lo demás que es. En las analogías de Louth, el encuentro con Dios para los pentecostales se puede entender de manera relacional y, tal vez, si se los impulsa de cierta manera, estéticamente también.[80] La presencia manifiesta de Dios, como se ve en el encuentro con este, asegura a los pentecostales la disponibilidad y la veracidad del conocimiento de Dios. Encontrarse con Dios, en otras palabras, sirve como fundamento epistemológico para la metodología teológica pentecostal. Contemplar a Dios, percibir a Dios, sentir a Dios (expresiones que se relacionan con el "misterio facultativo" de Boyer y Hall) constituyen el marco epistémico orientador para la teología pentecostal.

Para los pentecostales, el tema del encuentro implica un realismo teológico implícito. En lugar de profundizar en su interior, los pentecostales suelen instar a los que buscan a "obtener más de Dios" presionando más intensamente en la realidad *de Dios*. Por lo tanto, en sus entornos corporativos de adoración, los pentecostales se esfuerzan por crear el espacio para que la gente se encuentre y (más adecuadamente indicado) se encuentre con el Dios de su adoración. La suposición en acción es que Dios está disponible y, a su vez, puede actuar y sorprender a través de una especie de "evento" en el que la criatura está saturada por la absoluta gloria del Creador. No es de extrañar, entonces, que muchos pentecostales caigan postrados, sean "como muertos", se sacudan, griten o lloren en tales momentos. Los casos genuinos de estas experiencias no representan contorsiones psicológicas o expresiones de frustración o desesperación reprimidas; más bien, estos sucesos son simplemente signos de un cuerpo saturado por el "toque del Dios Vivo". Si los pentecostales estuvieran familiarizados y cómodos con el idioma, podrían unirse a Teresa de Ávila para llamar a este sentido de la divina "teología mística".

---

[80] En "Pentecostal Aesthetics," véase, Smith, *Thinking in Tongues*, 80–85.

¿Una Tradición Mística?

Conclusión

En este capítulo he tratado de situar el lenguaje de la mística dentro del discurso teológico cristiano para que pueda ser útil para la narración de la identidad pentecostal. El pentecostalismo puede identificarse como una tradición mística dentro de la iglesia católica, pero sólo si reconocemos las características místicas del cristianismo que sostienen que el conocimiento de Dios es tanto intelectual como relacional. Una vez que lo hacemos, podemos reconocer que los pentecostales operan implícitamente fuera de la sensibilidad mística en el etos que sostienen con respecto a la adoración y cómo a su vez refleja su creencia de que Dios se involucra y se encuentra con aquellos que tienen sed de Dios. El objetivo final es un sentido de lo divino que es, en resumen, transformador. Como comenta Warrington, "Una experiencia con Dios puede cambiar la vida más que un conocimiento enciclopédico de Dios. . .. Por lo tanto, los pentecostales valoran los encuentros basados en la experiencia con Dios porque tienen el potencial de transformar a los creyentes. Creen que, si Dios inicia una experiencia, debe ser para transformar positivamente al individuo en cuestión".[81] En este sentido particular, los pentecostales se pueden identificar como místicos modernos. Las dimensiones místicas del cristianismo antiguo no están muertas para aquellos que tienen "ojos para ver" y "oídos para escuchar" de otra manera.

---

[81]Warrington, *Pentecostal Theology*, 26.

CAPÍTULO 3

La Forma Epistemológica de la Teología Evangélica

Pasamos ahora a una tercera dimensión de nuestro argumento general, a saber, cómo el pentecostalismo se relaciona con el evangelismo, particularmente de la variedad estadounidense. El presente capítulo está estratégicamente ubicado, dado que los capítulos 1 y 2 examinaron los cambios dentro del paisaje teológico, que a su vez han influido en el evangelismo de manera importante. Esta influencia tiene que ver, una vez más, con el tema del método teológico.

En el capítulo 2 se hizo mención de la reflexión de Ellen Charry sobre el cambio de método en teología durante la era moderna. En este momento, las doctrinas cristianas perdieron en gran parte su calidad prescriptiva y se centraron más en la abstracción y la teorización. En una nota al pie, Charry cita una perspicaz afirmación de David Dawson, quien establece conexiones entre las transiciones experimentadas en la teoría literaria y en la teología en el momento: "La teología académica se convirtió en método teológico casi al mismo tiempo que la crítica literaria práctica se convirtió en teoría literaria, y tal vez por la misma razón, como una estrategia apologética o proteccionista de los humanistas que se vieron cada vez más marginados por el creciente prestigio de la ciencia y la tecnología en la universidad."[1] Observe la mención de Dawson de "una estrategia apologética o proteccionista" perseguida por aquellos que fueron empujados al borde de la relevancia cultural por un nuevo orden científico y tecnológico. Este punto debe tenerse en cuenta a medida que avanzamos para considerar los rasgos epistemológicos particulares del evangelicalismo estadounidense. ¿Por qué? En gran parte debido a un desarrollo muy inquietante. Mientras que he argumentado aquí que la vida cristiana en general comercia con los santos misterios, el movimiento

---

[1] David Dawson, *Literary Theory: Guides to Theological Inquiry* (Minneapolis: Fortress, 1995), como se cita en Ellen T. Charry, *By the Renewing of Your Minds: The Pastoral Function of Christian Doctrine* (Oxford: Oxford University Press, 1997), 31n5.

La Forma Epistemológica de la Teología Evangélica

evangélico estadounidense, aunque cita a las Escrituras como su única y verdadera autoridad, ha fallado significativamente en dar cuenta de las cualidades cargadas de misterio de esta vida. Gran parte de este fracaso es atribuible a cuestiones epistemológicas. Ya hemos visto indicios de esta dificultad incluso en una obra tan prometedora como *El Misterio de Dios* de Boyer y Hall. A pesar de su apelación al misterio, que según ellos debe trascender la razón debido a la superabundancia de la vida de Dios, sin embargo, se sienten obligados a dar a la razón algún tipo de reconocimiento prevaleciente, diciendo torpemente que, aunque trascendida, la razón todavía debe operar. Por supuesto, la reflexión teológica está orientada a la razón; nosotros como criaturas somos racionales y usamos nuestras capacidades racionales en nuestros esfuerzos teológicos. La referencia a la razón en la presentación de Boyer y Hall, sin embargo, es incómoda por su inclusión como una especie de postdata, como si su presencia fuera necesaria para registrarse, incluso si se tratara de una idea de último momento. Su suposición implícita es que cualquiera que sea la teología, incluso la teología que rodea el misterio de Dios debe afirmarse como racional en algún sentido. Uno podría hipotetizar que un miedo es operativo en Boyer y Hall en particular y dentro del evangelicalismo en general, uno que tiene que ver con evitar ciertas alternativas metodológicas. Si esta hipótesis es cierta, algunas opciones deben evitarse y otras deben mantenerse a toda costa.

A la luz de estos y otros detalles que rodean las formas epistemológicas y metodológicas que la teología evangélica ha tomado a través de los siglos, uno podría aventurar la siguiente tesis: la historia del evangelismo estadounidense en particular puede ser contada como la historia de cómo la teología cristiana fue sobre-determinada por la metodología. Por supuesto, el evangelismo estadounidense se puede narrar de varias maneras, pero a los efectos de este estudio, es importante resaltar cuán importantes asuntos epistemológicos y metodológicos se han arraigado dentro de los esfuerzos teológicos de este capítulo del cristianismo estadounidense. Tal vez por preocupaciones tanto apologéticas como proteccionistas, el evangelismo estadounidense absorbió y adoptó una metodología teológica muy específica, desarrollada especialmente con referencia continua a la razón.

Para fines de perspectiva, Charry demuestra ser útil una vez más para mostrar cómo la razón cambió de la Edad Media a la modernidad en la reflexión teológica (aunque lo que hemos entretenido hasta ahora podría matizar esta afirmación): "El uso de la razón en teología había comenzado como ayuda a la revelación por teólogos como Anselm y Thomas. Pero a pesar de su insistencia de que la fe debe buscar la comprensión, la razón como herramienta de conocimiento absoluto adquirió una vida propia que se inclinó en la dirección de negar la inteligibilidad de las afirmaciones cristianas a menos que el conocimiento de Dios fuera demostrable empírica o racionalmente."[2] Los evangélicos estadounidenses abrazaron y promovieron esta usurpación de la reflexión teológica por la razón, y los signos de esta capitulación estuvieron muy presentes en los desarrollos de las formas de esta tradición cristiana en los siglos XIX y XX. En lugar de resistir críticamente y creativamente a las fuerzas que promovían la marginación de la teología cristiana, los evangélicos estadounidenses buscaron emplear esas fuerzas, consciente o inconscientemente, como un "saqueo de los egipcios", en formas que lamentablemente condujeron a una especie de desenredo intelectual. Ese esfuerzo fue en gran medida metodológico, impulsado por un relato implícito de la razón que enmarcó las Escrituras como una base epistemológica que se cohesionó sobre la base de una explicación dada de la verdad, una que era moderna en su núcleo.

Comprender el Término "Evangélico"

Como se señaló en las primeras páginas de este trabajo, "evangelicalismo" es un término impugnado, utilizado para describir un número de electorados en una miríada de contextos. Como evidencia de esta dinámica, considérese la década de 1970, cuando una floreciente industria dentro del campo de la historia religiosa estadounidense fue el trabajo de especificar y delinear el "evangelicalismo" en la escena estadounidense, una tendencia sin duda motivada por un resurgimiento de la influencia evangélica en la política esfera (especialmente en la elección de Jimmy Carter a la presidencia y en el ascenso de la mayoría moral). En el calor de estos debates académicos, se propusieron y deliberaron varias posibilidades. Donald Dayton, por ejemplo, quería descartar el término "evangélico" porque, en su opinión, se usaba con demasiada frecuencia como una categoría sombrilla que tenía como objetivo explicar demasiada diversidad (que, según algunas propuestas, incluiría al menos una docena de tradiciones distintas). En esta lectura, simplemente no hay forma de usar el término "evangélico" de una manera tan amplia sin disminuir y pasar por alto diferencias muy importantes dentro de los propios grupos subsumidos.[3] Si el término continuara siendo utilizado, una representación

---

[2] Charry, *By the Renewing of Your Minds*, 10.
[3] Véase ensayos de Dayton en Donald W. Dayton y Robert K. Johnston, eds., *The Variety of American Evangelicalism* (Downers Grove, IL: InterVarsity, 1991).

o una facción necesariamente buscarían ser primarias y triunfar sobre las demás, que es lo que Dayton sospechó que era el caso con personas como Bernard Ramm, quien promovió lo que Dayton ha llamado el "paradigma presbiteriano" en el replanteo de la identidad evangélica.[4]

A pesar de las reservas legítimas de Dayton, sin embargo, el término continúa manteniendo su prominencia en la escena estadounidense de hoy. Sin lugar a dudas, las razones que contribuyen a este uso incluyen la conveniencia y las formaciones partidistas que surgen de su implementación. Las observaciones de George Marsden siguen sonando verdaderas, a saber, que la palabra "evangélico" tiende a solidificar las lealtades y demarcar los límites de una manera que ni siquiera los lazos denominacionales lo hacen.[5] Simplemente hay demasiada importancia política y cultural en torno al término para que se abandone. Pero Dayton tiene razón: su uso tiene costos significativos, uno de los cuales es la borrosidad y la evitación de los matices. Por lo tanto, las personas continúan reteniendo y aun debatiendo la categoría, agregando subcategorías y ofreciendo amplias narrativas para hacer que el término haga algún tipo de trabajo.

Una propuesta en este sentido es el relato de Timothy Weber sobre tres importantes grupos históricos que podrían identificarse como la formación de la amplia tradición evangélica. Para una primera categoría, Weber cita a los reformadores protestantes y el etos general que cultivaron con respecto al pecado, la iniciativa divina, la experiencia religiosa personal, la primacía de la Escritura, etc. Weber llama a esta rama *evangelicalismo clásico*. El segundo grupo que menciona es el evangelicalismo pietista, que involucraría los despertares espirituales y los avivamientos de los siglos XVIII y XIX a ambos lados del Atlántico, incluyendo el anabaptismo, el puritanismo, el metodismo y otros. Y, por último, Weber menciona el *evangelicalismo fundamentalista*, que son los "principalmente conocidos por su rechazo del pensamiento liberal, crítico y evolutivo y su fuerte defensa de unos pocos 'fundamentos' cristianos en oposición a varios modernismos."[6] Este grupo se consolidó en gran medida a principios del siglo XX y se asocia en particular con una serie de acontecimientos durante la década de 1920.

---

[4] Ver particularmente a Donald Dayton, "The Limits of Evangelicalism: The Pentecostal Tradition," en Dayton y Johnston, eds., *The Variety of American Evangelicalism*, 49. El trabajo en cuestión es Bernard L. Ramm, *The Evangelical Heritage* (Waco, TX: Word Books, 1973).

[5] Véase, George Marsden, "Introduction: The Evangelical Denomination," en *Evangelicalism and Modern America*, ed. Marsden (Grand Rapids: Eerdmans, 1984), ix.

[6] Timothy P. Weber, "Fundamentalism Twice Removed: The Emergence and Shape of Progressive Evangelicalism," en *New Dimensions in American Religious History*, ed. Jay P. Dolan and James P. Wind (Grand Rapids: Eerdmans, 1993), 264–65.

Para bien o para mal, en la escena estadounidense, este tercer y último grupo continúa moldeando las asociaciones del término entre las masas. Nuevamente, ningún grupo puede reclamar el idioma exclusivamente, pero se asume que este grupo en particular establece el tono de lo que el término puede significar en la esfera pública más amplia. Este último grupo es interesante porque puede decirse que ha surgido debido a una crisis particular.

Esta lectura ha sido adoptada por muchos, incluido Stanley Grenz, quien se consideraba evangélico, pero que sin embargo deseaba reformular el evangelicalismo de maneras diferentes a esta tradición. Según Grenz, el cambio de siglo XX en muchos sentidos constituyó un colapso de la "era dorada" del siglo XIX del evangelismo en los Estados Unidos, por las siguientes razones: "el fracaso de los de avivamiento en capturar la mente de la época", la perturbación sociológica que siguió a la inmigración de pueblos no protestantes y el fermento intelectual desencadenado por las teorías evolutivas atribuidas a Darwin".[7] El colapso fue evidente en las controversias modernistas-fundamentalistas de la década de 1920, que en general formaban parte de una división más amplia dentro del protestantismo estadounidense, una que finalmente condujo a designaciones "liberales" y "conservadoras", que todavía operan en la actualidad. Algunos son incluso más específicos que el relato de Grenz y dicen que, entre los años 1870 y 1920, el evangelismo en los Estados Unidos perdió su base cultural.[8] En cuestión de décadas, se produjo un cambio significativo, dejando a un grupo de cristianos conservadores para condenar la cultura con un "espíritu militante y separatista."[9]

Después de la Segunda Guerra Mundial hubo un renovado sentido de coalición entre los evangélicos protestantes. La narrativa de Robert Webber retoma en este punto, ya que menciona tres tipos de evangélicos estadounidenses de mediados del siglo XX: los evangélicos tradicionales (1950-75), pragmáticos (1975-2000) y más jóvenes (2000-).[10] Resumiré estos en orden inverso. En opinión de Webber, el tercer grupo aún está

---

[7] Stanley J. Grenz, *Revisioning Evangelical Theology: A Fresh Agenda for the Twenty-First Century* (Downers Grove, IL: InterVarsity, 1993), 24. También se deben mencionar factores tales como la prominencia creciente en América de metodologías histórico-críticas en erudición bíblica, urbanización rápida, secularización creciente y mayor pluralismo religioso.

[8] George M. Marsden, "From Fundamentalism to Evangelicalism: A Historical Analysis," en *The Evangelicals: What They Believe, Who They Are, Where They Are Changing*, ed. David F. Wells y John D. Woodbridge, rev. ed. (Grand Rapids: Baker, 1977), 143. Marsden ha variado ligeramente el rango de tiempo en otro lugar; ver su *Reforming Fundamentalism: Fuller Seminary and the New Evangelicalism* (Grand Rapids: Eerdmans, 1987), 4, donde propone el período comprendido entre los años 1890 y 1930.

[9] Weber, "Fundamentalism Twice Removed," 265.

[10] Robert E. Webber, *The Younger Evangelicals* (Grand Rapids: Baker, 2002).

La Forma Epistemológica de la Teología Evangélica

emergiendo, y su forma general y enfoque están en muchos aspectos por determinar. El atractivo de Webber a la evidencia personal y anecdótica para este grupo lo demuestra. El segundo grupo es "pragmático" en el hecho de que fue y continúa enfocándose en una orientación de la religiosidad cristiana impulsado por el mercado, amigable con los buscadores y el crecimiento de la iglesia. Los pastores principales son funcionalmente considerados en términos de gerentes, sus mega-iglesias generalmente están en áreas suburbanas, y su objetivo es proporcionar experiencias significativas para quienes asisten a la iglesia. El primer grupo, los "tradicionalistas", intentaron estar en línea con los compromisos fundamentalistas (particularmente en su representación reformada y en gran medida relacionados con el tema de la inerrancia bíblica), pero -a diferencia de los fundamentalistas- deseaban comprometerse más con la sociedad en lo ecuménico, político y preocupaciones intelectuales.[11] Este grupo a veces ha sido etiquetado como neo-evangélico o simplemente evangélico, dado que estas designaciones se consideraron más preferibles en el momento que el término "fundamentalismo". Esta corriente es responsable del surgimiento de un evangelicalismo institucionalizado visto sobre todo en los comienzos de la Asociación Nacional de Evangélicos (1942), la fundación del Seminario Fuller (1947), el establecimiento del periódico *Cristianismo Hoy* (1949) y el ministerio de Billy Graham, venerado desde hace mucho tiempo.

    A pesar de todos los desarrollos y diversidad observados en muchas de las narrativas históricas que rodean el evangelismo estadounidense, los grupos fundamentalistas (por categorías de Timothy Weber) y tradicionalistas o neo-evangélicos (según la tipología de Robert Webber) serán el tema de lo que sigue. En conjunto, esta trayectoria fundamentalista y neo-evangélica ha moldeado significativamente lo que el término "evangelicalismo" significa en la escena estadounidense contemporánea. La justificación para el vínculo entre estos grupos es que participan de una perspectiva teológica común, incluso si son diferentes en otros aspectos. Ambos grupos podrían afirmar la descripción del etos evangélico a menudo citada de David Bebbington como el convertismo (el llamado a cambiar vidas), el activismo (un deseo de compartir la fe cristiana), el biblicismo (la estima particular de la Biblia como única

---

[11] El manifiesto para este enfoque es Carl F. H. Henry, *The Uneasy Conscience of Modern Fundamentalism* (Grand Rapids: Eerdmans, 1947).

autoridad), y el crucicentrismo (un énfasis en la crucifixión de Cristo en la obra de la salvación).[12]

Pero si uno mirara más de cerca a esta familia teológica, algo más determinado los ligará: un cierto paradigma epistemológico que asegura la verdad de una manera muy particular. Estos grupos comparten una tendencia escolástica; ellos típicamente racionalizan la fe cristiana de tal manera que deja poco espacio para una sensibilidad mística. La inclinación a la racionalización se traiciona a sí misma generalmente en términos de cómo la Biblia conceptualmente se considera autoritativa e inspirada. Ambos grupos (e incluso los posteriores evangélicos más allá de este capítulo particular) consideran apropiado hablar de la Biblia como inerrante porque se supone que solo este tipo de afirmación asegurará su veracidad por encima y contra las presiones modernas representadas en la erudición bíblica histórico-crítica, teoría evolutiva y debates en torno a orígenes cosmológicos y humanos. Como muchos se han lamentado ante tales presiones, sin algo tan conceptual, moral y prácticamente demarcado como "inerrancia", uno tiene la posibilidad de relativizar el testimonio bíblico apelando a la metáfora, el simbolismo, el género literario, etc. Y una vez que tal reinterpretación ocurre con temas como, por ejemplo, la historicidad de Adán y Eva o la datación de Daniel, a menudo se asume que el efecto de "pendiente resbaladiza" llevará a cuestionar la legitimidad y la veracidad del evangelio mismo.

Muchos evangélicos han defendido la afirmación de la inerrancia de la Biblia en la escena estadounidense de una manera que revela una cierta militancia epistemológica, una que obliga a una persona a tomar partido con respecto a la veracidad de la Biblia, una vez más entendiéndola de una manera muy particular. manera moderna. Esta militancia ha surgido de innumerables maneras en una variedad de formas. Uno de los casos más populares ocurrió en la década de 1970, cuando Harold Lindsell publicó su libro *Batalla por la Biblia* (1976).[13] Poco después, se formuló la Declaración de Chicago sobre la Inerrancia Bíblica (1978), un documento al que se recurrió repetidamente como una forma de construir un amplio consenso. Las purgas institucionales, las divisiones denominacionales, las iniciativas estratégicas y esfuerzos similares han contribuido colectivamente al sentido compartido por muchos de que, para ser

---

[12] Véase David W. Bebbington, *Evangelicalism in Modern Britain: A History from the 1730s to the 1980s* (London: Unwin Hyman, 1989), 2–3 (elaborado más completamente en 2-19). Curiosamente, Bebbington está hablando del contexto británico, pero estos temas también resuenan con las principales características del evangelismo estadounidense y, por lo tanto, a menudo se citan en términos de este último.

[13] Harold Lindsell, *The Battle for the Bible* (Grand Rapids: Zondervan, 1976); la continuación de este volumen continuó este tipo de trabajo; ver *The Bible in the Balance* (Grand Rapids: Zondervan, 1979).

evangélico, uno necesita suscribirse a la inerrancia bíblica. De lo contrario, uno estaría en una situación precaria, deslizándose inevitablemente hacia la herejía y la heterodoxia, es decir, ceder a las presiones culturales y mundanas para renunciar a los fundamentos de la fe cristiana.

En lo que sigue, deseo mirar más de cerca este paradigma epistemológico. Ciertamente es el caso de que muchos evangélicos lo hayan rechazado y hayan buscado algo diferente. Los ejemplos aquí incluyen a los evangélicos "jóvenes" y "progresistas" que Webber y otros citan.[14] Y, sin embargo, argumentaría que este paradigma epistemológico moderno acecha continuamente el etos evangélico de diversas maneras hasta el día de hoy. La inerrancia es un shibboleth de la cultura evangélica; tal vez se pueda afirmar directamente, matizar de forma privada e individual, o tratar de manera informal y, por lo tanto, apartarse convenientemente, pero con demasiada frecuencia no se debate ni se considera con el objetivo de examinar su formulación y significado reales. Por lo general, se presenta como una presuposición y como una insignia para la negociación "interno-externo". Como un principio indiscutible para muchos creyentes en términos de la identidad central del evangelicalismo, la inerrancia resurge continuamente de la misma manera probada y desgastada como un grito de guerra para promover la consolidación evangélica.[15] Por lo tanto, lo que contribuye a hacer que la visión de la inerrancia de la Biblia sea plausible -la epistemología en acción- rara vez se considera en sus propios términos. Sin hacerlo, es difícil, si no imposible, comprender su contexto, que es necesario para evaluarlo adecuadamente.

Esta situación lamentablemente ha pasado factura al espíritu pentecostal, tanto históricamente como en la actualidad. Sin los recursos

---

[14] Para otra cuenta de este grupo, véase Richard Quebedeaux, *The Young Evangelicals: The Story of the Emergence of a New Generation of Evangelicals* (San Francisco: Harper & Row, 1974). Curiosamente, el papel que Fuller Theological Seminary ha desempeñado en estas dinámicas es considerable. Mientras que Lindler disculpa directa y repetidamente a Fuller, Quebedeaux lo alaba efusivamente.

[15] Dada esta historia de una forma continuamente resucitada de "evangelicalismo tradicional", Webber puede ser un poco demasiado optimista acerca de dónde cree que están las cosas actualmente. Hablando de un evangelicalismo cultural que se vinculó a las formas de pensamiento modernas, comenta: "El dilema actual del evangelicalismo moderno del siglo XX es que el paradigma cultural del siglo XX en el que se explicó, proclamó y defendió la fe evangélica ha llegado a un final" (Webber, *The Younger Evangelicals*, 15). Ciertamente, este paradigma ha sido cuestionado y, por lo tanto, desestabilizado como resultado, pero la situación actual no representa un cambio pronunciado y transitorio. Más bien, el escenario contemporáneo es liminal, mostrando signos de vitalidad con respecto a las tres categorías. En un momento como el nuestro en el que la incertidumbre, el terrorismo y la globalización son preocupaciones desenfrenadas, muchos han encontrado que el más antiguo de los tres paradigmas es una especie de consuelo, un ancla para mantener cierta sensación de seguridad y estabilidad en un mundo en constante cambio.

conceptuales para contextualizar la dependencia del evangelicalismo de las sensibilidades epistemológicas modernas, los pentecostales a menudo han asumido que solo hay una manera de asegurar la veracidad de la Biblia —el camino evangélico— antes de las controversias modernistas-fundamentalistas. A pesar de lo difícil que fue acomodar a los evangélicos en cierto sentido, los pentecostales ciertamente los vieron como aliados por encima y en contra de los liberales protestantes. Dadas las aparentes opciones disponibles, los pentecostales -a pesar de cómo tradicionalmente han leído y comprometido las Escrituras en sus prácticas de adoración- se han encontrado repetidamente defendiendo una doctrina de la Escritura (y una epistemología que la basó) que finalmente está en tensión con los instintos e intuiciones presentes en su espiritualidad.

Deseo argumentar que la metodología teológica en el trabajo en el linaje fundamentalista / neo-evangélico es precisamente una que no puede ser acomodada a la identidad pentecostal cuando está significativamente marcada por su orientación mística. El tema central de este capítulo es mostrar por qué este es particularmente el caso de posiciones teológicas específicas expresadas por representantes de los siglos XIX, XX y XXI. El capítulo concluye con algunos asuntos pertinentes de interés histórico y teológico para los pentecostales en su intento por reclamar una identidad en consonancia con el tipo de epistemología que sostiene sus impulsos místicos.

"El Antiguo Princeton"

El llamado Antiguo Princeton era un fenómeno teológico que encarnaba en muchos sentidos una serie de tendencias evangélicas en teología que se asociaron con el siglo XIX y que continuarían hasta el siglo XX. El nombre se refiere a varias figuras significativas asociadas con el Seminario Teológico de Princeton desde su fundación en 1812 hasta la última parte del siglo XIX. Estos estudiosos incluyen a Archibald Alexander (1772-1851), Charles Hodge (1797-1878), Archibald Alexander Hodge (1823-86) y Benjamín Breckinridge Warfield (1851-1921).

Una de las características más destacadas del Antiguo Princeton fue su dependencia de la Ilustración escocesa por su fundamento epistemológico y metodológico. Tal entrelazamiento no es sorprendente: tanto la Ilustración escocesa como las características significativas de la cultura estadounidense prosperaron en un contexto influenciado en diversos grados por el calvinismo. Pero incluso con esta admisión, hay más detalles que vale la pena mencionar con respecto a los detalles de cómo esta rama de la Ilustración fue tan influyente. Al hablar de la Ilustración como un todo, Henry May ha propuesto cuatro etapas diferentes y analiza la influencia de cada una en la escena estadounidense.[16] Sus etapas son:

> Moderado / Racional (marcado por figuras como Newton y Locke y dominante en Inglaterra hasta mediados del siglo XVIII).
> Escéptico (caracterizado por ingenio, presente tanto en Gran Bretaña como en Francia, representado por Voltaire, Hume y Holback).
> Revolucionario (ejemplificado por Rousseau, Paine y Godwin, que representan una tendencia a establecer un nuevo reino al deshacerse del viejo).
> Didáctico (el punto en el que cierta parte de la Ilustración escocesa se hizo tan popular en Estados Unidos).

La Ilustración didáctica figuraba tan prominentemente en Estados Unidos porque ayudó a abordar dos desideratas que tenía la nación emergente que salía de su período revolucionario. Según May, "los estadounidenses querían creer de inmediato en el progreso social e incluso científico y en principios morales invariables". Con estas necesidades sentidas por "los primeros constructores de la cultura oficial estadounidense del siglo XIX", los únicos maestros europeos adecuados que se pueden encontrar fueron los "filósofos del sentido común de Escocia."[17] Una fuerte confluencia de factores estaba operando así.

La filosofía del sentido común escocés, o simplemente el realismo de sentido común, fue encabezada por Thomas Reid (1710-96), un clérigo presbiteriano que alguna vez ocupó las cátedras de filosofía moral en las Universidades de Aberdeen y Glasgow. Reid reaccionó ante el obispo Berkeley y David Hume (un amigo personal) al buscar una línea de pensamiento aún más escéptica: Reid sostuvo que la duda que introdujeron estos escépticos también debería ser cuestionada; en otras palabras, su duda también debería ponerse en duda en sus propios términos, lo que llevaría a un acertijo filosófico y haría que Reid creyera que un camino a seguir era mirar no los particulares e idiosincrásicos problemas de los filósofos sino las suposiciones de la gente común. Este último operaba y asumía correspondencia, causalidad, predictibilidad y una serie de otras cosas cuestionadas por los escépticos, y dada la

---

[16] Ver ampliamente Henry F. May, *The Enlightenment in America* (New York: Oxford University Press, 1976).
[17] May, *The Enlightenment in America*, 342.

popularidad y el relativo éxito de estas suposiciones "sobre el terreno", Reid creía que esta dosis de "sentido común" debería refinar propuestas filosóficas, ya que tienden hacia la abstracción y la irrelevancia en manos de los filósofos profesionales. La suposición era que "la gente normal, usando responsablemente la información provista por sus sentidos, realmente entendió. . . el mundo real", y a su vez podrían emitir juicios sobre la base de ese conocimiento.[18] Dugald Stewart (1753-1828), un estudiante de Reid que tenía un puesto similar al de Reid en la Universidad de Edimburgo de 1785 a 1809, siguió esta línea de pensamiento y fue bastante influyente, tanto en su contexto nativo como en los Estados Unidos.

En la escena estadounidense, esta unión de fe, moralidad y educación bajo la sombrilla del realismo de sentido común estaba ocurriendo ya en América antes de la guerra. Francis Bacon (1561-1626) fue objeto de repetidos llamamientos en este contexto, hasta tal punto que un erudito se ha referido a la "beatificación de Bacon" en la conciencia de la floreciente nación en este momento.[19] Este es un desarrollo muy curioso, dado que Bacon, aunque a menudo alabado como el fundador del método científico, rara vez fue mencionado por la *intelligentsia* en el período inmediatamente posterior a su muerte. Newton y Locke, así como Hume, Smith y Paley, a menudo no se referían a Bacon, a pesar de ser algunos de los intelectuales de habla inglesa más importantes en los siglos posteriores a Bacon. Y, sin embargo, durante las primeras décadas del siglo XIX, se hizo referencia a "la filosofía de Bacon" con un tono de asombro y reverencia.[20] Este desarrollo fue sin duda debido a la influencia intelectual y cultural de varios pensadores escoceses (especialmente Reid y Stewart, pero también George Campbell, James Beattie y Thomas Brown).[21]

La influencia que esta escuela de pensamiento tuvo en la conciencia estadounidense fue en gran parte metodológica. La creencia sostenida a raíz de esta influencia escocesa fue que "la verdad de Dios era un solo orden unificado y que todas las personas de sentido común eran capaces de conocer esa verdad."[22] Con tal versión de la verdad en su lugar, los

---

[18] Mark A. Noll, "Introduction," en *The Princeton Theology, 1812–1921*, ed. Noll (Grand Rapids: Baker, 1983), 31.
[19] Theodore Dwight Bozeman, *Protestants in an Age of Science: The Baconian Ideal and Antebellum American Religious Thought* (Chapel Hill: University of North Carolina Press, 1977), 72–74. Como señala Bozeman, parte de esta tarea consistía en presentar a Bacon y Newton como ejemplos de piedad protestante a fin de ofrecer una visión en la que las ciencias y el cristianismo pudieran armonizarse.
[20] Para un resumen condensado de esta vista, véase Bozeman, *Protestants in anAge of Science*, 21.
[21] Para más información sobre esta relación, véase Douglas Sloan, *The Scottish Enlightenment and the American College Ideal* (New York: Teachers College Press, 1971).
[22] George M. Marsden, *Fundamentalism and American Culture*, 2nd ed. (Oxford: Oxford University Press, 2006), 14.

primeros educadores estadounidenses respaldaron el realismo del sentido común a tal grado que se convirtió en la escuela dominante de pensamiento filosófico que se enseñaba en los colegios estadounidenses durante gran parte del siglo XIX. Parte de esta prominencia se debió a que muchas de las universidades de la época estaban dirigidas por calvinistas moderados. Los presidentes de estas escuelas solían ser clérigos, y generalmente enseñaban varias clases, incluida la filosofía moral.[23] Estos factores contribuyeron a un conjunto de condiciones en las que "a pesar de la competencia de diversas formas del Idealismo Romántico, el Realismo de Sentido Común permaneció incuestionablemente *la* filosofía estadounidense" durante el período de tiempo.[24]

Con esta perspectiva metodológica establecida, los cristianos a menudo la usaron en apologética para defender la veracidad y la razonabilidad de su fe. Marsden comenta: "Especialmente en los siglos XVIII y XIX, los defensores del cristianismo recopilaron asiduamente evidencias de las ciencias naturales para confirmar las verdades reveladas en las Escrituras. Apologistas estadounidenses del siglo XIX... típicamente basan sus apologéticas en principios explícitamente baconianos."[25] En estos esfuerzos, las hipótesis y las especulaciones metafísicas fueron vilipendiadas, y la observación y las certezas objetivas fueron privilegiadas. El orden moral (así como la economía política, la estética y muchos otros temas) se podía entender de esta manera, ya que el universo físico operaba como tal y, finalmente, se confesó que Dios es la fuente de ambos. Por lo tanto, cuando los cristianos de la época hablaban de la verdad revelada de Dios, se inclinaban a utilizar este enfoque epistemológico de "talla única". La verdad es una, ya sea bíblica, moral o científica, y, por lo tanto, los métodos para determinar la verdad también deben estar unidos.

Relacionando esta escuela con Princeton, Noll cree que la filosofía escocesa vino de Escocia a Estados Unidos en su forma más completa a través de John Witherspoon, quien se convirtió en el presidente de la Universidad de Princeton en 1768. Otros nombres que se incluirán aquí son William Graham, Ashbel Green (que se convirtió en presidente de Princeton en 1812), y el "último gran defensor de la filosofía escocesa", James McCosh (llamado a la presidencia de Princeton en 1868).[26] Como demuestran estos muchos nombres, se desarrolló una cultura en Princeton

---

[23] May, *The Enlightenment in America*, 346–48.
[24] Marsden, Fundamentalism and American Culture, 14.
[25] George M. Marsden, *Understanding Fundamentalism and Evangelicalism* (Grand Rapids: Eerdmans, 1991), 162.
[26] Noll, "Introduction," 31–32.

en la que esta orientación filosófica era primaria. De muchas maneras, Princeton representó el bastión del realismo de sentido común en la escena estadounidense, y el movimiento se perpetuó intergeneracionalmente y en todas las instituciones (es decir, entre la universidad y el seminario). Se pueden dar muchos ejemplos de este contexto para ilustrar este punto, pero aquí exploro uno: *la Teología Sistemática* de Charles Hodge, uno de los incondicionales de la escuela de pensamiento del Antiguo Princeton.

Al principio de este trabajo, Hodge aclara sus puntos de vista metodológicos, comenzando (como era de esperar) con una analogía de las ciencias duras como la astronomía y la química. Las primeras palabras de su sistemática multivolumen son las siguientes: "En toda ciencia hay dos factores: hechos e ideas; o hechos y la mente. La ciencia es más que conocimiento. El conocimiento es la persuasión de lo que es verdadero en la evidencia adecuada. Pero los hechos de la astronomía, la química o la historia no constituyen la ciencia de esos departamentos del conocimiento". Hodge continúa especificando qué debe involucrarse con una ciencia, tomando como ejemplo la teología: "Si. . . la teología sea una ciencia, debe incluir algo más que un mero conocimiento de los hechos. Debe abrazar una exposición de la relación interna de esos hechos, uno con otro y cada uno con todos. Debe poder demostrar que, si uno es admitido, otros no pueden ser negados."[27] Con esta comprensión en mente, Hodge cree que la Biblia presenta los "hechos" o "verdades" de la fe,[28] que "el teólogo debe recopilar, autenticar, organizar y exhibir en su relación interna entre sí". En resumen, el teólogo -como el científico- tiene que "determinar las leyes por las cuales [los hechos] están determinados."[29]

Este enfoque tiene todos los méritos de un sistema de pensamiento baconiano. Expone la Biblia de una manera muy específica, como lo indica la siguiente cita: "La Biblia es para el teólogo lo que la naturaleza es para el hombre de ciencia. Es su almacén de hechos; y su método para determinar lo que la Biblia enseña es el mismo que el filósofo natural adopta para determinar lo que la naturaleza enseña."[30] Sin la debida atención a la naturaleza problemática de dicha exposición, Hodge simplemente asume que las Escrituras presentan los "hechos" de la fe y que los teólogos deben detectar las "leyes" o principios que los mantienen

---

[27] Charles Hodge, *Systematic Theology*, 3 vols. (Peabody, MA: Hendrickson, 2003; orig. pub., 1872–73), 1:1.
[28] Hodge usa este lenguaje para dar cuenta de las afirmaciones de la Biblia; véase *Systematic Theology*, 1:2.
[29] Hodge, *Systematic Theology*, 1:1.
[30] Hodge, *Systematic Theology*, 1:10.

unidos.³¹ Esta última actividad es necesaria por la estructura misma del conocimiento humano. Como Hodge comenta de una manera apropiada para un teólogo sistemático, "Tal es la constitución de la mente humana que no puede evitar esforzarse por sistematizar y reconciliar los hechos que admite ser verdadera." Por lo tanto, no solo es este tipo de reflexión una necesidad, dado el modo en que los humanos procesan e interpretan el conocimiento, pero Hodge también dice que tal trabajo ayuda a las personas a alcanzar niveles superiores de conocimiento, está en línea con las funciones pastorales y de enseñanza, y finalmente es la voluntad de Dios, el último punto enfatizado una vez más en términos tomados de las ciencias naturales: "Como los hechos de la naturaleza están relacionados y determinados por leyes físicas, los hechos de la Biblia están relacionados y determinados por la naturaleza de Dios y de sus criaturas. Y como Él quiere que los hombres estudien sus obras y descubran su maravillosa relación orgánica y combinación armoniosa, así es su voluntad que estudiemos su Palabra y aprendamos que, al igual que las estrellas, sus verdades no son puntos aislados, sino sistemas, ciclos y epiciclos en una armonía y grandeza sin fin."³² Con estos muchos puntos, uno puede decir que la "beatificación de Bacon" realmente tuvo lugar a través de la influencia escocesa en Princeton.

Como tal, se abrió la puerta para la palabra más importante para describir la autoridad de las Escrituras que proviene de este marco de Bacon: inerrancia. Este idioma no es exclusivo del Antiguo Princeton, pero esta escuela ayudó a la causa. B. B. Warfield, en particular, hizo todo lo posible para hablar de la autoridad de la Biblia en términos de inspiración, que para él incluiría la inerrancia.³³ Hodge por su parte hace explícito el punto: "Si lo que [los escritores de las Escrituras] afirman, atestigua Dios, que, como se ha demostrado, es la idea bíblica de inspiración, sus afirmaciones deben estar libres de error."³⁴ En la mente de

---

³¹ Una cita de Arthur Pierson es apropiada aquí: "Un sistema Baconiano. . . primero reúne las enseñanzas de la palabra de Dios y luego busca deducir alguna ley general sobre la cual se pueden organizar los hechos" (citado en Marsden, *Fundamentalism and American Culture*, 56).
³² Hodge, *Systematic Theology*, 1:2, 3.
³³ Ver el artículo "Inspiration" (*PresbyterianReview*2, no. 6 [1881]: 225–60) por A. A. Hodge y B. B. Warfield como un último ejemplo de una perspectiva de "Old Princeton" que aborda las opiniones de la Biblia, incluida la inerrancia.
³⁴ Hodge, *Systematic Theology*, 1:163. Por un lado, Hodge no mantuvo la inerrancia tan rígidamente como algunas figuras lo hicieron posteriormente (véase, *Systematic Theology*, 1:169–70). Por otro lado, él también está dispuesto a abordar las objeciones directas de que la Escritura no tenga errores. En resumen, Hodge cree que la afirmación de que las Escrituras contienen errores se debería a dos factores: los autores se contradicen a sí mismos o su testimonio es inconstante con lo que la historia y la ciencia nos muestran como verdaderos. En el primer puntaje, Hodge cree que estas tensiones generalmente son de poca importancia y pueden deberse a varias razones, incluidas las fallas de la transcripción. En cuanto al último punto, Hodge cree que lo que las Escrituras proponen y lo que la

Hodge, cuando Cristo comentó que "la Escritura no puede ser quebrantada" (Juan 10:35), estaba dando a entender que no tenía error.[35] Tal es la posible consecuencia de un marco Baconiano cuando se aplica a la comprensión de la inspiración y la autoridad de la Escritura.

Esta estrategia de Bacon ayuda a los teólogos no sólo a determinar lo que es verdadero sino también a distinguir lo que es falso. Las falsas teorías en las ciencias, así como las falsas teologías, se extraviaron porque cometieron "errores en cuanto a los hechos."[36] Si los investigadores simplemente se sintonizan con los hechos y razonan de manera apropiada (es decir, inductivamente) respecto de ellos, entonces podrían desarrollar leyes apropiadas sobre cómo son las cosas. Presumiblemente, la lógica se mantendría para cosas como la gravedad, la luz y la termodinámica, así como el pecado, la felicidad y la voluntad de Dios. Es importante que este tipo de metodología, cuando se aplica a la teología, se asegure contra todo tipo de amenazas asumiendo una línea de base, o autoridad estable, en medio de un cambio rápido. La más alta crítica de la Biblia, el darwinismo, los efectos culturalmente desfavorecidos de la inmigración, etc., pueden cuestionarse y resistirse, ya que no toman en cuenta los hechos de la Escritura. Estos puntos de vista alternativos y altamente erróneos buscan volver a clasificar, explicar, o simplemente ignorar lo que está claramente disponible en la Biblia; permiten que las teorías determinen los hechos, pero esto es simplemente una fe errónea, del mismo modo que sería errónea la ciencia si tales prácticas se extendieran a las ciencias naturales.

Excursus: Hodge en Misticismo

Dado el tema de este libro, será útil explorar los puntos de vista de Hodge sobre el misticismo, que él expresa en un capítulo entero dentro de su Teología Sistemática. Hodge reconoce inmediatamente la dificultad de determinar a qué se refiere el misticismo. Él es consciente (aunque no usa estos términos) de que la noción puede ser utilizada en el campo de los estudios religiosos para hablar de fenómenos dentro de variadas tradiciones religiosas. Se basa en la siguiente comprensión amplia: "En un sentido amplio de la palabra, un místico es aquel que afirma ver o saber lo

---

ciencia indica es que el universo fue creado por un diseñador inteligente; el cristiano puede no ser capaz de dar cuenta de una serie de cosas, pero en este punto, el punto es indiscutiblemente racional. Véase, Hodge, *Systematic Theology*, 1: 169-70.

[35] Hodge, *Systematic Theology*, 1:163.

[36] Hodge, *Systematic Theology*, 1:11. Hodge hace esta afirmación en relación con la necesidad de que los científicos y teólogos demuestren diligencia y cuidado mientras realizan su trabajo.

que está oculto a otros hombres, ya sea que este conocimiento se obtenga por intuición inmediata o por revelación interior."[37] Hodge señala una serie de ejemplos del término en el cristianismo, incluida la escuela de Alejandría y el cuaquerismo, al tiempo que matiza y califica de qué manera este amplio término puede y no puede aplicarse a tales casos.

Para su crédito, Hodge describe la vida cristiana tanto como una realidad pneumatológica cuando habla de misticismo. Él señala: "Los cristianos evangélicos admiten una influencia sobrenatural del Espíritu de Dios sobre el alma, y reconocen una forma más elevada de conocimiento, santidad y compañerismo con Dios, como los efectos de esa influencia". Y, sin embargo, desea distinguir estos puntos. del término "misticismo", a pesar de su asociación por parte de ciertos autores cristianos que creen que esa base pneumatológica haría de cada verdadero creyente cristiano un místico apropiado. A lo que recurrimos en estas descripciones es precisamente la forma en que se debe entender el misticismo. Hodge cree que, en términos cristianos, el trabajo del Espíritu para iluminar, enseñar y guiar a los creyentes no se consideran características propiamente del misticismo. En cierto sentido, un marco místico puede entenderse como cualquier sistema que asigna "más importancia a los sentimientos que al intelecto,"[38] y si tal marco fuera admitido para la teología cristiana, entonces su ejemplificación principal sería Friedrich Schleiermacher. Pero Hodge es bastante claro que esta visión en última instancia no puede sostenerse para la elaboración del estilo de vida cristiano.

Para Hodge, los místicos "son aquellos que reclaman una comunicación inmediata del conocimiento divino y de la vida divina desde Dios al alma, independientemente de las Escrituras y el uso de los medios ordinarios de la gracia."[39] Dicho de otra manera, el misticismo es excesivamente subjetivo y, por lo tanto, no está atento a la objetividad de la revelación. El misticismo no es "científico", dado que está ligado a la ocultación del yo y la experiencia del individuo. Hodge se esfuerza mucho para mantener este tipo de comprensión, a pesar de los problemas que produce. Por ejemplo, Hodge distingue la experiencia mística de la iluminación del Espíritu. En un momento dice que Dios "tiene relaciones inmediatas con las almas de los hombres", justificando así la idea de que los cristianos son "espirituales"; sin embargo, en la mente de Hodge, la iluminación y el misticismo son diferentes en al menos tres puntos.

La primera diferencia está en términos del propósito de tal experiencia. Para los cristianos, la iluminación del Espíritu es para permitir el

---

[37] Hodge, *Systematic Theology*, 1:61.
[38] Hodge, *Systematic Theology*, 1:64.
[39] Hodge, *Systematic Theology*, 1:66.

discernimiento de la verdad que uno encuentra "objetivamente revelada" en la Biblia, mientras que la experiencia mística "comunica la verdad independientemente de su revelación objetiva. No pretende permitirnos apreciar lo que ya sabemos, sino comunicar nuevos conocimientos."[40]

Segundo, los dos difieren en la manera de lograr tales experiencias. Los cristianos buscarían el Espíritu apropiadamente a través de la oración y el uso diligente de los medios apropiados (uno asume aquí las disciplinas espirituales); el místico, por el contrario, busca sus intuiciones a través del descuido de todos los medios y la "supresión de toda actividad hacia adentro y hacia afuera". En este último caso está en funcionamiento una especie de pasividad, una que implica simplemente "esperar la afluencia de Dios en el alma."[41]

Finalmente, ambos difieren en cuanto a los efectos. Para el cristiano, el efecto de la iluminación es que la Palabra habita en nosotros en términos de sabiduría y entendimiento; para el místico, el efecto es una especie de auto absorción: "Lo que reside en la mente del místico son sus propias imaginaciones, cuyo carácter depende de su propio estado subjetivo; y sean lo que sean, son del hombre y no de Dios."[42]

Esta última cita, tan denunciatoria como es (y los Antiguos Princetonianos a menudo querían expresar sus puntos de vista en un mordaz estilo polémico), sugiere precisamente el problema para Hodge en la forma en que ha establecido este contraste. El misticismo para Hodge es en última instancia una categoría antropológica; tiene que ver con la personalización subjetiva y la privatización, descuidando a su vez cualquier recurso (incluidas las Escrituras) más allá de sí mismo para darle forma o sustanciarlo. El capítulo de Hodge es notable porque incluye un buen número de ejemplos de la tendencia mística en el cristianismo histórico, pero el marco contrastivo está establecido: Lo que estas personas hicieron y continúan haciendo es mirar introspectivamente y negar lo que Dios ha revelado objetivamente para que todos lo vean. A veces, han causado un gran mal porque su fundamento no era la Palabra de Dios sino la fantasía privada; han descuidado lo que Dios ha mostrado y, a su vez, han sido los autores de nuevas revelaciones. De manera reveladora, Hodge comenta que tal vez los autores y personajes de las Escrituras experimentaron una dinámica mística cristiana propia; estos, sin embargo, deben ser entendidos como milagros, y así como los últimos han cesado (así lo afirma), también lo ha hecho el primero. En otras palabras, el

---

[40] Hodge, *Systematic Theology*, 1:68.
[41] Hodge, *Systematic Theology*, 1:68.
[42] Hodge, *Systematic Theology*, 1:68.

rechazo de Hodge al misticismo cristiano también funciona a partir de un paradigma cesacionista.[43]

Uno reconoce que Hodge ha establecido su contraste de manera bastante conveniente. Ha representado el misticismo de la manera más insular posible, en gran medida como una estrategia para preservar sus compromisos metodológicos y epistemológicos sobre cómo funciona la revelación. En muchos sentidos, su presentación resulta bastante inconsecuente, ya que mientras en ocasiones desea enfatizar cuán fantástica y antropológica es la experiencia mística, en otros puntos está dispuesto a considerar auténticas experiencias cristianas de encuentro místico con Dios en la formulación de la Biblia.[44] La fuente de esta tensión es que finalmente está interesado en salvaguardar la objetividad y el carácter científico de la Biblia, ya que ha establecido tales asuntos al comienzo de su trabajo. Él no está dispuesto a permitir una recalibración neumática de ese sistema.[45] Es este marco el que no puede ser cuestionado, y debe ser protegido a toda costa, incluso si esto significa la caracterización injusta de varios pensadores y movimientos cristianos, así como un llamado a un paradigma cesacionista que de inmediato dirá que la lógica mística de la vida cristiana funcionó en una era anterior, pero ya no se aplica en esta dispensación presente, sin milagros. Para concluir, Hodge encuentra el misticismo como una amenaza para la tarea de atender lo que Dios ha revelado y hecho a través del tiempo. Su orientación epistemológica y hermenéutica le impide ver el misticismo cristiano (como lo he definido en el capítulo 2) como una característica de ese trabajo en el presente.

Fundamentalismo

El Antiguo Princeton representa una etapa de desarrollo en el protestantismo estadounidense en el que enfrentaba una serie de pruebas y desafíos culturales, que alcanzaron un punto frígido a principios de siglo. Como tal, las líneas de batalla se volvieron más arraigadas, y el paso de las

---

[43] Hodge, *Systematic Theology*, 1:97–98.
[44] Curiosamente, también alaba ciertas figuras de la historia cristiana, llamándolas "místicos evangélicos" y afirmando que son "grandes bendiciones para la Iglesia" (Hodge, *Systematic Theology*, 1:79); estos incluyen Bernard de Clairvaux, Hugh y Richard de St. Victor, Gerson y Thomas à Kempis.
[45] Como señala Ernest R. Sandeen, "Este intento de adaptar la teología a la metodología de la ciencia newtoniana produjo una disciplina mecánica de madera y rigurosamente lógica. El testimonio del Espíritu, aunque no se pasa por alto, no puede decirse que desempeña un papel importante en el pensamiento de Princeton". (*The Roots of Fundamentalism: British and American Millenarianism, 1800–1930* [Grand Rapids: Baker, 1978], 118).

generaciones condujo a diferentes transiciones y coaliciones. Una figura representativa de esta dinámica es J. Gresham Machen (1881-1937), quien finalmente abandonó el Seminario de Princeton porque se había vuelto más moderado en estas cuestiones con el fallecimiento de la vieja guardia de Princeton. Machen estableció el Seminario de Westminster en Filadelfia en 1929 para promover el espíritu del Antiguo Princeton en un esfuerzo por enfrentar la amenaza del "liberalismo teológico" de lo que se había convertido en una postura fundamentalista. De hecho, fue en gran medida la amenaza común del liberalismo protestante el que creó una coalición de muchas figuras diferentes de diversas convicciones teológicas que facilitaron el ascenso colectivo del fundamentalismo estadounidense.

El término "fundamentalismo" generalmente se remonta a una serie de libros publicados como Los Fundamentos (1910-15), que tenía como objetivo la promoción de la doctrina cristiana ortodoxa frente a las intromisiones del liberalismo. Los que promovieron esta serie surgieron del movimiento milenario, que tuvo raíces a lo largo del siglo XIX. Por lo tanto, cuando uno desea pensar en las raíces del fundamentalismo, uno debe ahondar en esta tradición milenaria y no solo en las controversias de principios del siglo XX. Como Sandeen ha señalado, uno debe distinguir entre un movimiento fundamentalista y una controversia fundamentalista.[46] Sin embargo, los esfuerzos de amalgamamiento se emprendieron a finales del siglo XX con sus inclinaciones compartidas de sentido común, así como su enemigo común del liberalismo / modernismo. La forma en que los fundamentalistas encontraron para asegurar la fe contra los efectos problemáticos y desacreditados de esta tradición liberal fue recordar las creencias "fundamentales" de la fe cristiana, que incluía una sólida afirmación de la autoridad de la Biblia. Después de todo, se sostenía, el liberalismo teológico se movió al registro antropológico de afectos y experiencias porque había descontado la veracidad y confiabilidad de la Biblia a través de una crítica más alta. Los fundamentalistas vieron este movimiento como perjudicial, uno que destruiría los cimientos mismos de la fe cristiana como una religión revelada, y por lo tanto objetivamente verdadera.

Sobre este último punto, los fundamentalistas utilizaron el testigo del Antiguo Princeton para obtener buenos resultados. Estos dos campos no pueden ser equívocos: se distinguen tanto en términos de tiempo como de orientaciones teológico-denominacionales (Princeton fue reformada, mientras que los fundamentalistas estaban compuestos por una serie de grupos, incluidos los bautistas), y sin embargo ellos comparten una

---

[46] Sandeen, *The Roots of Fundamentalism*, xvii.

conexión en la que los últimos fundamentalistas estaban demasiado dispuestos a emplear la ayuda del prestigioso legado de Princeton y su amplia base presbiteriana para sus propósitos. Como ejemplo, la Asamblea General Presbiteriana de 1910 ideó una declaración de cinco doctrinas esenciales: infalibilidad de las Escrituras, el nacimiento virginal de Cristo, la expiación sustitutiva de Cristo, la resurrección corporal de Cristo y la autenticidad de los milagros pasados, que se consideraron cruciales en los tiempos cambiantes; esta declaración (con modificación del quinto punto) fue retomada por los fundamentalistas y conocida con el tiempo por algunos como los "cinco puntos del fundamentalismo."[47]

En medio de las controversias modernista-fundamentalistas, el primero de estos puntos -la inerrancia de la Biblia- continuó en su preeminencia como marcador distintivo o prueba de pertenencia solo en los campos conservadores. Las apelaciones, por ejemplo, al concepto fabricado de "autógrafos originales" se sostuvieron en este momento, recurriendo a un patrimonio que surgió tanto de Princeton como de los campos milenarios. *Los Fundamentos* como una serie fueron elogiados, en parte debido a su defensa de la Biblia contra la crítica bíblica. Y la fundación de la Asociación de Fundamentos Cristianos del Mundo en 1919 y su credo asociado (con su primer artículo sobre la inspiración verbal e inerrancia de la Biblia) apuntaban a consolidar estas diversas tendencias de una manera organizacional. El lenguaje del fundamentalismo se aseguró en gran parte en este momento, y su tema principal fue la devoción a una concepción particular de la Biblia como una forma de resistir las tendencias de la modernidad y el liberalismo. A lo largo de estos muchos esfuerzos, prevaleció el enfoque baconiano / de sentido común hacia la metodología teológica y la epistemología. En lugar de adaptarse a los tiempos propugnando una perspectiva filosófica y hermenéutica diferente, los partidarios de este sistema simplemente se atrincheraron más profundamente en su lógica, solo para debilitarla presionando contra sus límites.[48]

Sin embargo, por más atractivo que este tipo de metodología baconiana/ de sentido-común sea para el presente, ciertamente generó no solo una postura representativa de una escuela de pensamiento sino también una postura de una amplia alianza evangélica contra lo que se

---

[47] Marsden, *Fundamentalism and American Culture*, 117. Los fundamentalistas tenían una serie de documentos y declaraciones, pero desde el principio, esta asociación se hizo, a pesar de que hay algunos errores historiográficos asociados con ella. Véase, Sandeen, *The Roots of Fundamentalism*, xviii–xix.

[48] Esta debilidad ciertamente se manifiesta con la apelación a los "autógrafos originales". El sistema se mantuvo a costa de requerir artefactos tangibles, pero irrecuperables, que se consideraron necesarios para respaldarlo.

consideraban ataques a la consistencia de la fe cristiana a través del tiempo. En el corazón de este enfoque estaba que "Dios no podía transmitir la verdad a través de un documento errante". Como continúa Sandeen, "tanto Princeton como los milenaristas [y, por lo tanto, los fundamentalistas emergentes] habían apostado toda su concepción del cristianismo sobre una visión particular de la Biblia basada en última instancia en los estándares de racionalidad del siglo XVIII."[49] Su visión de la verdad era particular, pero la universalizaron como una forma de asegurar conceptualmente su objetividad. Al alterar nuestra cita anterior, se podría decir que esta metodología ha sido repetidamente recogida hasta el presente "como una estrategia apologética o proteccionista [por los cristianos evangélicos estadounidenses] que [se encuentran] cada vez más marginados en su tierra natal." La fuente de su marginación podría ser cualquier cantidad de cosas, incluida la ciencia, la universidad, una cultura secularizadora y un mundo cada vez más complejo e interconectado. Cualesquiera que sean los desafíos en términos de los temas candentes de una era determinada, los aumentos repentinos de la orientación del Antiguo Princeton y su metodología baconiana/ de sentido-común se pueden notar continuamente en una variedad de redes, asociaciones, instituciones e iglesias cristianas en la escena estadounidense. El cristianismo evangélico en América todavía no se ha recuperado completamente de la pérdida de relevancia cultural que sufrió a comienzos del siglo XX, y una señal importante de esta derrota y desesperación constantes es la continua apelación a las Escrituras en términos de este marco epistemológico bastante particularmente moderno.

Neo-Evangelicalismo y Carl F. H. Henry

Con el pasar de las décadas, la teología fundamentalista se debilitó en la medida en que se asoció con una cierta militancia anticultural y en tensión con gran parte de la corriente intelectual que marcaba cada vez más la escena estadounidense, especialmente después de la Primera Guerra Mundial. Carl F. H. Henry (1913- 2003), un intelectual capaz y ambicioso dentro de la tradición fundamentalista, encontró este conjunto de asuntos desagradable. Harold John Ockenga (1905-85), otra voz líder durante el fermento de esta consolidación de mediados de siglo lamentó la situación en una de las primeras obras de Henry citando un comentario hecho por un soldado: "¿Por qué la iglesia debe estar en el lado equivocado de cada

---

[49] Sandeen, *The Roots of Fundamentalism*, 130, 131.

problema social importante?" ¿La respuesta de Ockenga? "Si el cristiano que cree en la Biblia está en el lado equivocado de los problemas sociales como la guerra, la raza, la clase, el trabajo, el licor, el imperialismo, etc., es hora de pasar la valla hacia el lado derecho. La iglesia necesita un fundamentalismo progresivo con un mensaje social."[50] En el cuerpo de la obra, el mismo Henry expresó que estaba preocupado por la insularidad de sus parientes fundamentalistas y los llamó a estar más comprometidos con los males del mundo en general. El cambio que deseaba ver era una especie de evangelicalismo que estaba más en sintonía y receptivo a los difíciles problemas que enfrentaba la humanidad a mediados de siglo.

Tan útil y necesario como este llamamiento fue para que el evangelicalismo cambiara su enfoque hacia un mundo más amplio, remanentes similares a la metodología del Antiguo Princeton continuaron perpetuando a mediados de siglo. Dicho de otra manera, ser un "cristiano que cree en la Biblia" (como observó Ockenga) era un lema continuamente entendido por estos neo-evangélicos de una manera muy particular: uno debe tomar la Biblia de buena fe para significar lo que dice, y la forma en que se entendió esta dinámica (tanto en términos de "significado" como "decir") tuvo la resonancia del punto de vista filosófico de sentido común baconiano/escocés. Curiosamente, una estrategia para involucrar a la cultura más amplia fue profundizar el compromiso con esta perspectiva al enfatizar la fe cristiana como una religión revelada y racional. Si es objetivamente verdadero, la revelación de Dios en las Escrituras debería atraer a todos aquellos que ejercen sus facultades de razonamiento más plenamente. Si el cristianismo fuera cualquier cosa, dirían que era racional, ya que provenía de un Dios racional que se revelaba a sí mismo de manera proposicional, verbal y, por lo tanto, racional.

Este enfoque de la teología se muestra en la obra magna de seis volúmenes de Henry, *Dios, Apocalipsis y Autoridad* (1976). El primer volumen es principalmente metodológico y atraerá la mayor parte de nuestra atención en lo que sigue. En lugar de comenzar con una analogía de las ciencias difíciles, Henry comienza su trabajo con una observación que establece el tono para todo lo siguiente: "Ningún hecho de la vida occidental contemporánea es más evidente que su creciente desconfianza de la verdad final y su cuestionamiento implacable de cualquier palabra segura."[51] A pesar de las obvias diferencias, tanto Hodge como Henry comienzan sus trabajos con el desafío de establecer conocimiento

---

[50] Harold John Ockenga, "Introduction" a Carl F. H. Henry, *The Uneasy Conscience of Modern Fundamentalism* (Grand Rapids: Eerdmans, 1947), 13.
[51] Carl F. H. Henry, *God, Revelation, and Authority*, vol. 1 (Waco, TX: Word, 1976), 17.

teológico creíble de maneras que resuenen dentro de sus contextos culturales más amplios. Cada uno a su manera está abordando la cuestión de la verdad. Para ambos, la revelación es verdad, y como es así, la revelación también es racional.

En la típica manera fundamentalista-evangélica, Henry enfatiza la situación calamitosa de los tiempos. Parte de esta condición implica una desconfianza global de todo tipo de influencias. Henry menciona un escepticismo creciente con respecto a los reclamos y las agendas a raíz de cosas como el escándalo Watergate y el creciente poder de los medios y el marketing. En repetidas ocasiones llama a esto la "crisis de palabra y verdad". En cierto momento, Henry dice que "la crisis moderna de la verdad y la palabra no es histórica o culturalmente única", pero algunas páginas más adelante, comenta: "Pocas veces en la historia ha revelado que la religión ha sido forzada a lidiar con problemas tan serios de verdad y palabra, y nunca en el pasado el papel de las palabras y la naturaleza de la verdad han sido tan brumosos e indefinidos como ahora". En ese ambiente, el cristianismo sufre más que otras religiones, dado que es una "religión de revelación verbal."[52]

Henry está preocupado por cómo, en su opinión, la religión se ha convertido en una cuestión de preferencia personal "en lugar de un compromiso de verdad universalmente válido para todos". Al cambiar a tal forma, la religión necesariamente pierde credibilidad pública; se convierte en una cuestión de elección y gusto en lugar de algo que puede llamar y moldear el yo y la sociedad. Y Henry cree que la única manera de asegurar este último punto es tener revelación y verdad que sean intemporales y trascendentes. No es suficiente tratar con los datos de la revelación; la pregunta más importante que Henry cree que la cultura más amplia se está preguntando es: ¿Cómo se puede partir de estos datos a conclusiones que se encomienden a la reflexión racional? Esta emisión de la verdad de Dios dentro de la reflexión racional la hace públicamente accesible y relevante. Al ser comprobable, verificable y capaz de ser juzgado, la verdad tiene un carácter que puede afectar al público: puede ser creíble y, por lo tanto, exigente y autoritaria más allá de sus confines eclesiales privados. "Sólo restaurando el discurso humano a la Palabra de Dios", señala Henry, "se puede cancelar la futilidad actual de las palabras y la expresión contemporánea [con palabras tales como 'libre', 'bueno', 'verdadero', 'santo' y 'amor'] se reincorpora a la verdad y la realidad."[53] El relato de Henry sobre la verdad cristiana, entonces, es para él la verdad última, y el compromiso cristiano con la sociedad en general puede ser tal

---
[52] Henry, *God, Revelation, and Authority*, 21, 24, 26.
[53] Henry, *God, Revelation, and Authority*, 13, 14, 28.

La Forma Epistemológica de la Teología Evangélica

que ordene al mundo tal explicación. La perspectiva de no hacerlo es que la iglesia abdica de su responsabilidad de rendir un testimonio cristiano creíble y relevante, permitiendo así que el mundo se hunda aún más en el abismo del relativismo, el pesimismo y el nihilismo.

Henry considera una amplia gama de figuras y movimientos, tanto que a menudo es difícil determinar sus propios puntos de vista, pero al menos los siguientes puntos son claros. Primero, el acceso a la verdad depende de que Dios lo revele. A diferencia de los teólogos modernos, que en su opinión han reemplazado la teología con la antropología, Henry afirma que el conocimiento de Dios está disponible desde el mismo ser de Dios. En sus reflexiones, él asume la lógica de Romanos 1, todos tienen algún conocimiento de la existencia y el carácter de Dios, pero este tipo de revelación "natural" ha sido nublada por el pecado. Una base más segura es la revelación especial de la Palabra de Dios, que continúa publicando "objetivamente" esta revelación natural de una manera que resiste el mal uso o reducción humana. Esta última categoría, la Biblia, sirve como un criterio universalmente válido de verdad, algo que Henry ve como lógicamente necesario para evitar la fantasía individual. Con tal criterio en su lugar, la negociación de la verdad puede asegurarse como un tipo racional de empresa, ya que lo que Dios revela es en forma de conceptos racionales. Una definición general que Henry ofrece temprano es la siguiente: "El teísmo revelador proporciona información cognitiva sobre Dios y la verdadera naturaleza de la realidad y proporciona categorías de pensamiento y definiciones de la realidad que requieren el reemplazo de la conjetura filosófica". Esta presentación de la revelación en forma racional sostiene su carácter universal: "Los cristianos deben indicar su convicción de que el cristianismo se distingue sobre todo por su verdad objetiva y deben aducir el método de conocimiento y la forma de verificación por la cual cada hombre puede llegar a ser personalmente persuadido". En otras palabras, Henry manifiesta una fuerte inclinación hacia la intelectualización y la racionalización de la fe cristiana. En una de sus declaraciones resumidas guiadas, comenta: "La revelación divina es la fuente de toda verdad, la verdad del cristianismo incluida; la razón es el instrumento para reconocerlo; La Escritura es su principio verificador; la consistencia lógica es una prueba negativa para la verdad y la coherencia es una prueba subordinada." Todo esto se sostiene porque Henry cree que la verdad del evangelio no solo puede, sino que debe expresarse en formas proposicionales, axiomáticas y teóricas. En lo que solo puede considerarse una afirmación extremadamente fuerte del carácter racionalista esencial de la teología, afirma Henry: "Sin embargo, el contenido de la revelación se presta a una exposición sistemática, y cuanto más ordenada y lógica sea esa exposición, más cercano estará el expositor estar en la mente de Dios en su revelación." Para resumir, como lo hace Henry en uno de sus capítulos críticos: "El cristianismo es una religión racional porque se basa en el Dios viviente racional y su revelación significativa."[54]

Antes de pasar a considerar el tratamiento que Henry da al misticismo, es necesario un conjunto final de comentarios para relacionar a Hodge y Henry. Ambos representan una tendencia racionalista y escolástica en la teología evangélica en la medida en que tienen una explicación realista de la verdad objetivamente disponible en la Biblia, que en última instancia representa para ellos una colección de hechos, axiomas y proposiciones que a su vez deben ser ordenados y "sistematizados" por el teólogo. Creo que ese enfoque no sólo difunde el papel y el lugar de las Escrituras en una comunidad de culto, sino que también tiene una forma de descuidar el papel de la tradición y la cultura en la formulación y recepción de la Biblia.[55] En otras palabras, el privilegio de este modelo racionalista elimina los importantes desafíos de la contextualización, lo que implicaría no solo consideraciones geográficas y culturales, sino también, hermenéuticas, filosóficas y socio-científicas.

Excursus: Henry en Misticismo

Al igual que Hodge, Henry también aprovecha la oportunidad para hablar sobre misticismo, y lo hace en términos intuicionistas. A diferencia de las cualidades y matices de Hodge, Henry parece ser bastante claro en lo que cree que está trabajando con esta perspectiva: "Los místicos afirman que la percepción directa del mundo invisible está disponible a través de la iluminación personal como un medio de acceso a lo divino que supuestamente trasciende todo niveles de experiencia humana." Los místicos, dice Henry, hablan de lo divino como inefable, por lo que su relación con Dios es auto contradictorio o paradójico y, por lo tanto, "más allá del criterio de verdad y falsedad". Henry ve esto como un problema, sin tal criterio, no hay forma de juzgar los reclamos místicos; Además, estas cualidades hacen que el discurso relacionado con la experiencia mística sea imposible, ya que la inefabilidad se privilegia sobre la

---

[54] Henry, *God, Revelation, and Authority*, 223, 201, 213, 215, 240–41, 244.
[55] Aunque elegí a Hodge y Henry como sintomático de esta tendencia escolástica antes de leer su obra, me pareció que Stanley J. Grenz y John R. Franke también eligieron a estos individuos particulares para ilustrar la tendencia escolástica de la teología evangélica (véase, *Beyond Foundationalism: Shaping Theology in a Postmodern Context* [Louisville: Westminster John Knox, 2001], 13–15). Como parte de sus reflexiones, observan que tanto Hodge como Henry son propensos a descuidar los factores relacionados con la contextualización.

racionalidad. Por lo tanto, el místico participa en compromisos que, a fin de cuentas, hacen que esas intuiciones sean privadas y subjetivas, sin ningún tipo de evaluación. Henry argumenta, "pero si uno reclama validez universal para cualquier afirmación acerca de lo divino, debe introducir criterios para juzgar entre puntos de vista alternativos; simplemente afirmar que uno persigue una epistemología privada no le da derecho a una audiencia más comprensiva que la de un pirómano que se debe exonerar porque actúa según su propio código moral único."[56]

Al igual que Hodge, Henry también habla de Friedrich Schleiermacher como una ejemplificación de esta tendencia problemática. Agrupa a Schleiermacher con Jacobi y Schelling para decir: "Estos hombres no escribieron sobre Dios como el objeto religioso, sino sobre sus propios sentimientos religiosos", añadiendo Schleiermacher que "en efecto sustituyó la psicología de la experiencia religiosa por la teología, o la ciencia de Dios."[57] Relacionado, Henry cree que el misticismo es implícitamente panteísta y que implica un grado de manipulación del lado humano a través de varias técnicas. Por estas y otras razones, Henry encuentra que la frase "misticismo cristiano" no es viable.

Lamentablemente, el tratamiento de Henry del misticismo es menos matizado y extenso que el de Hodge. Henry no entra en gran detalle sobre las posibilidades de definición del misticismo, asumiendo en cambio una explicación muy específica y, a su vez, generalizándola del todo. Sin lugar a dudas, una razón importante por la que Henry puede hacer esto es que no habla mucho del Espíritu, si es que lo hace, en sus consideraciones de misticismo. Y esta crítica podría extenderse aún más a todo el proyecto de Henry en *Dios, Apocalipsis y Autoridad*: el trabajo es pneumatológicamente anémico, especialmente en la forma en que establece las preocupaciones metodológicas. El proyecto de Henry es ante todo una teología de la Palabra o Logos. Sin recurrir a un modismo pneumatológico en puntos críticos en el camino, Henry ha construido una epistemología teológica que muy fácilmente adopta un paradigma racionalista moderno. No es de extrañar, entonces, que el misticismo no pueda encajar en dicho programa; la agenda se ha construido para excluirla desde el principio.

---

[56] Henry, *God, Revelation, and Authority*, 70–71, 72.
[57] Henry, *God, Revelation, and Authority*, 72.

Pentecostalismo, Evangelicalismo e Institucionalización

Estas encuestas pueden hacer parecer que el pentecostalismo claramente no está en el campo evangélico, y, sin embargo, en uno de los primeros tratamientos públicos del movimiento pentecostal, John Nichol sostiene que el pentecostalismo tiene un etos protestante.[58] Lo hace inicialmente en dos niveles. Primero, argumenta que los pentecostales suscriben los "principios de la Reforma", tales como la salvación como un regalo gratuito de la gracia divina y la Palabra de Dios que requiere interpretación según la conciencia de un individuo. Segundo, localiza el movimiento dentro de la tradición anabaptista, el ala radical / izquierda de la Reforma, debido al apoyo general de los pentecostales al bautismo de los creyentes y su énfasis en el Espíritu. Después de hacer estos puntos, agrega, "En cuestiones de doctrina, los pentecostales pueden describirse como evangélicos cuya teología es similar al fundamentalismo, y sus escritos a ambos lados del Atlántico parecen apoyar tal generalización."[59] Nichol menciona algunas citas de importantes académicos pentecostales, pero tal vez su evidencia más convincente es la Declaración de Verdad adoptada por la Comunidad Pentecostal de América del Norte. Fundado en 1948, este grupo codificó sus creencias en ocho artículos, todos excepto el quinto artículo que sigue textualmente la declaración de fe de la Asociación Nacional de Evangélicos.

Por supuesto, el pentecostalismo no surgió en el vacío. Como muchos historiadores han demostrado, el pentecostalismo en América despegó como lo hizo en gran parte porque fue un movimiento de renovación entre los ministros de santidad que se congregaron en varios centros de avivamiento (siendo Azusa el más prominente) para su "Pentecostés personal", solo para volver a sus áreas de servicio o nuevos ámbitos misioneros predicando sus nuevas creencias y experiencias. Naturalmente, estos ministros no pudieron abandonar sus convicciones previas, incluso después de sus recientes experiencias de "Pentecostés". Cuando llegó el momento de formular lo que esperaban y habían experimentado, utilizaron necesariamente las categorías y los conceptos disponibles para ellos como resultado de su propia formación, experiencias y asociaciones. Donald Dayton, en particular, ha resaltado esta contextualización de las creencias y teología pentecostales, particularmente como se representa en su énfasis en el patrón cuádruple para la comprensión del "Evangelio completo". Con la excepción del pensamiento de evidencia inicial (en el cual las lenguas son vistas como la evidencia inicial del bautismo del Espíritu),

---

[58] Ver ampliamente John Thomas Nichol, *Pentecostalism* (New York: Harper & Row, 1966).
[59] Nichol, *Pentecostalism*, 3.

La Forma Epistemológica de la Teología Evangélica

todas las otras características principales de la teología pentecostal habían sido destacadas previamente por el movimiento de Santidad y otras corrientes religiosas en el siglo diecinueve.[60]

A medida que surgió el pentecostalismo, se basó en esta herencia evangélica, a pesar de la vergüenza que esta asociación brindaba a fundamentalistas y evangélicos de diversas tendencias. Los pentecostales apelaron a Simpson, pero también a Reuben Torrey y A. J. Gordon; se basaron en esquemas dispensacionalistas de la variedad Scofield, a pesar de que tales marcos eran a menudo de carácter cesacionista; y en el calor de los debates modernistas-fundamentalistas, los pentecostales claramente identificados con los fundamentalistas, "leyeron literatura fundamentalista y adoptaron una retórica antimodernista y anti-evolucionista". Curiosamente, el favor no fue devuelto; "La influencia . . . fue principalmente en una sola dirección, desde el fundamentalismo hasta el pentecostalismo."[61] Tanto histórica como prospectivamente, el surgimiento del pentecostalismo se basó en constituyentes fundamentalistas y evangélicos.

Esta dependencia puede haber sido intencional, pero ¿estaba teológicamente justificada? Una vez que hemos contextualizado el movimiento pentecostal estadounidense en su contexto más amplio y hemos reconocido que los pentecostales buscaban alineaciones y alianzas con fundamentalistas y evangélicos, ¿podríamos decir que teológicamente, en última instancia, están en la misma familia de tradiciones? Dada la forma en que gran parte del etos fundamentalista-evangélico se basa epistemológicamente en el pensamiento baconiano (es decir, el realismo de sentido común) y sus fuertes tendencias racionalizadoras en teología, podríamos preguntar si los pentecostales típicamente han leído las Escrituras desde una perspectiva de sentido común. ¿Sus inclinaciones metodológicas (es decir, epistemológicas y hermenéuticas) y sus explicaciones de la verdad y el significado se basan en el enfoque de la Ilustración escocesa? ¿Han considerado típicamente la teología como una empresa racional que implica, para usar uno de los términos de Henry, "axiomatización"?[62] A medida que el pentecostalismo ha ido identificando de manera más clara su base filosófica y se ha involucrado en la difícil

---

[60] Donald W. Dayton, *Theological Roots of Pentecostalism* (Peabody, MA: Hendrickson, 1987), 22. Dayton aquí cita a A. B. Simpson, fundador de la Alianza Cristiana y Misionera, pero Simpson representa una representación conveniente de la agrupación misma. Como señala Dayton, "Todos los elementos de este patrón cuádruple ocurren por separado o en varias combinaciones en otras tradiciones cristianas" (22).
[61] Marsden, *Fundamentalism and American Culture*, 94.
[62] Henry, God, Revelation, and Authority, 239–40.

tarea de formular su identidad teológica, la respuesta de muchos estudios recientes ha sido mixta.[63]

Los estudiosos contemporáneos han mantenido un animado debate sobre estos temas, y los estudios han abordado las sensibilidades hermenéuticas de los pentecostales en sus diversas etapas históricas. Confiando en parte en un esquema propuesto por Veli-Matti Kärkkäinen, L. William Oliverio Jr. ha propuesto un extenso tratamiento tipológico de los enfoques hermenéuticos en el pentecostalismo.[64] Emplea cuatro categorías:

1. Pentecostal original y clásico
2. Evangélico-Pentecostal
3. Contextual-Pentecostal
4. Ecuménico-Pentecostal.

Parte de la importancia del estudio de Oliverio es la manera en que se expande y matiza el primer tipo. Reconoce que los pentecostales se aferraron a la autoridad de las Escrituras en lo que puede considerarse una "manera protestante", es decir, al considerarlo principalmente autorizado para asuntos de fe y práctica, pero una característica principal de este enfoque fue ver las Escrituras como provechosos ejemplos "normativos para la experiencia cristiana."[65] Es decir, las Escrituras se pueden considerar una autoridad primaria de varias maneras; la visión pentecostal de la autoridad bíblica era similar y diferente de los protestantes en general y los evangélicos en particular. Las similitudes a menudo se muestran en las tendencias de los primeros pentecostales de creer que las Escrituras se pueden tomar "al pie de la letra" y que el "sentido común" está disponible para aquellos que tienen una disposición espiritual apropiada.[66] En esto, sonaron muy cerca de un paradigma de sentido común/ baconiano, lo que

---

[63] La expresión más sostenida en la dirección de la negación es Kenneth J. Archer, A Pentecostal Hermeneutic: Spirit, Scripture, and Community (Cleveland, TN: CPT Press, 2009). Por supuesto, existen excepciones en este punto. Archer menciona los casos de William y Robert Menzies, así como de Gordon Fee, como aquellos que han visto la alineación con las tendencias hermenéuticas evangélicas como una bendición y una ayuda para la erudición pentecostal (véanse 189-90). Tiendo a simpatizar con los instintos de Archer con respecto a todo lo que está involucrado dentro del ethos teológico pentecostal, que incluye un carácter único que tiene relación con la hermenéutica y la epistemología.

[64] Véase, L. William Oliverio Jr., *Theological Hermeneutics in the Classical Pentecostal Tradition: A Typological Account* (Leiden: Brill, 2012), y Veli-Matti Kärkkäinen, *Toward a Pneumatological Theology: Pentecostal and Ecumenical Perspectives on Ecclesiology, Soteriology, and Theology of Mission*, ed. Amos Yong (Lanham, MD: University Press of America, 2002), chap. 1.

[65] Oliverio, *Theological Hermeneutics in the Classical Pentecostal Tradition*, 31.

[66] Ver la elaboración de Grant Wacker de la noción "relevancia plenaria" en *Heaven Below: Early Pentecostals and American Culture* (Cambridge, MA: Harvard University Press, 2001), chap. 4. 67.

no sería necesariamente sorprendente, dadas las subculturas cristianas de las que surgió el pentecostalismo.[67]

Pero existen diferencias y similitudes en la hermenéutica de los primeros pentecostales y evangélicos. Oliverio comenta con perspicacia que la voluntad de los pentecostales de permitir que su teología sea interpretada por la experiencia carismática fue una dinámica interactiva entre la teología y la experiencia. Esta apertura representa "un intento de resolver la división protestante moderna sobre el tema del método teológico. La autoridad de la Biblia (ortodoxia) está entrelazada con la primacía de la experiencia religiosa (tanto en ortopraxis como en ortopatía). Este es un movimiento, entonces, aunque no conscientemente teórico, hacia un camino más allá de la división entre el proposicionalismo bíblico del protestantismo conservador y la ubicación del lugar de la revelación divina en la experiencia religiosa como en el protestantismo liberal."[68] Entonces, aunque los puntos de vista de los primeros pentecostales sobre la perspicuidad de las Escrituras podrían hacerlos sonar como protestantes en su orientación, la manera en que integraron su experiencia con su visión de "la fe apostólica" para vivirla prácticamente hace que su enfoque sea único. Esta orientación permite un tipo diferente de matiz, uno que abre dimensiones místicas a la lectura espiritual de la Sagrada Escritura.

Por lo tanto, no sorprende que algunos eruditos pentecostales hayan optado por enfatizar la continuidad hermenéutica con el evangelismo, mientras que otros han subrayado la discontinuidad. Mucho depende de las fuentes que uno usa. El segundo de los tipos de Oliverio, la hermenéutica evangélica-pentecostal, también apoya a aquellos que enfatizan la continuidad entre los grupos, ya que estarían inclinados a ver el segundo tipo como un desarrollo posterior del primer tipo. Todos estos esfuerzos para contextualizar y describir el pentecostalismo dentro de tradiciones más amplias podrían ayudar a debilitar el argumento de que el movimiento pentecostal simplemente "cayó del cielo", pero también tienen el efecto concomitante de difuminar las características distintivas de este grupo único.

---

[67] Tampoco es sorprendente que, promoviendo una hermenéutica de este tipo, los primeros pentecostales estuvieran preparados para experimentar divisiones doctrinales, que en realidad ocurrieron temprano, y a un ritmo alarmante.

[68] Oliverio, *Theological Hermeneutics*, 34.

Interpretación Neumática

En términos generales, uno podría decir que los pentecostales leen las Escrituras no tanto para encontrar los hechos o las verdades de la fe cristiana como para encontrar al Dios viviente de la confesión cristiana. Es decir, la orientación hermenéutica pentecostal es relacional y experiencial en su núcleo, especialmente cuando se exhibe dentro de la gama más amplia de su espiritualidad practicada. Los pentecostales operan a partir de una epistemología que, en muchos sentidos, sería complicada por el racionalismo en el trabajo en forma de evangelicalismo estudiado anteriormente.[69] En la dinámica pentecostal, las Escrituras cobran vida de una manera única. Encontrarse con el Dios viviente que inspiró estos textos no es tanto una forma de compromiso espiritualmente solipsista o nebulosa sino más bien una que ilumina y otorga una mayor claridad a la lectura de los textos mismos.[70] Rickie Moore resume bien el punto:

> Así, sabemos que [en la lectura pentecostal de la Biblia] hay un lugar vital tanto para la emoción como para la razón, tanto para la imaginación como para la lógica, para el misterio y la certeza, y para lo narrativo y dramático, así como también lo que es proposicional y sistemático. Consecuentemente, apreciamos las Escrituras no sólo como un objeto que interpretamos sino como una Palabra viviente que nos interpreta y por medio de la cual el Espíritu fluye en formas que no podemos dictar, calcular o programar. Esto significa que nuestro estudio de la Biblia debe estar abierto a sorpresas e incluso a tiempos de espera o demora ante el Señor.[71]

Este tipo de actividad funciona desde su propia lógica, su propia racionalidad, en resumen, su propia explicación de la verdad. En este enfoque de la Escritura, los pentecostales están mucho más cerca de los de la iglesia antigua, que practicaba la *lectio divina*, que de sus homólogos fundamentalistas y evangélicos. Su similitud es su punto de vista de que el último objetivo de leer las Escrituras no es "dar cuenta de los hechos" sino

---

[69] Un primer artículo que hace este punto es Jackie David Johns y Cheryl Bridges Johns, "Yielding to the Spirit: A Pentecostal Approach to Group Bible Study," *Journal of Pentecostal Theology* 1 (1992): 109-34.
[70] Véase, John McKay, "When the Veil Is Taken Away: The Impact of Prophetic Experience on Biblical Interpretation," *Journal of Pentecostal Theology* 2, no. 5 (1994): 17–40, al igual que Jackie David Johns, "Pentecostalism and the Postmodern Worldview," *Journal of Pentecostal Theology* 3, no. 7 (1995): 73–96, y Scott Ellington, "Pentecostalism and the Authority of Scripture," *Journal of Pentecostal Theology* 4, no. 9 (1996): 16–38.
[71] Rickie D. Moore, "A Pentecostal Approach to Scripture," en *Pentecostal Hermeneutics: A Reader*, ed. Lee Roy Martin (Leiden: Brill, 2013), 11.

escuchar a Dios.[72] Este tipo de actividad postularía su propia forma de "objetividad", una anclada en la matriz del culto comunitario. Dada esta orientación, uno podría decir que los pentecostales leen la Biblia como un texto místico; buscan repetidamente encontrar a Dios a través de este libro, haciendo de esta disciplina espiritual una característica significativa de su perspectiva mística dentro de su espiritualidad más amplia.

La persona que apreció profundamente esta última preocupación es Howard M. Ervin, quien en 1981 escribió un artículo sobre la hermenéutica pentecostal que fue ampliamente discutido.[73] En forma sugestiva, Ervin propone lo que él llama una "epistemología neumática", una que puede superar algunos de los estancamientos en la hermenéutica teológica. Presta bastante atención al proyecto de desmitologización de Bultmann, pero muchos de sus puntos se aplican a nuestras preocupaciones actuales con el espíritu evangélico. Él afirma que las Escrituras dan testimonio de la Palabra de Dios, que al final del día está "más allá de todas las palabras humanas, porque es dicha por Dios. ... De hecho, es la palabra que contradice todas las palabras humanas. ... Es una palabra tanto escatológica como apocalíptica que juzga toda la gnosis humana. Es una palabra para la cual no hay categorías endémicas al entendimiento humano. Es una palabra para la cual, de hecho, no hay hermenéutica a menos y hasta que el hermanito divino (el Espíritu Santo) medie una comprensión."[74] En el relato de Ervin sobre la práctica pentecostal, leer la Biblia implica un componente de transformación: "La precondición bíblica para comprender esa Palabra es la recreación ontológica del hombre por el Espíritu Santo (el nuevo nacimiento)."[75] Dicho de otra manera, leer las Escrituras es una actividad pneumatológica dependiente.

La epistemología neumática entiende que "la racionalidad en sí misma es inadecuada para la tarea de interpretar las palabras de la Escritura. Es solo cuando la racionalidad humana unida en unión ontológica con 'la mente de Cristo' (1º Co 2:16) es vivificada por el Espíritu Santo, que el misterio divino es entendido por el hombre."[76] Ervin no es reacio a usar el lenguaje de la mística; de hecho, continúa citando a Georges Florovsky al

---

[72] La distinción es hecha por Jack S. Deere (*Surprised by the Power of the Spirit* [Grand Rapids: Zondervan, 1993], 187), citado por James K. A. Smith en "The Closing of the Book: Pentecostals, Evangelicals, and the Sacred Writings," *Journal of Pentecostal Theology* 5, no. 11 (1997): 49–50.

[73] Howard M. Ervin, *"Hermeneutics: A Pentecostal Option" Pneuma* 3, no. 2 (1981): 11–25. Curiosamente, este trabajo fue originalmente un documento de diálogo en el diálogo católico-pentecostal (Second Quinquennium, 1978-82). Para una revisión de la recepción de este documento, consulte Kärkkäinen, *Toward a Pneumatological Theology*, 9–15.

[74] Ervin, "Hermeneutics: A Pentecostal Option," 16 (énfasis original).

[75] Ervin, "Hermeneutics: A Pentecostal Option," 17.

[76] Ervin, "Hermeneutics: A Pentecostal Option," 18 (énfasis original).

respecto cuando habla de la hermenéutica bíblica pentecostal: "¿Cuál es la inspiración [de la Biblia] que nunca se puede definir correctamente? Hay un misterio en ella. Es un misterio del encuentro divino-humano. No podemos entender completamente de qué manera los "santos hombres de Dios" escucharon la Palabra de su Señor y cómo podrían articularla en las palabras de su propio dialecto. Sin embargo, incluso en su transmisión humana, era la voz de Dios. Ahí reside el milagro y el misterio de la Biblia, que es la Palabra de Dios en lenguaje humano."[77]

Las implicaciones de esta epistemología neumática para una doctrina de inerrancia son significativas. Los pentecostales no pueden mantener la inerrancia sin comprometer su punto de vista hermenéutico distinto y todo lo que tal movimiento implicaría para su comprensión del conocimiento de Dios. En palabras de Smith, "creo que es precisamente este vestigio de Princeton [es decir, inerrancia] lo cual frustra cualquier teología pentecostal que intente ser evangélica. No es simplemente que el pentecostalismo se opone a la doctrina de la inerrancia, es decir, no es un problema de errores en la Biblia. La doctrina de la inerrancia señala una relación más fundamental con los textos, una de textualización."[78] En este artículo, Smith enfrenta ciertos relatos de oralidad y textualidad en contraste el uno con el otro. En su opinión, el tipo de textualización que opera en los relatos evangélicos de inerrancia va en contra de otros temas revelatorios dentro de la espiritualidad pentecostal, incluyendo la oralidad, la revelación continua (en términos de profecía, iluminación), la receptividad y demás. En otras palabras, es contrario a una epistemología neumática como se describe anteriormente. Este tipo de textualización es similar a la noción de axiomatización de Henry, y en ambos casos, hay un cierre racionalista involucrado en la lectura y el compromiso de la Sagrada Escritura.

Dos Tradiciones Distintivas

Al analizar estas dos tradiciones, el pentecostalismo y el evangelismo, debemos recordar que cada uno se encuentra en medio de un cambio increíble y difícil de categorizar. El propio pentecostalismo, a través de sus distintas "olas" y representaciones globales, se ha convertido en un behemot para contar. Sin embargo, a lo largo de las últimas décadas, se ha ido consolidando dentro de la academia teológica. En cuanto al

---

[77] Ervin, "Hermeneutics: A Pentecostal Option," 17–18, citando a Georges Florovsky, *Bible, Church, Tradition: An Eastern Orthodox View* (Belmont, MA: Nordland Publishing, 1972), 27.
[78] Smith, "The Closing of the Book," 62.

La Forma Epistemológica de la Teología Evangélica

evangelismo, también está experimentando un cambio significativo. Como se mencionó anteriormente, una de las contribuciones importantes derivadas del trabajo de Robert Webber es su conjunto de categorías, que ponen en perspectiva las muchas transiciones y formas que el cristianismo evangélico estadounidense ha adoptado recientemente. Señala muchos desarrollos pasados en términos de grupos tradicionalistas "y" pragmáticos, pero también tiene un ojo para el presente y el futuro con sus evangélicos "más jóvenes". Un sector de este grupo tiene una serie de características, que incluyen una tendencia a valorar a la comunidad, las antiguas tradiciones y prácticas de la iglesia, la categoría de la narrativa y la encarnación de las misiones relacionales. De esta y otras maneras, los evangélicos "más jóvenes" a menudo tienden a resistir y encuentran inútil (si bien incluso francamente impracticable o errado) el tipo de compromisos epistémicos exhibidos en sus antecedentes evangélicos (y en algunos casos sus contemporáneos). Al mantener tales puntos de vista, implícita o explícitamente, se desestabilizan y, como resultado, abren las posibilidades para la etiqueta "evangélico".

Varios autores han escrito desde esta amplia persuasión. Por ejemplo, Dave Tomlinson, en *El Post-Evangélico* (1995), describe la influencia generalizada de la modernidad en las concepciones de lo que significa ser evangélico, particularmente en el contexto británico.[79] Hans Boersma, J. I. Packer Profesor de Teología en el Colegio Regent, ha participado activamente en la promoción de las interacciones evangélicas con los católicos romanos, lo cual es claro en sus trabajos sobre la *nouvelle théologie* y sacramentología.[80] Pero quizás la persona cuyo trabajo transmite de manera más consistente el tipo de visión alternativa para el evangelismo que se une en los puntos con las afirmaciones que se hacen en el presente volumen es el fallecido Stanley Grenz. En su manifiesto *Revisión de la Teología Evangélica* y en la expansión de su agenda en *Renovando el Centro*, Grenz desea ir más allá de la consolidación evangélica dentro de las disputas doctrinales (particularmente las relacionadas con las Escrituras) ofreciendo una amplia y generosa visión y orientación de lo que es el evangelicalismo en su corazón. Grenz prefiere el lenguaje de la "sensibilidad", escribiendo que el evangelicalismo se entiende mejor como una "espiritualidad distintiva". Como él agrega, "El

---

[79] La versión de este libro con el contexto estadounidense en su ámbito fue finalmente lanzada; véase, Dave Tomlinson, *The Post-Evangelical*, rev.North American ed. (Grand Rapids: Zondervan, 2003).
[80] Hans Boersma, *Nouvelle Theologie and Sacramental Ontology: A Return to Mystery* (Oxford: Oxford University Press, 2013) y *Heavenly Participation: The Weaving of a Sacramental Tapestry* (Grand Rapids: Eerdmans, 2011).

genio del movimiento es una experiencia religiosa compartida, que está redactado en un lenguaje teológico compartido."[81]

Grenz destaca una serie de convicciones que dan cuerpo a esta espiritualidad en formas tradicionalmente evangélicas, incluyendo el centro de la vida en la Biblia, una fe vibrante y personal, el importante papel de la oración y devociones personales, la comprensión de la vida de la iglesia como compañerismo, y la prominencia de la adoración y la música. También utiliza las dos primeras categorías de la *Enseñanza Social de las Iglesias Cristianas* de Ernst Troeltsch para mostrar que la espiritualidad evangélica está atrapada entre los aspectos de la santidad, tanto externos como internos, así como individuales y corporativos. Hace un llamamiento a las tradiciones de "corazón-religión" y los afectos religiosos, incorporando puritanos, pietistas y otras expresiones cristianas que enfatizan la importancia de la experiencia. Pero su objetivo más amplio es recalibrar el sentido de lo que significa ser evangélico. En lugar de una identidad registrada principalmente en términos de adherencia a ciertas formulaciones doctrinales, el evangelicalismo para Grenz se entiende mejor como una forma de vida. Como teólogo, Grenz obviamente valora la doctrina, pero él cree que los distintivos evangélicos no son solo de naturaleza doctrinal. Al igual que Webber, Grenz es optimista sobre el futuro de tal visión: "Esta comprensión de la naturaleza del evangelicalismo está mostrando signos de una mayor aceptación dentro de la coalición posfundamentalista contemporánea. De hecho, un cambio fundamental en la autoconciencia puede estar en marcha, un paso de una identidad basada en el credo a una basada en la espiritualidad. El encargado de este cambio puede ser el paso pendiente del dominio del antiguo establecimiento neo-evangélico."[82]

Retos en Curso para una Identificación Estricta

A pesar de estos desarrollos y cambios, los desafíos actuales parecen evitar cualquier identificación estricta entre el pentecostalismo y el evangelicalismo. Es difícil evaluar, por ejemplo, el grado en que Webber y Grenz son precisos al describir una transición para el movimiento. Ciertamente, los desarrollos en esos frentes están funcionando, como señalan Webber y Grenz en sus reflexiones, pero no está claro en qué medida su visión se ha puesto de moda. Por ejemplo, las representaciones

---

[81] Stanley J. Grenz, *Renewing the Center: Evangelical Theology in a Post-Theological Era*, 2nd ed. (Grand Rapids: Baker Academic, 2006), 31, 37.
[82] Grenz, *Revisioning Evangelical Theology*, 44, 37.

La Forma Epistemológica de la Teología Evangélica

institucionales del establecimiento neo-evangélico continúan existiendo y ejerciendo su influencia, incluyendo *Cristianismo Hoy*, la Asociación Nacional de Evangélicos y la Sociedad Evangélica de Teología.

Por supuesto, los aspectos de esta visión alternativa son bastante atractivos para los pentecostales. Grenz desea empujar incluso más allá de los primeros evangélicos al testimonio de los padres de la iglesia, todo con la vista puesta en la situación postmoderna de la iglesia contemporánea. Al hacerlo, desea contextualizar el punto de apoyo modernista sobre el establecimiento evangélico. También se inclina a pensar en la espiritualidad y la teología como actividades de acondicionamiento mutuo,[83] que es un sello distintivo de la orientación del presente estudio. Además, su énfasis en la comunidad para la tarea teológica representa un interés en la contextualización (en oposición a la abstracción excesiva y el proposicionalismo que ve en muchas voces evangélicas); él es consciente de que, al hacer este movimiento hacia la contextualización, las cuestiones epistemológicas son necesariamente puestas en escena, ya que la teología siempre la llevan a cabo personas particulares en circunstancias particulares.[84]

Sin embargo, a pesar de lo prometedoras que son estas direcciones, aún existen preocupaciones en el proyecto de Grenz que hacen imposible una identificación estricta entre el evangelicalismo y el pentecostalismo. Por supuesto, Grenz es solo un representante, pero se usará aquí para ilustrar la necesidad de que los grupos permanezcan distintos, a pesar de la prometedora agenda que promueve. Dicho de otra manera, incluso un proyecto como el de Grenz, que es muy consciente de las deficiencias teológicas del evangelismo del pasado, aún conserva suficiente de esa herencia como para hacer imposible la armonización entre el evangelismo y el pentecostalismo.

La primera dificultad se relaciona con la verbalización y la textualización. Por todo lo que Grenz desea hacer acerca de la importancia de la espiritualidad en sus esfuerzos por revisar lo que el evangelicalismo puede ser, la centralidad de la Biblia en sus propuestas funciona en algunos aspectos como lo hizo para sus antepasados. Es cierto que para Grenz, una visión particular de las Escrituras no es una prueba de fuego para determinar quiénes están "dentro" o "fuera" del rebaño evangélico; él

---

[83] Grenz, *Revisioning Evangelical Theology*, 58.
[84] Grenz cita a Michael Goldberg con buenos resultados cuando este último habla de Agustín: "Aunque una teología proposicional puede tener su lugar, ese lugar está limitado por la vida misma, ya que a medida que sus proposiciones son abstraídas y extraídas de la vida, así también, al final, deben volver a la vida y tener un significado para la vida para ser teológicamente significativos." (Michael Goldberg, *Theology and Narrative* [Nashville: Abingdon, 1982], 95, como se cita en Grenz, Revisioning Evangelical Theology, 85).

no racionaliza, no propone, ni axiomatiza las Escrituras a la manera de los neo-evangélicos. Él hace que los reclamos hechos sobre las Escrituras en la Confesión de Westminster tengan un buen efecto al afirmar que es el Espíritu quien se dirige a una comunidad que lee las Escrituras. Con referencia a la teoría del acto-del-discurso, Grenz dice: "La Biblia es la instrumentalidad del Espíritu en que el Espíritu se apropia del texto bíblico para hablarnos hoy. A través de las Escrituras, el Espíritu realiza el acto ilocucionario de dirigirse a nosotros."[85]

Sin embargo, en el programa de Grenz las Escrituras continúan sirviendo como un anclaje objetivo de la auto-revelación de Dios, el primer y más importante lugar para ver quién es Dios y cómo es Dios. Al elaborar repetidamente la afirmación de que el Espíritu trabaja y habla "a través de la Escritura", él reduce funcionalmente la amplitud y las operaciones del Espíritu a la textualidad o verbalización. Por supuesto, los pentecostales están de acuerdo en que leer las Escrituras es una actividad neumática, y de hecho es significativo que Grenz discuta como lo hace en este punto. Sin embargo, los pentecostales también desean decir que el Espíritu no se limita a trabajar solo "a través de las Escrituras". La obra del Espíritu de sanar, santificar, condenar y capacitar se lleva a cabo de muchas maneras, además de la lectura y la proclamación de las Escrituras.

Quizás el objetivo de Grenz al conectar el trabajo del Espíritu con las Escrituras sea disipar los temores de la privatización y la auto proyección en teología. Si es así, entonces Grenz solo ha perpetuado (aunque de manera diferente) la misma mentalidad de sus antepasados, a saber, que la Escritura funciona como el medio que genera el contenido, asegura el significado y contrarresta la subjetividad de Dios que revela a Dios mismo de una manera estable y duradera. Por ejemplo, cuando considera la dinámica cultural de la hermenéutica, dice en un momento que "los teólogos evangélicos deben escuchar atentamente la voz del Espíritu, que está presente en toda la vida y, por lo tanto, nos precede al mundo, burbujeando a la superficie a través de artefactos y símbolos que los humanos construyen", sin embargo, Grenz expresa una nota de advertencia posterior: "Lo que sea que ocurra a través de otros medios no viene como un discurso en contra del texto. Enfrentar la voz del Espíritu en cultura contra el Espíritu hablando a través de la Escritura sería caer presa de la trampa fundacionalista. . . [elevando] alguna dimensión del pensamiento o experiencia contemporáneos como universal humano que forma el criterio para determinar qué es o no aceptable en la Biblia."[86] Grenz está justamente preocupado cuando los elementos de una cultura se

---

[85] Grenz, *Renewing the Center*, 215.
[86] Grenz, *Renewing the Center*, 218.

elevan como fundamentales. Uniéndose a una larga lista de protestantes conservadores, Grenz también teme los resultados asociados con el protestantismo liberal. Al mismo tiempo, uno se pregunta si Grenz se ha preocupado lo suficiente por hacer de las Escrituras un tipo específico de base, no una que sea universal y atemporal para estar seguro (como los neo-evangélicos lo tendrían, sino como Grenz ha tratado de evitar) pero uno que es local para la comunidad de fe.

Grenz cree que ha evitado esta tendencia debido a su llamado a la teología evangélica a ser más conversacional. Quiere ver que la teología evangélica proceda como una interacción de las Escrituras, la tradición y la cultura, más que como un proyecto fundacionalista que ve en Wayne Grudem y otros, quienes, al establecer una base adecuada (es decir, la inerrancia de la Biblia), puede construir una estructura de pensamiento teológico de una manera poco sistemática.[87] Grenz busca activamente evitar el fundacionalismo de Grudem debido a su compromiso con un paradigma filosófico coherentista, pero su llamado a la construcción de "redes de creencias" o "mosaicos de creencias" continúa siendo impulsado y restringido por los patrones metodológicos modernos.[88] En un comentario que recuerda los temas mencionados anteriormente en el capítulo 1, Grenz dice: "En resumen, la teología es una conversación de segundo orden que busca servir a la misión de la iglesia, que se entiende como un pueblo que proclama y vive la narrativa bíblica de la acción salvadora de Dios en Cristo por el Espíritu." Una vez más, nos enfrentamos con la perspectiva de que la teología sea considerada principalmente como un asunto intelectivo, una forma de esfuerzo cognitivo de segundo orden que tiene lugar distinto de la vida de la fe practicada. Grenz comenta que "los enfoques no fundamentalistas ven la teología cristiana como una actividad de la comunidad que se reúne alrededor de Jesús el Cristo."[89] Tal afirmación es definitivamente útil, pero sin embargo es excesivamente abstracta. A pesar de que sus intuiciones están bien dirigidas, Grenz promueve un proyecto que está muy ligado a la herencia evangélica por medio de la intelectualización de la fe cristiana.

---

[87] Grenz, *Renewing the Center*, 212–13.
[88] Tome una de las líneas del final de *Renewingthe Center* como ilustrando el punto: "La Doctrina, entonces, es el conjunto de proposiciones que juntas forman el mosaico de creencias cristianas. Pero la tarea de formular, explicar y entender la doctrina siempre debe estar conectada de manera vital a la Biblia, o más particularmente, a la narración bíblica" (353). Nótese que el pensamiento proposicional aquí no está dirigido a las Escrituras (como en la trayectoria fundamentalista / neoevangélica), sino que se conserva y se dirige a la doctrina. Tal visión es más similar a los antepasados de Grenz de lo que él hubiera querido admitir.
[89] Grenz, *Renewing the Center*, 214, 209.

La segunda forma en que el enfoque de Grenz no puede conciliar por completo el evangelismo y el pentecostalismo involucra el tema de la encarnación. Considere, por ejemplo, *Teología para la Comunidad de Dios* de Grenz. Este libro de texto (utilizado en mi propia educación en un seminario pentecostal) es un recurso útil en el sentido de que otorga un motivo comunitario para organizar la "sistemática". Con tal motivo, uno pensaría que los asuntos de contextualización serían importantes para Grenz; después de todo, él dice que la teología es contextual, que siempre sucede en alguna parte, y que la localidad particular de una forma particular de teología es significativa por la forma que toma y las preocupaciones que considera. Se refiere al "método de correlación" de Paul Tillich, así como al cuadrilátero wesleyano como ejemplos que intentan tomar en serio la realidad de la experiencia humana en la tarea teológica.[90]

Pero esta presentación implica un contundente contraste presente en las propuestas evangélicas anteriores: fe bíblica frente a elementos de una cultura específica. Nótese, por ejemplo, la siguiente afirmación: "Aunque la Escritura debe seguir siendo la norma primaria para las declaraciones teológicas, la contextualización exige que tomemos en serio las formas de pensamiento y la mentalidad de la cultura en la que transita nuestra teología. Sólo entonces podemos explicar el mensaje bíblico en un lenguaje comprensible en nuestro entorno específico."[91] Grenz admite que hay algo que se puede llamar "fe Bíblica", a diferencia de las formas de pensamiento cultural y las mentalidades, y que la tarea del teólogo es comunicar lo primero de una manera que toma en serio lo último. A través de tal presentación, uno es distinto del otro, y hasta cierto punto el teólogo *trasciende ambos* al ser capaz de dar forma a uno de manera que pueda apelar en el otro.

Francamente, este proyecto es simplemente no viable. Como prueba, nótese que *La Teología para la Comunidad de Dios* de Grenz, contiene pocas observaciones sobre etnicidad o género y cómo estos factores son importantes para la tarea teológica, o cómo esta tarea puede reconfigurar y re-imaginar estos factores.[92] Estos temas, por supuesto, son importantes para cualquier ejercicio orientado a la "comunidad de Dios", y, sin

---

[90] Stanley J. Grenz, *Theology for the Community of God* (Grand Rapids: Eerdmans, 2000), 15–16.
[91] Grenz, *Theology for the Community of God*, 15.
[92] Lo más cerca que Grenz llega a considerar estos asuntos es en su presentación de Jesús como el "ser humano universal" (286-93). En esta sección, Grenz aborda cuestiones de marginación y sexualidad. En este tratamiento, Grenz es mucho más capaz de matizar los problemas de sexualidad que de los privilegios (como indica un recuento aproximado de páginas -dos páginas a marginación en comparación con cuatro sobre sexualidad-, ambas inquietantes, dado un trabajo de aproximadamente 700 páginas).

embargo, estos asuntos generalmente se pasan por alto. ¿Por qué? Tal vez porque a veces se supone que la contextualización entre los evangélicos es importante y que se la "toma en serio" estrictamente en términos de comunicar el evangelio, en otras palabras, en relación con la misión y el evangelismo. Pero quizás vale la pena mencionar otro punto en el caso de Grenz. Él es muy consciente de que el campo neo-evangélico y su inclinación a racionalizar la fe cristiana son productos de un contexto particular. Como resultado, Grenz desea hacer un giro posmoderno en este punto al hacer referencia a la realidad de la comunidad de Dios en esfuerzos teológicos. Sin embargo, Grenz nunca llega a especificar las características particulares de la identidad de una comunidad cristiana y cómo podrían influir significativamente en la tarea teológica. Que Grenz deje de hablar sobre cuestiones tan importantes como la etnicidad y el género cuando habla de antropología como se entiende teológicamente es más que un simple descuido; es un indicador más de que el evangelismo, incluso en sus formas más nuevas y más esperanzadoras, continúa luchando con la contabilidad del cuerpo en particular y la encarnación en general como teológicamente relevantes. En este contexto, la "fe Bíblica" continúa siendo intelectualizada e impulsada por el contenido, ya sea que el contenido se entienda de manera proposicional o narrativa, fundacional o post-fundacionalmente. En pocas palabras, la contextualización sigue siendo un desafío para la teología evangélica en el futuro. A pesar de los llamados a "tomar en serio el contexto" en la tarea teológica, es difícil imaginar que esto ocurra aparte de una explicación sólida del papel del cuerpo humano y la persona en los esfuerzos teológicos.

 Los pentecostales, en contraste, son endosantes implícitos de los méritos de la teología encarnada. Este punto se manifiesta de manera bastante inmediata en la forma en que típicamente usan sus cuerpos en la adoración, ya sea alzando manos y aplaudiendo, balanceándose con la música, gritando y llorando, o ungiendo a los enfermos. Pero el reconocimiento y la potencial reinvención del cuerpo humano van más allá. Los observadores a menudo señalan que, en términos de etnicidad y género, los pentecostales han tenido generalmente más éxito que sus contrapartes evangélicas en la integración y el reconocimiento de una multitud de dones en las divisiones que estratifican a la sociedad. Es cierto que los pentecostales tienen una serie de dificultades que enfrentar en ambos puntajes, pero es cierto que, en la escena estadounidense, tanto las mujeres como las personas de diversos orígenes raciales y étnicos han desempeñado un papel importante en el movimiento pentecostal en general. Tales desarrollos no se deben a ningún tipo de presciencia por parte de los pentecostales que los llevó a ser más inclusivos y abiertos a las voces de la mayoría; tal lectura sería descaradamente anacrónica. Por el contrario, algo profundo dentro de la identidad y existencia pentecostales ha hecho posible estos desarrollos. Creo que uno de estos factores constituyentes es el carácter del pentecostalismo como una tradición mística. Con la afirmación de cosas como la adoración, los afectos, las prácticas espirituales, la unción y otros, el pentecostalismo ha creado un espacio en su contexto para otras dinámicas además de la intelectualización y la abstracción, que a su vez han permitido una interrupción del estatus quo y la verdadera participación del único pueblo de Dios en la economía de la gracia.

Un tercer punto para plantear por qué los evangélicos y los pentecostales siguen teniendo una relación incómoda se refiere al reino del deseo. Tan valiente como el proyecto de revisión de Grenz es, sin embargo, no ofrece una descripción adecuada de la espiritualidad cristiana como lo entienden y persiguen los pentecostales. Para estar seguros, ciertos comentarios y reconocimientos están presentes en la cuenta de Grenz con este fin, pero se necesitan más. En el lado positivo, Grenz recuerda las líneas del evangelicalismo puritano y pietista para defender que, en el futuro, el movimiento debe asumir la centralidad de la experiencia. Subraya la necesidad de una espiritualidad evangélica para evitar los extremos a fin de mantener un equilibrio entre "lo interno versus lo externo y lo individual versus las dimensiones corporativas de la santidad". En términos del primer conjunto, Grenz enfatiza la "religión del corazón", afirmando muy directamente, "Un principio no negociable del evangelismo es que la religión es una cuestión del corazón". Él rinde homenaje a Agustín y Edwards, al tiempo que cita la importancia de ese lenguaje como "afectos" y "convicciones". Como un conjunto resumido de afirma, Grenz continúa: "El afecto del corazón del creyente incluye el deseo personal de participar en la vida cristiana y disfrutar del compañerismo con el pueblo de Dios. Pero, sobre todo, la religión del corazón implica un compromiso con Jesucristo. . .. [Este compromiso] incluye un apego personal a una Persona resucitada y viviente, con quien el creyente experimenta "una relación personal". Esta vida interior, a su vez, constituye y es fundamental para la espiritualidad. De una manera que coincide fácilmente con las afirmaciones del presente trabajo, Grenz señala que la búsqueda de la comprensión de Dios "no requiere la separación de la teología intelectual de la espiritual. Por el contrario, la llamada teología especulativa está realmente mejor servida cuando los teólogos mantienen la búsqueda de la santidad en un enfoque claro como el objetivo final de su tarea. Todo el trabajo teológico debe estar dirigido hacia el objetivo de fomentar la espiritualidad de la comunidad creyente y de aquellos que se dedican a la empresa teológica."⁹³ En todos estos puntos, Grenz plantea un marco muy sugerente, uno que los pentecostales podrían endosar fácilmente.

La dificultad viene con los detalles en el trabajo dentro del marco mismo. En primer lugar, es simplemente asombroso lo pneumatológicamente deficientes que son las propuestas de Grenz. Para un programa que busca revitalizar una espiritualidad, desafortunadamente es hipercristocéntrico. "La vida espiritual", dice Grenz, "es sobre todo la imitación de Cristo. Discipulado significa buscar seguir el modelo establecido por Jesús mismo, porque los verdaderos cristianos reflejarán en sus vidas el carácter de Jesús."⁹⁴ Tales afirmaciones en sí mismas, por supuesto, no levantan banderas rojas. La cuestión persistente es, sin embargo, ¿Cómo lo hacen los cristianos? ¿De qué maneras y categorías pueden los cristianos vivir plenamente este tipo de vida?

En este punto, Grenz recurre a un preocupante enfoque antropológico. Señala que, al contrastar sus puntos de vista con la conformidad externa que ve en las tradiciones litúrgicas más elevadas, "la espiritualidad se genera desde el interior del individuo"; finalmente, "llegar a ser semejante a Cristo es un asunto individual". Cuando habla de la asistencia a la iglesia, dice que los evangélicos "anhelan estar en la reunión porque estamos comprometidos con el Señor y, por lo tanto, con el cuerpo de los creyentes" Estamos motivados internamente, en lugar de estar obligados, a asistir a los servicios de la iglesia. Hay que estar atentos para controlar la calidez del corazón, y todos deben ser amonestados para "hacerse cargo de sus vidas y aplicarse a la tarea de crecimiento". En lo que suena excesivamente draconiano, Grenz dice: "Si un creyente llega al punto en que siente que se ha estancado, el consejo evangélico es redoblar los esfuerzos en la tarea de ejercitar las disciplinas, desea agregar una dimensión corporativa a la espiritualidad junto con su orientación primaria e individualista, pero al hacerlo, habla de la espiritualidad como un "proyecto."⁹⁵

Lo que falta de manera evidente en todo momento es una lógica espiritual minuciosa y bien desarrollada que fundamenta la vida cristiana en general. Grenz menciona el Espíritu un puñado de veces, pero solo de pasada y con poco o ningún efecto en alterar o sustanciar sus propuestas de manera significativa. Pero como muestran muchas de las referencias anteriores, sin una lógica del Espíritu que infunde un recuento de la espiritualidad cristiana, a uno le queda un llamado al esfuerzo humano.

---

⁹³ Grenz, *Revisioning Evangelical Theology*, 44, 45, 57–58.
⁹⁴ Grenz, *Revisioning Evangelical Theology*, 48.
⁹⁵ Grenz, *Revisioning Evangelical Theology*, 46, 47, 51.

Sin una atención constante a la presencia y la obra del Espíritu, las propuestas en la espiritualidad cristiana se tambalean sobre estrategias lamentablemente inadecuadas de superación personal o autoconstrucción. Obviamente, Grenz desearía denunciar estas tendencias, pero ¿qué recursos emplea para evitar estos resultados no deseables? Cuando en una sola página, Grenz comenta que los cristianos deben tomarse en serio "su propia responsabilidad de volverse espirituales", esa espiritualidad debe ser entendida "en términos de una vida equilibrada", que "la espiritualidad cristiana es un proyecto individual en el proceso del cual debemos dedicar todos nuestros recursos personales, ¿qué trabajo puede hacer una sola referencia a los corazones que están siendo avivados por el poder regenerador del Espíritu?"[96] Una vez más, a pesar de la promesa que Grenz muestra en su trabajo, su llamado a una espiritualidad evangélica traiciona el cristocentrismo solitario de las generaciones previas de evangélicos. La pneumatología que está presente simplemente no es lo suficientemente robusta como para que su programa despegue del suelo de una manera teológicamente saludable.

Cuando los pentecostales viven su espiritualidad y luego reflexionan sobre ella, simplemente deben enmarcar los resultados en términos de pneumatología. Sus primeras inclinaciones son no pensar en la vigilancia, el esfuerzo, el autocontrol y cosas por el estilo; más bien, los pentecostales se inclinan a hablar de cómo se deleitan y disfrutan de la presencia de Dios. Para los pentecostales, la espiritualidad no es un proyecto; por el contrario, implica una paradoja permanente entre descansar en Dios y anhelar solemnemente a Dios. Como Steven Land sugirió en el mismo subtítulo de su libro, los pentecostales son genuinamente apasionados por Dios y el reino de Dios. Y estas llamas de santo deseo se avivan por el poder, la belleza y la bondad de la presencia manifiesta de Dios, el Espíritu Santo de Dios, que es experimentado dentro de la modalidad colectiva de adoración. Los pentecostales persiguen y viven su espiritualidad no por obligación sino por la dulzura que es el toque del Espíritu Santo. Con el tiempo, a menudo aprenden a escuchar la voz del Espíritu, a reconocer la presencia del Espíritu, a unirse a la obra del Espíritu y a añorar inquietamente el reinado del Espíritu. En pocas palabras, desde el punto de vista pentecostal, la espiritualidad cristiana es una cuestión del Espíritu. Requiere una lógica del Espíritu (junto con una lógica de Cristo, sin duda) para dar sentido al crecimiento y la maduración en la vida cristiana.

---

[96] Grenz, *Revisioning Evangelical Theology*, 56.

Conclusión

Sea lo que fuere del evangelismo y el pentecostalismo, sus largas trayectorias los han distinguido como movimientos superpuestos y distintos. Muchos académicos y laicos han querido enfatizar la continuidad y la afinidad entre ellos, pero en la actualidad existen muy buenas razones para su demarcación explícita y continua. En particular, el pentecostalismo no puede suscribirse a los impulsos metodológicos y epistemológicos arraigados en el evangelismo estadounidense. Incluso con llamados a la reforma, el evangelismo está continuamente obsesionado por una herencia metodológica particular. Es extremadamente difícil imaginar el evangelismo estadounidense aparte de sus tendencias de escolástica y racionalización, y estas características se oponen a lo que los pentecostales más valoran de su propia tradición. Para considerar sólo un ejemplo, los pentecostales emiten la autoridad bíblica y las prácticas de lectura de la Biblia de maneras muy diferentes a las de los evangélicos, especialmente cuando intentan explicar la lógica de cómo funciona la Escritura en su espiritualidad practicada.

CAPÍTULO 4

Expandiendo la Comprensión Pentecostal del Bautismo del Espíritu

El Capítulo 3 exploró el racionalismo en el trabajo en las expresiones contemporáneas y pasadas del evangelismo en la escena estadounidense, para mostrar su incompatibilidad fundamental con los supuestos y compromisos pentecostales que rodean el conocimiento teológico. Entre los muchos factores dentro de esta exploración, el racionalismo del evangelicalismo se destacó como un obstáculo significativo para una fuerte identificación entre los dos grupos. Las tendencias evangélicas hacia la abstracción y la racionalización enmarcan un recuento del conocimiento de Dios que en esencia es pneumatológicamente deficiente. Incluso con las insinuaciones hacia la espiritualidad y la renovación que un autor como Grenz está dispuesto a hacer, aún se presentan dificultades. Grenz y otros continúan privilegiando "la contribución del fundacionalismo modernista", incluso si se lleva a cabo a un nivel más local (en el caso de Grenz, la comunidad de fe). Dentro de tales condiciones, las Escrituras continúan siendo la autoridad de revelación por excelencia. El Espíritu como tal se convierte primordialmente, — y de algún modo, reductivo, — en un mecanismo que habilita y capacita para ver, interpretar y aplicar fielmente lo que está fundamentalmente disponible en las Escrituras.

Este capítulo y el siguiente son de naturaleza analítica (capítulo 4) y constructiva (capítulo 5); buscan crear más vínculos entre el pentecostalismo y el misticismo cristiano a fin de proporcionar formas más allá de las limitaciones de las propuestas evangélicas pasadas. Tal obra puede no ser aparente o fácil de responder a los miembros ordinarios pentecostales, pero el objetivo que sigue es un esfuerzo continuo en la negociación de la tradición, que implica no simplemente ensayar el pasado para un presente ignorante sino capturar de nuevo el espíritu del movimiento a través de múltiples estrategias y puntos de contacto, todo con el fin de profundizar una apreciación perdurable de lo que los pentecostales ven como su tarea para guardar: —un testigo vital y permanente del poder del Espíritu de Dios para transformar y sanar un mundo quebrantado.

Los pentecostales asumen un mundo impregnado-por-el-Espíritu, de modo que lo que puede aparecer textualizado en las Escrituras, de alguna manera es anticipado y realizado, y así atestiguado, en sus entornos de adoración. Los milagros se registran en las Escrituras, y están disponibles ahora. Teofanías, visiones y sueños tienen temas en las Escrituras, y también pueden ser características de los-testimonios-actuales. En términos de las expresiones pentecostales más discutidas, las personas hablaron en otras lenguas el Día de Pentecostés, y las personas pueden y lo hacen ahora como parte de la espiritualidad pentecostal. Estos compromisos sugieren que, mientras que el evangelismo estadounidense se impregna significativamente de las fuentes de la modernidad, en cierto sentido el pentecostalismo también es "transmoderno". Sí, ciertos rasgos de la expresión pentecostal traicionan las formas de pensamiento modernas, pero otros ciertamente no. Algunos observadores se refieren a estos últimos como conceptos premodernos; otros prefieren hablar de categorías posmodernas. El relato de James K. A. Smith de una cosmovisión o forma de vida pentecostal parece ajustarse a la tarea de describir y delimitar conceptualmente el etos pentecostal, ya que típicamente se refiere a las características premodernas y postmodernas. Más significativamente, él ve la importancia de enmarcar el pentecostalismo en términos de culto y "liturgia vivida", un punto que él refuerza con la ayuda del reporte de Land sobre la espiritualidad pentecostal.[1]

A pesar de lo útiles que son estas frases, todavía quedan desafíos, no sólo descriptivos sino también metodológicos. Si el pentecostalismo es una cosmovisión o una forma de vida y la noción se entiende en términos de principios que constituyen una espiritualidad vital, ¿no corre esta propuesta el riesgo similar a los de la presentación de, digamos, los "cinco fundamentos" promovidos por ciertos grupos evangélicos cristianos? En otras palabras, ¿puede la demarcación conceptual del pentecostalismo seguir siendo presa de los excesos de la racionalización y la abstracción? ¿Pueden los pentecostales resistir la tendencia a sobre racionalizar o hiperconceptualizar a medida que desarrollan su propio etos y tradición, o necesariamente tienen que seguir tendencias evangélicas en este sentido simplemente porque eso es todo lo que se puede hacer?

---

[1] Ver James K. A. Smith, *Thinking in Tongues* (Grand Rapids: Eerdmans, 2010), 12, para un breve resumen de esta cosmovisión propuesta; su segundo capítulo en el volumen es un desarrollo extendido de la idea.

PENTECOSTALISMO: UNA TRADICIÓN CRISTIANA MÍSTICA

Podría decirse que los pentecostales a menudo no se han resistido a esta tendencia, dada la forma en que a menudo han presentado sus distintivos. Especialmente con respecto a las denominaciones pentecostales estadounidenses, uno podría decir que han caído presas de estas inclinaciones, ya que han seguido hablando sobre el bautismo en el Espíritu Santo en particular. Este tema aumentó en importancia a medida que el pentecostalismo se establecía a lo largo de las décadas, y tanto como los que estaban dentro o fuera, se unieron al llamado para identificar qué hace que el pentecostalismo sea distintivo teológicamente. Se asumió en tal ejercicio que una sola práctica o entendimiento podría identificar la clave del pentecostalismo en comparación con otras alternativas cristianas. Y repetidamente el fenómeno de las lenguas se destacó para tales propósitos. Los pentecostales fueron vistos e identificados principalmente como cristianos que hablan en lenguas. Irónicamente, ese tipo de reducción allanó el camino para que el pentecostalismo se desviara más hacia el evangelismo, ya que muchos simplemente asumieron que el pentecostalismo compartía con el evangelismo casi todo lo demás, excepto esta característica; llegó a ser entendido por muchos como "evangelicalismo con lenguas". Como el presente argumento ha llegado a este punto, tal lectura del movimiento pentecostal es sumamente problemática, en términos no solo de las características teológicas pasadas del pentecostalismo, sino también de sus perspectivas del futuro. Sin embargo, el entendimiento del "evangelicalismo con lenguas" es popular y está muy extendido entre partidarios y no partidarios por igual.

Creo que existen maneras de salir de este atolladero de una caracterización simplista del pentecostalismo, pero deben presentarse con cuidado. La tarea no implica simplemente el uso de diferentes categorías per se; más bien, el proceso de delineación debe ser de otro tipo. El trabajo implica cuestionar la conceptualización en sí misma, un señalamiento de la inadecuación de las palabras, los conceptos y las ideas para indicar el papel necesario de la encarnación y la experiencia para llegar a lo que hace que el pentecostalismo sea lo que es. Las propuestas de Smith son un paso en la dirección correcta: hablar del pentecostalismo como una "forma de vida" ayuda a indicar la primacía de la realidad vivida. Su trabajo adicional en enfatizar la fenomenología y los límites de las formas-intelectuales-de-pensamiento son todos bienvenidos a respecto a esto. Sin embargo, aún es necesario un mayor trabajo a lo largo de esta trayectoria porque la sensibilidad hace mucho tiempo que se debe para el desarrollo formal dentro de la teología pentecostal. Los pentecostales necesitan sugerir conceptualmente los límites de lo que se puede decir y categorizar en la tarea teológica, ya que su espiritualidad exige el desarrollo de ese tipo de orientación.

El pentecostalismo puede ser ayudado en este frente cuando se considera como una tradición mística de la iglesia católica, dado que el misticismo cristiano tiene una larga historia de cultivar una sensibilidad apofática en la tarea teológica, que apunta precisamente para expresar los límites del discurso y pensamiento para señalar las dimensiones más allá de ellos. El tema del apofaticismo ha recibido la atención creciente últimamente, especialmente en propuestas teológicas postmodernas. Uno de sus usos ha sido como un mecanismo para asegurar la deconstrucción, pero este uso no es el único posible. Dadas sus muchas definiciones y usos, el apofaticismo se debe entender como una noción disputada; el asunto necesita demarcación adicional si se va a usar para un fin específico.[2]

En términos del presente volumen, consideraremos el apofaticismo como una creencia dentro de la tradición cristiana que asume un "realismo doxológico" y que conduce a un tipo de humildad lingüística y conceptual. apofaticismo en este sentido puede señalar muchas cosas, incluso la insuficiencia de palabras, formas de silencio y diferentes formas de compromiso para formar una respuesta colectiva que significa límites humanos y (más significativamente) para dar expresión a un tipo de Dios-direccionalidad que es venerable en su núcleo. En contraste, los pentecostales, por supuesto, no son típicamente conocidos por sus experiencias de adoración silenciosa o su participación en la oración contemplativa y meditativa.[3] ¡Todo lo contrario! Los pentecostales son típicamente ruidosos en la expresión de su espiritualidad y con frecuencia son propensos a reprender a los cristianos que no lo son. Un cierto orgullo puede establecerse entre aquellos que están dispuestos a "aclamar al Señor"; su celo puede representar su gusto espiritual, y puede funcionar como una insignia de honor. Estas dinámicas no parecen encajar con lo que típicamente se asocia con las dimensiones apofáticas de la existencia cristiana. En cualquier caso, el apofaticismo puede servir un papel crucial en contrarrestar la logo-centricidad. Por lo tanto, los enlaces y las interconexiones son posibles, ya que tanto el apofaticismo como el pentecostalismo están en desacuerdo con los tipos de evangelicalismo

---

[2] Un útil artículo de la encuesta es Martin Laird, "'Whereof We Speak': Gregory of Nyssa, Jean-Luc Marion, and the Current Apophatic Rage," *Heythrop Journal* 42 (2001): 1–12.

[3] Esto no quiere decir que no haya lugar para el silencio en los entornos de adoración corporativos pentecostales. Momentos de silencio surgen de vez en cuando en estos contextos, y cuando lo hacen, la situación es a la vez inquietante y bastante desarmante, dada la "norma estridente". Véase Daniel Castelo, "An Apologia for Divine Impassibility: Toward Pentecostal Prolegomena," *Journal of Pentecostal Theology* 19, no. 1 (2010): 118–26.

estudiados previamente, que suponen que la revelación necesita ser racional, y que lo racional en este sentido particular está inextricablemente ligado a una comprensión que las palabras pueden explicar adecuada y debidamente los misterios de la fe. En términos generales, apofaticismo y pentecostalismo (cuando cada uno se proyecta de cierta manera) comparten una serie de similitudes e inquietudes. Curiosamente, estos pueden ser sacados a la luz cuando se consideran lenguas o glosolalia.

Se mencionó anteriormente que la glosolalia ha sido privilegiada cuando se habla de la identidad teológica pentecostal. La literatura dedicada al hablar-en-lenguas es masiva ahora, y las perspectivas de una variedad de disciplinas se han empleado para iluminar su carácter y significado.[4] La dificultad evidente con este enfoque en lenguas para describir el pentecostalismo es que no es la característica más importante de la identidad pentecostal una vez que consideramos una descripción histórica y teológicamente "gruesa" del movimiento. Algunos académicos que han contribuido significativamente a los estudios pentecostales en la academia han ayudado a ofrecer estos informes más amplios y profundos. Se han propuesto muchos lentes disciplinarios, temas históricos y énfasis teológicos para generar un sentido del carácter del pentecostalismo. Por lo tanto, dado el conjunto de propuestas en este frente, es difícil continuar esta táctica de privilegiar las lenguas para la identidad pentecostal; para aquellos que sí lo hacen, simplemente descuidan las contribuciones importantes que se han logrado gracias a los desarrollos académicos de las últimas décadas.

Pero muchos pentecostales continúan sosteniendo este privilegio de lenguas para el establecimiento de la identidad pentecostal. Ellos entienden que las lenguas están íntimamente ligadas al bautismo del Espíritu, y las dos en tándem pueden funcionar como un recuento general de lo que es la verdadera y auténtica experiencia pentecostal. En este sentido, consideran que Hechos 2 es el modelo bíblico para el presente, y lo ven repetido en Hechos 8 (por implicación), 10 y 19. Como señala Gary McGee, "Las oportunidades de liderazgo en muchas denominaciones pentecostales y congregaciones locales, a menudo se ofrecen sólo a aquellos que han experimentado la glosolalia, tal vez marcando el único momento en la historia cristiana en que este tipo de experiencia carismática ha sido institucionalizada en una escala tan grande."[5] Ese tipo

---

[4] Para una muestra de la investigación, vea Watson E. Mills, ed., *Speaking in Tongues: A Guide to Research on Glossolalia* (Grand Rapids: Eerdmans, 1986), y Mark J. Cartledge, ed., *Speaking in Tongues: Multi-disciplinary Perspectives* (Milton Keynes, UK: Paternoster, 2006).
[5] Gary McGee, "Editor's Introduction," in *Initial Evidence: Historical and Biblical Perspectives on the Pentecostal Doctrine of Spirit Baptism*, ed. McGee (Peabody, MA: Hendrickson, 1991), xv.

de discriminación surge de un énfasis que a su vez ha estado vinculado a la identidad institucional. Dicho de otra manera, la interrelación entre las lenguas y el bautismo del Espíritu ha sido politizada denominacionalmente, privilegiando a las lenguas como el marcador central de identidad del pentecostalismo.

Sin embargo, este énfasis es difícil de sostener más allá de los dominios teóricos o ideológicos, ya que la realidad sobre el terreno a través de una investigación documentada es que la mayoría de los pentecostales auto-identificados *no* hablan en lenguas.[6] Este hecho parece amenazar la identidad pentecostal, porque algo que a menudo se menciona como el sello distintivo de la identidad pentecostal, de hecho, no está muy extendido entre quienes reclaman la identidad misma. A la luz de esta tensión, tenemos que preguntar: ¿en qué punto se rompe la identidad pentecostal? ¿Qué es, en realidad, lo que sostiene o define la identidad? Estas son preguntas difíciles, y su intensidad es un resultado directo de este privilegio de la glosolalia en los esfuerzos por identificar el núcleo del movimiento pentecostal.

El lenguaje usado por el establecimiento pentecostal clásico — las denominaciones, instituciones y documentos oficiales que representan la identidad públicamente— para indicar este privilegio es que las lenguas son la evidencia inicial (y a veces agregada aquí es "física") del bautismo en el Espíritu Santo.[7] Algunos hablan de esta lógica evidencialista como la

---

[6] En su artículo "Estadísticas globales", David Barrett y Todd Johnson comentan sobre la "Primera ola" del movimiento pentecostal (en otras palabras, las formas clásicas que se consideran aquí): "La mayoría de las denominaciones pentecostales enseñan que hablar en lenguas es obligatorio para todos miembros, pero en la práctica hoy solo entre el 5% y el 35% de todos los miembros han practicado este don, ya sea inicialmente o como una experiencia continua" (en el Nuevo Diccionario Internacional de Movimientos Pentecostales y Carismáticos, editor Stanley M. Burgess, rev.exp. ed. [Grand Rapids: Zondervan, 2003], 291 [énfasis añadido]). El punto no se ha perdido en varios distritos electorales, ya que, entre otros ejemplos, se convirtió en un tema de discusión en el cuarto quinquenio del Diálogo Internacional Católico-Pentecostal (según lo informado por Steve Overman en el prólogo de Aaron T. Friesen, *Norming the Abnormal: The Development and Function of the Doctrine of Initial Evidence in Classical Pentecostalism* [Eugene: Pickwick Publications, 2013], xi).

[7] Una muestra de declaraciones de creencias denominacionales sugiere tanto. Por ejemplo, la Iglesia de Dios en Cristo declara que "el hablar en lenguas es la consecuencia del bautismo en el Espíritu Santo". Aunque esta iglesia relaciona esta experiencia con el fruto del Espíritu, continúa diciendo: "Cuando uno recibe una experiencia bautismal del Espíritu Santo, creemos que uno hablará con una lengua desconocida para uno mismo de acuerdo con la soberana voluntad de Cristo" (www.cogic.org/our-foundation/what-we-believe). La Iglesia de Dios (Cleveland) cree en "hablar en otras lenguas a medida que el Espíritu pronuncia y que es la evidencia inicial del bautismo del Espíritu Santo" (www.churchofgod.org/c creencias / declaración de fe). La Iglesia Internacional de Santidad Pentecostal sostiene que "la evidencia inicial de la recepción del [bautismo pentecostal del Espíritu Santo y del fuego] es hablar en otras lenguas a medida que el Espíritu pronuncia" (www.iphc.org/beliefs/). Finalmente, la Iglesia Cuadrangular proclama lo siguiente sobre este tema: "Creemos que aquellos que experimenten el bautismo del Espíritu Santo hoy lo experimentarán de la misma manera que los creyentes lo experimentaron en la iglesia primitiva; en otras palabras, creemos

doctrina pentecostal distintiva; dirían que otras tradiciones pueden emplear el lenguaje del "bautismo en el Espíritu", pero los pentecostales clásicos han hecho el movimiento para distinguir su comprensión de los rivales al agregar esta calificación evidencialista.[8] Como resultado, ha ganado un peso significativo, a veces en medio de la controversia,[9] para propósitos de auto- identificación pentecostal. En tal contexto, no es sorprendente que las lenguas se destaquen exorbitantemente.

Lo que sigue es una exploración de cómo surgió esta comprensión en términos de sus órdenes y lógica, que puede proporcionar una base para la reevaluación. En particular, el lenguaje y la epistemología detrás de la lógica de las "evidencias" se expondrán como un paradigma del pensamiento moderno, uno similar a la tendencia evangélica de la escolástica elaborada previamente. A continuación, examino a tres teólogos pentecostales que tienen preocupaciones similares a las planteadas en este capítulo, que se prepararán para el trabajo constructivo en el capítulo 5.

El Trasfondo de una "Doctrina" Peculiar

Si se va a llevar a cabo ese trabajo de refundición, primero debemos revisar algunos antecedentes. Para aquellos que tienen algún conocimiento histórico del movimiento pentecostal, la mención de la doctrina del bautismo en el Espíritu con la evidencia de hablar en lenguas traerá a la

---

que hablarán en lenguas, idiomas que no conocen" (ver, por ejemplo, www.opendoorcc.org / page / our_beliefs).

[8] En este sentido, Stanley Burgess comenta: "La expectativa de un bautismo en el Espíritu en realidad ha sido bastante común en la historia cristiana, aunque para la mayoría de los cristianos pronto se institucionalizó en forma sacramental. En cambio, me parece que el verdadero distintivo histórico del pentecostalismo moderno es su insistencia en que las lenguas se consideren como la "evidencia física inicial" para el bautismo del Espíritu" ("Evidence of the Spirit: The Ancient and Eastern Churches," in Gary McGee, *Initial Evidence*, 3). Esta lectura es cuestionada en cierto grado dentro de este volumen debido a un énfasis en la enseñanza de Edward Irving. Para más información sobre el movimiento Irvingita, ver McGee, Initial Evidence, 35-36, así como cap. 3.

[9] Uno de los casos más famosos de este tipo fue Fred F. Bosworth, quien, a pesar de estar asociado con las Asambleas de Dios en su fundación en 1914, finalmente abandonó la denominación en 1918 debido a su desacuerdo con esta lógica evidencialista, que se manifestó por la denominación cuando redactó su Declaración de Verdades Fundamentales en 1916. En el borrador original, las lenguas se hablaban como un "signo inicial" de "bautismo en el Espíritu Santo", pero con la controversia con Bosworth, el asunto se matizó aún más. McGee nota los cambios, "cuando [el artículo 6 de la Declaración de Verdades Fundamentales] fue enmendado dos años después en la controversia planteada por Bosworth, la doctrina fue identificada [por las Asambleas de Dios] como 'nuestro testimonio distintivo' y el artículo fue cambiado para leer 'el signo físico inicial de hablar con otras lenguas'" (McGee, *Initial Evidence*, 110). Para algunas consideraciones generales de esta controversia, véase, Carl Brumback, *Suddenly . . . from Heaven: A History of the Assembly of God* (Springfield, MO: Gospel Publishing House, 1961), chap. 18.

mente a Charles Parham, a veces referido como el padre del pentecostalismo estadounidense.[10] Inicialmente, Parham comenzó su ministerio como sanador-de-fe y predicador en Kansas, y durante los últimos años del siglo diecinueve recibió la influencia de un número de los de avivamiento de Santidad. Apreciaba personalmente el mensaje de sanidad divina, ya que toda su vida se enfrentó a una serie de enfermedades físicas, especialmente la fiebre reumática. Al emerger como un ministro itinerante, se inspiró en personas como John Alexander Dowie, Dwight L. Moody, A. J. Gordon, A. B. Simpson, R. A. Torrey, Benjamin H. Irwin y Frank W. Sandford. Colectivamente, estas figuras proporcionaron un mundo teológico (y hasta cierto punto ideológico) para Parham. La sanidad fue un tema importante en este contexto, como lo fue un marco escatológico milenario que asumió el regreso inminente de Cristo. Debido a esta creencia, a menudo se esperaba una experiencia de empoderamiento que ayudaría en los esfuerzos de evangelización según fuera necesario. Esta experiencia, a veces considerada por esta cultura más amplia como "bautismo en el Espíritu Santo", y la lógica en juego se formaron significativamente por los mensajes predicados en varios avivamientos, incluidos los famosos asociados con la ciudad de Keswick en Inglaterra. Este mensaje involucró el cargo de llevar una "vida superior" con Dios que a su vez contribuiría a un servicio más sostenido y actividad evangelística. En este medio, el "bautismo en el Espíritu Santo" fue una experiencia de empoderamiento.[11]

Estas muchas influencias fueron cruciales para Parham. Mantuvo una postura experiencial tripartita -en parte debido a Irwin- al pensar que un cristiano debía experimentar la santificación y el bautismo del Espíritu después de la conversión,[12] todo el tiempo pensando en el bautismo del

---

[10] Para los detalles de la vida y la evolución de Parham, estoy en deuda con el trabajo de James R. Goff Jr. Vea su *Fields White unto Harvest* (Fayetteville: University of Arkansas, 1988). For personal features of the narrative, I am relying on Sarah E. Parham, *The Life of Charles F. Parham: Founder of the Apostolic Faith Movement* (repr., New York: Garland, 1985). La prominencia que Parham ha disfrutado en términos de ser el "fundador" o el "padre" del movimiento, a pesar de las características difíciles de su vida y su teología, es en gran parte el resultado de las principales presentaciones pentecostales. Una de las primeras obras para reclamar Parham por la historiografía pentecostal después de las consecuencias entre Parham y el movimiento es Frank J. Ewart, *The Phenomenon of Pentecost* (Houston: Herald Publishing, 1947). Siguiendo este esfuerzo fue Klaude Kendrick, *The Promise Fulfilled: A History of the Modern Pentecostal Movement* (Springfield, MO: Gospel Publishing House, 1961); en este trabajo, Kendrick ve a Parham como patriarca, y enfatiza el fenómeno de las lenguas como clave para la identidad del movimiento. Además, el papel de Seymour y Azusa para los orígenes pentecostales se minimiza significativamente en este volumen.

[11] Se pueden citar muchos ejemplos de este enfoque, pero es importante destacar el trabajo de R. A. Torrey; véase, *The Baptism with the Holy Spirit* (New York: Fleming H. Revell, 1897) y *The Holy Spirit: Who He Is and What He Does* (Old Tappan, NJ: Fleming H. Revell, 1927).

[12] De hecho, Parham tuvo algunos comentarios inflamatorios sobre la teología del "trabajo terminado", lo cual es irónico, ya que esta rama del pentecostalismo ha hecho más para recuperar a Parham como

Espíritu a lo largo de lineamientos ampliamente keswickianos (es decir, como una experiencia de empoderamiento). Cuando Parham visitó Sandford en Maine durante el verano de 1900, creció su convicción de que la experiencia del bautismo en el Espíritu era para el evangelismo mundial. Regresó a Topeka, Kansas, de su viaje a la Costa Este y en octubre de 1900 comenzó una escuela misionera que nombró Colegio Bíblico Betel, siguiendo el modelo de la Comunidad Silo de Sandford. Cuando se acercaba diciembre, Parham y sus alumnos tuvieron un "problema". Él relata así el asunto:

> ¿Qué hay del segundo capítulo de Hechos? Durante años, he sentido que cualquier misionero que vaya al campo extranjero debe predicar en el idioma de los nativos. Que, si Dios alguna vez hubiera equipado a Sus ministros de esa manera, Él podría hacerlo hoy. . . . Habiendo escuchado a tantos cuerpos religiosos diferentes reclamar otras pruebas como la evidencia de que tenían el bautismo pentecostal, puse a los estudiantes a trabajar diligentemente en lo que era la evidencia bíblica del bautismo del Espíritu Santo, para que pudiéramos ir ante el mundo con algo que era indiscutible porque coincidía absolutamente con la Palabra.[13]

Parham se fue por unos días en un viaje evangelístico a la ciudad de Kansas, y cuando regresó, su relato impresiona a los estudiantes afirmando que habían acordado que la única evidencia bíblica prevaleciente del bautismo en el Espíritu era hablar en otras lenguas. "Para mi asombro", relata Parham, "todos tenían la misma historia, que mientras ocurrían cosas diferentes [*sic*] cuando caía la bendición pentecostal, la prueba indiscutible en cada ocasión era que hablaban en otras lenguas."[14] Parham supuso que estas lenguas eran de naturaleza misionera, convirtiéndolas en "xenoglossa" o "xenolalia", es decir, que eran lenguas humanas desconocidas para sus hablantes. Este tipo de impartición, siguiendo lo que se consideraba el modelo de Hechos 2, convertiría a las personas en misioneras instantáneas que podrían facilitar el evangelismo mundial durante estos "últimos días."

La comunidad en Betel a su vez oró y buscó "la bendición", y el 1º de enero de 1901, se oró por una cierta aspirante a misionera llamada Agnes

---

el fundador del movimiento. En cuanto a los puntos de vista de Parham, el siguiente es uno de los comentarios más difíciles en su corpus: "El fin diabólico y el propósito de su majestad satánica, al perpetrar el durhamismo en el mundo, al repudiar la santificación como una obra definitiva de gracia, ahora ha sido claramente revelado. Al tratar de destruir la gracia de la santificación, él trata de borrar la única gracia de Dios para hacernos vencedores, y así obstaculizar la preparación necesaria para la redención." (Parham, *The Everlasting Gospel* [Pentecostal Books.com, 2013; orig. pub., 1911], 134).

[13] Parham, The Life of Charles Parham, 51–52.
[14] Parham, *The Life of Charles Parham*, 52.

Expandiendo la Comprensión Pentecostal del Bautismo del Espíritu

Ozman, ya que ella sintió la necesidad de una experiencia del Espíritu Santo para ayudarle a cumplir su llamado. Después de un tiempo de laborioso esfuerzo, comenzó a hablar en otras lenguas (un fenómeno que, según ella, había experimentado varias semanas antes).[15] El propio Parham calificó el discurso de Ozman como chino, y posteriormente el 3 de enero, otros dentro de la escuela (incluido el mismo Parham) experimentaron fenómenos similares a los de Ozman, haciéndolo en una "sala superior". Parham creía que él hablaba en un número de idiomas humanos durante este período, incluido el sueco, y se dijo que Ozman inmediatamente después de los eventos del día de año nuevo había hablado en bohemio (como supuestamente fue verificado por un hablante nativo).

Como señala Goff, existen fuertes tensiones entre los relatos de Parham y Ozman sobre los detalles que culminan en el avivamiento del día de año nuevo.[16] Mientras que el relato de Ozman es menos culminante, la narración de Parham presenta este incidente y otros como testigos colectivos de que el signo del bautismo del Espíritu estaba haciendo su aparición en un momento crucial de la historia mundial, similar a como había tenido lugar en Hechos 2. Como se señaló anteriormente, Parham estaba "asombrado" por el consenso alcanzado por los estudiantes. Y en los eventos que siguen, Parham recibe más votos: "Un intérprete del gobierno afirmó haber escuchado veinte dialectos chinos pronunciados claramente en una noche. Todos están de acuerdo en que los estudiantes de la facultad hablaban en los idiomas del mundo y con el acento y la entonación adecuados."[17] En estos relatos, Parham exagera el papel del cuerpo estudiantil en el crecimiento y desarrollo de la fórmula, y enfatiza la naturaleza providencial de los acontecimientos. Ozman, por el contrario, describe su papel como pedagoga, enseñándoles a los alumnos esta comprensión del bautismo en el Espíritu *post factum* a los eventos que ocurren en el día de año nuevo. Sin embargo, los acontecimientos tuvieron lugar, Parham tenía una participación directa en restar importancia a su participación, a pesar de haber "reconstruido el rompecabezas teológico del pentecostalismo en algún momento durante el otoño de 1900", cuando "predijo el avivamiento que finalmente confirmaría sus conjeturas."[18]

Las características más significativas de este "acertijo" involucran el desarrollo y el encuadre por parte de Parham de la lógica del bautismo del Espíritu en plena anticipación de los eventos que han adquirido un estatus legendario en la historiografía pentecostal. Según Goff, Parham fue

---

[15] Véase, Goff, *Fields White unto Harvest*, 71.
[16] Ver generalmente Goff, *Fields White unto Harvest*, 69–72.
[17] Parham, *The Life of Charles Parham*, 54–55.
[18] Goff, *Fields White unto Harvest*, 71, 72.

expuesto por primera vez a la noción de lenguas misioneras a través de un periódico de Santidad que leyó en 1899 que presentaba una historia sobre una persona llamada Jennie Glassey. Glassey se asoció con el grupo Silo de Sandford y se dice que aprendió milagrosamente varios dialectos africanos que ayudarían a su trabajo misionero en el continente.[19] El fenómeno de las lenguas misioneras atraía a Parham, y sin duda lo ayudó a impulsarlo a visitar Sandford durante ese verano. Al regresar a casa después de su viaje a Maine, Parham había cristalizado el entendimiento en su mente: el bautismo en el Espíritu se evidenciaba en las lenguas misioneras y era una experiencia de poder para la evangelización del mundo en el fin de los tiempos. Cuando hizo que los alumnos buscaran en Hechos 2 el signo del bautismo en el Espíritu ya había formulado en su mente lo que encontrarían. Las experiencias que siguieron el día de año nuevo y los días posteriores confirmaron la singular descripción de Parham sobre cómo se identifican los casos de bautismo en el Espíritu y cuáles son sus propósitos dentro del señorío de Dios sobre la historia. A pesar de las narraciones en sentido contrario, este incidente sugiere que los pentecostales de hecho han llevado su doctrina al altar para enmarcar lo que eventualmente encontrarían allí.

Algunos podrían criticar estos desarrollos diciendo que Parham creó a sus estudiantes para encontrar lo que él quería que ellos encuentren, pero esta evaluación no toma en cuenta la forma en que las doctrinas en general tienden a ser formuladas y desarrolladas a lo largo del tiempo. Por supuesto, Parham, como una manera de hablar, "preparó" a sus alumnos, ya que todos están "conformados" de cierta manera cuando acuden a las Escrituras y tratan de darle sentido a la fe cristiana. Las formulaciones doctrinales no simplemente caen del cielo en esplendor divino, están formuladas con los tecnicismos y la sofisticación que a menudo las constituyen. Muy por el contrario, para el discernimiento humano, el razonamiento y la articulación juegan un papel vital en todo. Como tal, la doctrina y la experiencia van de la mano, influyéndose mutuamente a lo largo de un proceso significativo y extenso. Esto no es simplemente un punto de Lindbeck, sino que también es apreciado por los pentecostales.[20]

---

[19] Goff, *Fields White unto Harvest*, 72–73.
[20] Tenga en cuenta la famosa frase de Lindbeck: "No podemos identificar, describir o reconocer la experiencia en cuanto experiencia sin el uso de signos y símbolos" (George Lindbeck, *The Nature of Doctrine* [Philadelphia: Westminster, 1984], 36). Jacobsen cita a Myer Pearlman con buenos resultados en este punto: "Ciertamente, es más importante vivir la vida cristiana que simplemente conocer la doctrina cristiana, pero no habría experiencia cristiana si no hubiera una doctrina cristiana" (Douglas Jacobsen, *Thinking in the Spirit* [Bloomington: Indiana University Press, 2003], 5, citando a Myer Pearlman, *Knowing the Doctrines of the Bible* [Springfield, MO: Gospel Publishing House, 1937], 10).

Expandiendo la Comprensión Pentecostal del Bautismo del Espíritu

Un tiempo de prueba y desarrollo necesariamente acompaña las comprensiones doctrinales para que lo que primero se sospechó o entendió se puede abandonar, probar, refinar o alterar significativamente, dado el paso del tiempo, las necesidades apremiantes de las comunidades, lo que se aprende o se prioriza, y así. Hablando del caso de Parham, Jacobsen señala que la gente podría ver las indicaciones de Parham como "instrumentales" (allanando el camino) o "causales" (en cierto sentido creativas) de la experiencia que se dijo para confirmar el entendimiento.[21] El problema con ambas categorías es que están demasiado orientadas a los agentes. Lo más probable es que Parham no intentara ser intencionalmente engañoso o manipulador. Derivó una convicción y creyó que tenía sentido en relación con otras convicciones que tenía, y aquellos en su medio compartieron la suficiente afinidad con estas convicciones para estar en comunidad con él y aprender de él como una figura de autoridad. Por lo tanto, si la pregunta que Parham planteó a sus alumnos se toma en serio en su forma, es decir, "¿Cuál es la evidencia bíblica del Bautismo del Espíritu Santo?", Y si su lugar principal para mirar era Hechos 2, entonces una respuesta específica de hecho se presenta a sí mismo.[22] Todos sus otros compromisos, incluido el entendimiento de que estaban en la cúspide de un avivamiento mundial que marcaría el comienzo de la segunda venida de Cristo, simplemente funcionaron en conjunto con él.

El problema no es que los estudiantes estén conformados per se; la dificultad reside en cómo esta comprensión fue desafiada o no a su debido tiempo, dado un proceso de prueba y discernimiento. Una vez que Parham y su comunidad tuvieron la experiencia de las lenguas, ¿se confirmó el marco teológico o hubo necesidad de modificación a la luz de esto? Parham y sus colegas derrocharon mucho esfuerzo, podría decirse que consumieron demasiada energía, para decir que estaba confirmado. Jacobsen detecta tal reflejo entre los estudiantes de Parham, señalando que "estaban convencidos de que habían hablado en lenguas "extranjeras" porque sabían que eso era lo que se suponía que sucedería. Estaban tan convencidos de la verdad de la opinión de Parham que perdieron toda conciencia del hecho de que en realidad estaban interpretando su experiencia para que se ajustara al ideal teológico predefinido de Parham."[23] Los estudiantes de Parham no pudieron evitar interpretar su

---

[21] Jacobsen, *Thinking in the Spirit*, 4.

[22] En aras de la perspectiva, tenga en cuenta que Torrey también planteó la cuestión de la evidencia del bautismo del Espíritu a la luz de Hechos 2, pero respondió negativamente, que las lenguas no eran la evidencia, porque también tomó en consideración otros pasajes bíblicos (particularmente 1 Cor 12:30), así como a los creyentes, él sabía a quién consideraba que había tenido la experiencia pero que no había hablado en lenguas. Ver *The Baptism with the Holy Spirit*, 18.

[23] Jacobsen, *Thinking in the Spirit*, 5.

experiencia a través del marco teológico de su líder, porque eso es lo que estaban inconscientemente inclinados a hacer. Pero podrían ser culpados por extender ese marco si su experiencia posterior directamente lo desafió de manera decisiva. Con la ventaja de la retrospectiva, podemos ver que estas cuestiones llegaron a una encrucijada, y el pentecostalismo institucional reconoció el punto. El reconocimiento, sin embargo, fue sólo, y desafortunadamente, parcial.

Con el tiempo, el pentecostalismo institucional abandonó la idea de que las lenguas evidentes para el bautismo en el Espíritu eran necesariamente lenguas misioneras. Las pruebas repetidas y la evaluación a lo largo del tiempo no pudieron mantener este compromiso. Ciertamente en Hechos 2 y tal vez incluso en otros escenarios, de vez en cuando, ha ocurrido el fenómeno de la xenolalia, pero la interpretación de Parham de que representa el *patrón* bíblico de la experiencia no pudo mantenerse, dado el peso de la reflexión y evaluación comunitaria.[24] Curiosamente, Parham por el resto de su vida consideró esta creencia de lenguas misioneras como la evidencia bíblica del bautismo en el Espíritu, y denunció el movimiento que ayudó a establecer para abandonar este compromiso central. Desde un ángulo, es sorprendente que sostenga tan tenazmente la vista, pero de otro, su compromiso imperturbable tiene sentido. Si las lenguas misioneras no estaban sobre la mesa y en su lugar fueron reemplazadas por lenguas desconocidas (es decir, glosolalia), el sistema teológico de Parham sería severamente dañado, ya que xenoglosia sirvió de "vínculo utilitario" entre el poder del Espíritu Santo y el evangelismo.[25] Tal modificación pondría en peligro lo que Parham había llegado a creer sobre su ministerio y el papel del pentecostalismo en el ordenamiento providencial de Dios de la historia cósmica.

El pentecostalismo institucional de la variedad estadounidense hizo la modificación de reemplazar en gran parte a la xenolalia con glosolalia como la evidencia inicial del bautismo en el Espíritu; al hacerlo, retuvo ampliamente la estructura de fórmulas de Parham.[26] Hacerlo ha puesto a esta rama del pentecostalismo en desacuerdo con otras circunscripciones pentecostales de todo el mundo, para las cuales la lógica de la evidencia

---

[24] Uno de los primeros ejemplos de este entendimiento es A. G. Garr, quien erróneamente creyó que podría hablar bengalí cuando llegó como un misionero pentecostal temprano a la India, aunque nunca antes había estudiado el idioma. Garr pasaría a tener un ministerio importante en toda Asia y en América, pero sus primeras experiencias requirieron una reevaluación de la lógica de Parham.

[25] Goff, *Fields White unto Harvest*, 75.

[26] Parham parece haber preferido el lenguaje de "evidencia bíblica" y su trabajo supone que fue la única evidencia. Aunque ocasionalmente fue utilizado por Parham, el modificador "inicial" saltó a la fama ya que los pentecostales intentaron definir de manera más clara y rígida sus distintivos. Esta lectura está más en línea con Friesen (*Norming the Abnormal*, 46) que con Goff (*Fields White unto Harvest*, 173).

Expandiendo la Comprensión Pentecostal del Bautismo del Espíritu

inicial no es convincente ni obligatoria.[27] Al proceder de esa manera, el pentecostalismo institucional tomó un camino que era a la vez más sensato pero también más problemático que el de Parham. Ahora con esta modificación, se alivió la presión de averiguar qué lenguaje era cada instancia de lenguas, ya que la identificación precisa indicaría un llamado misionero a una región donde se hablaba ese idioma. Además, el marcador distintivo del pentecostalismo clásico -la experiencia del bautismo en el Espíritu- evitó ser desacreditado, ya que la falsificación de lenguas como lenguas humanas conocidas podría tener ese resultado concomitante. Por estas y otras razones, el cambio fue importante. Pero incluso con este cambio, el pentecostalismo institucional ha seguido privilegiando las lenguas (ahora glosolalia) como la evidencia inicial del bautismo del Espíritu, y al hacerlo, ha expuesto aún más dramáticamente las debilidades de la visión original de Parham.

Desafíos Perpetuos con el Entendimiento

Antes de considerar más estas debilidades, deberíamos preguntarnos: ¿Por qué el pentecostalismo institucional no logró modificar su doctrina? Es difícil responder a esta pregunta con certeza, pero uno sospecha que al menos dos factores estuvieron en juego. Una es que una gran variedad de personas en medio de circunstancias fluctuantes continuaron narrando testimonios consistentes con los contornos de la fórmula; continuaron utilizándolo (aunque en esta forma glosolalal alterada) para describir sus propias experiencias. Y a medida que el movimiento creció y se extendió intergeneracionalmente, estos testimonios se calcificaron conceptual y definidamente. Formaron una lógica que fue impartida y recogida por aquellos que se unieron al redil.

Un ejemplo de esta tendencia es G. F. Taylor. En su *El Espíritu y la Novia*, Taylor habla de cómo un hermano cristiano le dijo que creía que aquellos que recibían el bautismo en el Espíritu Santo hablarían en lenguas. Taylor confiesa: "Esto fue una sorpresa para mí, ya que era la primera vez que había pensado en esta línea. Respondí que había tenido el Bautismo del Espíritu durante años, pero este era el poder pentecostal. Me dijo que había tenido el testimonio de mi santificación, pero que no había

---

[27] Este punto no debe ser subestimado, ya que representa otra capa de inestabilidad a la afirmación de que las lenguas como la evidencia física inicial del bautismo del Espíritu están en el corazón de la identidad pentecostal. No solo esto no es verdad en términos de la realidad "sobre el terreno" de estas confraternidades, sino como se insinuó anteriormente, tampoco es cierto de varias confraternidades pentecostales fuera de la órbita denominacional estadounidense. Las unidades constitutivas en esta categoría incluirían pentecostales en India, Chile, Alemania, el Reino Unido y Escandinavia.

tenido el Bautismo del Espíritu". En el caso de Taylor, finalmente apeló al testimonio del Espíritu y al fundamento de las Escrituras: "Así que decidí que lo averiguaría, y de inmediato comencé a orar a Dios para que me enseñara. El Espíritu parecía confirmar lo que el hermano me había dicho. Pero temiendo que podría equivocarme, tomé mi Biblia y, con mi corazón abierto a Dios, comencé a buscar en la Palabra; y para sorpresa de mi corazón, encontré [sic] la enseñanza de la Palabra de que todos los que reciben el Bautismo del Espíritu Santo hablan en otras lenguas como el Espíritu lo expresa."[28]

Otro ejemplo bastante decisivo es Daniel W. Kerr. Tomó una postura activa en 1918 para consolidar este entendimiento a la luz de la controversia de las Asambleas de Dios que estalló con las opiniones contrarias de Fred F. Bosworth. Kerr representa el movimiento para consolidar y refinar aún más esta lógica a la luz de alternativas competitivas e internas. Años más tarde, Kerr diría que "un bautismo que no se puede ver y oír no es según el patrón [sic] Bautismo en el día de Pentecostés, en Cesárea, en Éfeso y en Damasco". (La mención "de Damasco supone que Pablo experimentó el bautismo en el Espíritu con lenguas en su experiencia en el camino de Damasco, que es a lo que se refirió cuando más tarde profesó hablar en lenguas; véase 1º Cor. 14:18.) Para comenzar este artículo, Kerr hace un amplio reclamo que indica esto esfuerzo de consolidación: "Como pueblo pentecostal, tenemos la evidencia bíblica del Bautismo con el Espíritu Santo. . . está hablando en otras lenguas como el Espíritu da expresión. Hemos encontrado que siempre que nosotros. Comience a decepcionar en este punto en particular, el fuego se apaga, el ardor y el fervor comienzan a menguar, la gloria se va. Hemos encontrado dónde se realiza esta posición y donde sea que se proclame, el Señor está trabajando."[29] En este último punto, nótese que las lenguas como la "evidencia bíblica" ahora se ponen al servicio como un barómetro de la auténtica vitalidad pentecostal.

En muchos de estos casos, se emplea un tipo de razonamiento "esto es eso", uno que implica hacer conexiones entre el testimonio bíblico y la experiencia vivida.[30] Los pentecostales valoran mucho este tipo de hermenéutica, ya que crea expectativas sobre las posibilidades disponibles

---

[28] G. F. Taylor, *The Spirit and the Bride* (sin ubicación, 1907), 40, reproducido en forma de facsímil en *Three Early Pentecostal Tracts* (New York: Garland, 1985).
[29] D. W. Kerr, "The Bible Evidence of the Baptism with the Holy Ghost," *Pentecostal Evangel*, August 11, 1923, 2.
[30] La frase "esto es eso" es popular entre los pentecostales; proviene de la redacción de Hechos 2:16 en la versión King James, donde Peter establece la conexión entre Joel 2 y los acontecimientos que estaba presenciando. La frase también sirve como el título de una colección de obras de Aimee Semple McPherson (Los Ángeles: Echo Park Evangelistic Association, 1923).

Expandiendo la Comprensión Pentecostal del Bautismo del Espíritu

en la vida cristiana. Esta estrategia es uno de sus principales argumentos contra el cesacionismo dispensacionalista, y los pentecostales, por lo tanto, consideran importante mantenerla. Al mismo tiempo, la hermenéutica es difícil de cuestionar cuando adopta formas muy particulares que simplemente se "dan" sin más posibilidades de debate o revisión. Por ejemplo, Hechos 2 es simplemente asumido por muchos pentecostales para establecer el patrón bíblico de cómo el bautismo en el Espíritu tiene lugar hoy. Esta lectura se considera incuestionable, incluso si las características problemáticas o la evidencia no concluyente salen a la luz de ello. Tal privilegio significa que los detalles desestabilizadores se pueden ignorar convenientemente por el bien de mantener la coherencia. Uno ve tales movimientos cuando el lenguaje del bautismo en el Espíritu se considera funcionalmente equivalente a muchos otros términos relacionados con el Espíritu ("recibir el Espíritu", "estar lleno del Espíritu", y cosas similares), así como cuando se supone que las lenguas estar trabajando en encuentros con el Espíritu cuando los pasajes bíblicos no lo dicen específicamente (por ejemplo, en Hechos 8 y, como se vio en la preparación anterior de Kerr, la conversión de Pablo).[31]

Un segundo factor que probablemente intervino en la resistencia para reformular a fondo la lógica de Parham fue la conveniencia y el atractivo epistémico. Las lenguas siempre jugarán un papel en las formas de espiritualidad pentecostal y carismática, pero los pentecostales clásicos consideraron importante registrar las lenguas como evidencia y signo, así como etiquetarlas como "iniciales" y "físicas". Estos términos en conjunto crearon una fórmula, uno que permitía a una persona saber con relativa facilidad si alguien tenía la experiencia pentecostal del bautismo en el Espíritu. La cita de Kerr arriba sugiere que el bautismo en el Espíritu debe ser visto y escuchado para que sea auténtico. Jean-Daniel Plüss ha declarado que los formuladores de la lógica de la evidencia inicial "bien podrían haberlo llamado 'prueba empírica básica'", en el sentido de que satisfacía las necesidades epistémicas de saber si las personas tenían la experiencia y cuándo.[32] Esta necesidad epistémica puede reflejar el contexto estadounidense en particular. Como se señaló anteriormente, los investigadores y comentaristas (especialmente los de todo el mundo o que

---

[31] Taylor es especialmente culpable de llegar a conclusiones cuestionables. Al abordar la observación de que las Escrituras nunca registran a Jesús hablando en lenguas, Taylor dice que las Escrituras lo implican, dado que Jesús debe haber hablado con la samaritana y la mujer sirofenicia en sus propios idiomas, pero presumiblemente no aprendió correctamente estos idiomas; la conclusión que Taylor saca es que Jesús debe haber hablado con ellos en lenguas otorgadas por el Espíritu (*The Spirit and the Bride*, 48).

[32] Jean-Daniel Plüss, "Azusa and Other Myths: The Long and Winding Road from Experience to Stated Belief and Back Again," *Pneuma* 15, no. 2 (1993): 191.

al menos conocen el pentecostalismo global) a menudo han comentado que la lógica de la evidencia inicial es especialmente característica de las denominaciones pentecostales estadounidenses. ¿Cuál es el vínculo, si existe, entre la lógica de la evidencia inicial y la sensibilidad intelectual estadounidense? Una respuesta es que el deseo de verificar empíricamente las instancias de bautismo en el Espíritu está muy alineado con el clima intelectual del siglo XIX, estudiado anteriormente en el capítulo 3. Sorprendentemente, el evangelicalismo tomó una dirección con esta herencia intelectual, y el pentecostalismo no escapa de las ramificaciones de esta decisión. En sus prácticas de lectura y comprensión de plausibilidad, los pentecostales también han apelado a una tradición de sentido común. En particular, la lógica de evidencia inicial refleja un tipo de positivismo filosófico en el que la dinámica de la vida espiritual está abierta a la verificación científica / empírica. Los términos "inicial", "físico", "señal", "prueba" y, especialmente, "evidencia" indican colectivamente y muy claramente esta forma de pensar. Para que un movimiento de avivamiento despegue, este tipo de encuadre epistémico que rodea su distintivo experiencial clave fue crucial para establecer la credibilidad interna y externa. Si esta experiencia pudiera ser atestiguada, utilizando los estándares preciados para conocer en su contexto dado, ¿cómo podría esta comprensión no ser convincente para las masas?

Esta estrategia de retomar la lógica de Parham con solo la modificación de la sustitución de xenolalia por glosolalia ha demostrado ser difícil, particularmente dado que el pentecostalismo institucional ha enfrentado el desafío a lo largo de las generaciones de atraer a las personas a su identidad. La dificultad gira en gran medida en torno a la forma y el propósito del bautismo en el Espíritu mismo. La priorización de un mecanismo para identificar el bautismo del Espíritu -lo que he llamado lógica de evidencia inicial- a menudo ha eclipsado lo que se puede llamar las dimensiones ontológicas y teleológicas de la experiencia misma. Estos se destacan a través de las siguientes preguntas: ¿Qué es el bautismo en el Espíritu y cuál es su propósito?[33] El paradigma de Parham podría responder estas preguntas con bastante facilidad: el bautismo en el Espíritu es una experiencia de empoderamiento evidenciada por lenguas misioneras para que las personas puedan equiparse rápidamente para la evangelización mundial durante este período de "lluvia tardía". Uno puede

---

[33] Me parece particularmente interesante que Torrey plantee estas preguntas al comienzo de *The Baptism with the Holy Spirit*, sugiriendo cuán cruciales son estas preguntas con respecto a cualquier discusión sobre el bautismo en el Espíritu y destacando aún más cómo su centralidad ha sido eclipsada en la teología pentecostal, dada la preocupación por las lenguas como el marcador distintivo de la espiritualidad y doctrina pentecostales.

no estar de acuerdo con la lógica de Parham, pero es ajustado y convincente en sus propios términos.[34] Da propósito y carácter al bautismo del Espíritu al ubicarlo dentro del patrimonio de Dios de la actividad redentora. Al criticar a otros pentecostales, Parham elabora en *El Evangelio Eterno* la noción de Pentecostés como un "derramamiento" y enfatiza que Dios "quiere que nuestras experiencias sean un beneficio para otras personas y no para meras gratificaciones de nuestros propios sentimientos."[35] Pero con el cambio de xenolalia a glosolalia, el signo de lenguas como evidencia inicial se vuelve menos sobre el trabajo misionero y más sobre la identificación de la auténtica experiencia pentecostal. Una "disociación de hablar en lenguas y Bautismo del Espíritu desde su entorno original" ocurre con este movimiento,[36] y la lógica de Parham se rompe como resultado. Como tal, se presenta una especie de vacío teológico, ya que carecemos de una explicación teológica contextualizante más amplia en la cual encaja con la experiencia. La frase "glosolalia es la evidencia física inicial del bautismo en el Espíritu Santo" se convierte no tanto en un reclamo doctrinal como en un criterio epistémico.

Dado que el lenguaje de "evidencia" fue retenido para identificar el bautismo del Espíritu mientras estaba divorciado de una narrativa teológica que podía mantenerlo enraizado en algo más allá de sí mismo, el pentecostalismo institucional reflejó y perpetuó a través de declaraciones oficiales un marco filosófico que era moderno en su núcleo. Sí, Parham contribuyó con este lenguaje, y se podría decir que reflejó este paradigma filosófico en sus propuestas originales, pero su alternativa también estaba teológicamente basada en suposiciones sobre lo que Dios estaba haciendo en estos tiempos finales y el papel que los pentecostales tenían en esta obra. La modificación del pentecostalismo institucional de xenolalia a glosolalia debilitó esta conexión, dejando al descubierto los compromisos filosóficos, que a su vez se calcificaron aún más mediante la tediosa calificación y refinamiento. Para citar a Plüss una vez más: "Al seguir esta ruta, los pentecostales comenzaron a conceptualizar, a estrechar y precisar

---

[34] De hecho, uno podría decir que el papel que juegan las lenguas en el marco de Parham es bastante diferente del papel que desempeña en el pentecostalismo institucional. Las similitudes están ahí, seguro, pero el enfoque de Parham se basa principalmente en términos de una teología de la historia. Tanto en *A Voice Crying in the Wilderness* como en *The Everlasting Gospel*, hay poco énfasis en el bautismo en el Espíritu y las lenguas. Curiosamente, Parham a veces critica a los pentecostales por enfatizar demasiado las lenguas. Por ejemplo, dice: "Hemos llegado a un estado fanático en el que hacemos que hablar en lenguas sea una base, o una prueba, de compañerismo, o de actividad espiritual" (*The Everlasting Gospel*, 79). Sí, Parham creía que su comprensión de las lenguas era un estándar bíblico, pero lo hizo en el camino para afirmar un rol particular para él en algo más amplio y finalmente más importante que incluía los tiempos finales, atestiguar, "el sellamiento", "en la unción que permanece", y así sucesivamente.
[35] Parham, *The Everlasting Gospel*, 80.
[36] Plüss, "Azusa and Other Myths," 191.

lo que querían decir con 'hablar en lenguas' y 'bautismo en el Espíritu'. Como resultado, lo que comenzó como 'hablar sobre una experiencia' terminó en una 'formalización' "desprovista de mucha sustancia."[37]

Los Límites Institucionalizados del Bautismo del Espíritu

Parte de la dificultad para aclarar los enfoques pentecostales del lenguaje del bautismo en el Espíritu son los diversos usos de la frase, tanto en sus propios términos como en su apropiación pentecostal. En cuanto al primer punto, el Nuevo Testamento no emplea el lenguaje del Bautismo del Espíritu per se; las instancias en que se alude esta noción en el Nuevo Testamento reflejan la forma verbal de "bautizar", y en total solo se enumeran siete casos (Hechos 2 no es uno de ellos).[38] Segundo, es un tanto peculiar que, dentro del testimonio del Nuevo Testamento, ser bautizado en el Espíritu Santo sea una característica significativa de la descripción de Juan el Bautista de la obra de Aquel que ha de venir, como está registrado en los Cuatro Evangelios canónicos, aún tal lenguaje es usado por Jesús sólo una vez, y esto en sus apariciones posteriores a la resurrección. Como el lenguaje ha sido recogido por las tradiciones eclesiásticas, las resonancias del significado disponible varían considerablemente. Además de las opciones pentecostales, también existen las visiones sacramentales o litúrgicas, así como las ampliamente evangélicas, y todas ellas son mutuamente excluyentes, dado que sus puntos de diferenciación se basan en orientaciones teológicas y eclesiásticas particulares.[39]

En cuanto a la opción pentecostal en particular, se deben tener en cuenta las capas de consideración. En el primer nivel estaría el *tropo bíblico* construido sobre la base de los siete pasajes ya mencionados. En términos de uso pentecostal, también se generaliza a otros pasajes, por lo que algunos pentecostales suponen que las frases con "llenura" son el equivalente funcional a "bautizar". En un segundo nivel estaría la dinámica simbiótica entre la *doctrina* de Bautismo del Espíritu y lo que la gente llama la *experiencia* del bautismo del Espíritu. Como hemos señalado, estos se distinguen adecuadamente en el nivel conceptual, pero popularmente en términos de testimonios y uso, a menudo no lo son. La

---

[37] Plüss, "Azusa and Other Myths," 192.
[38] Los siete lugares son Mateo 3:11, Marcos 1: 8, Lucas 3:16, Juan 1:33, Hechos 1: 5 y 11:16, y 1 Corintios 12:13.
[39] Para más sobre este punto, ver Daniel Castelo, *Pneumatology: A Guide for the Perplexed* (London: Bloomsbury T&T Clark, 2015), chap. 6.

gente simplemente dice "bautismo en el Espíritu", y una variedad de asuntos, incluidos los doctrinarios y experienciales, están implicados como parte de la mezcla. Estas conflaciones, sin embargo, contribuyen al desafío de la refundición del tema. Ya hemos elaborado extensamente la doctrina en términos de la visión orientadora de Parham. En cuanto a la experiencia, los testimonios a menudo incluyen una variedad de imágenes y temas para describir lo que a veces se presenta como palabras y expresiones desafiantes.

En medio de estas referencias a lo inefable, la experiencia del bautismo en el Espíritu a menudo se narra en términos de un conjunto de suposiciones que rodean la experiencia religiosa. Estas suposiciones pueden parecer obvias para los pentecostales mismos, pero no son necesariamente así para otros dentro y fuera del redil cristiano. Los pentecostales suelen hablar del bautismo en el Espíritu en términos de una "obra de gracia" o una "experiencia de crisis" distinta. Esta tendencia la pondría junto con la conversión y la santificación. Aunque a menudo se hacen discriminaciones entre ellos, estas "crisis" se comentan de maneras muy similares. Esta similitud se deriva de una herencia no solo en el movimiento de Santidad del siglo XIX, sino incluso en el Gran Despertar del siglo XVIII. Este marco de avivamiento estadounidense es tal vez relatable a través de la expresión "realismo experiencial objetivo", y la idea es más o menos la siguiente: todos los cristianos tienen el potencial de apreciar experiencias espirituales particulares que son ampliamente uniformes en su naturaleza y normativas para la vida cristiana. En cierto sentido, están "allí afuera" para ser experimentados por la persona sincera que busca a Dios en el contexto de la adoración del avivamiento. Las formulaciones doctrinales ayudan a establecer la anticipación de esta experiencia en el frente y proporcionan una manera de narrar su significado más amplio para la vida cristiana en el fondo, sin embargo, la experiencia en sí misma queda como algo notable y confiable digno de mención. Las experiencias sufridas en términos de "crisis" u "obras de gracia" en este paradigma no son de las que se supone que surgen de un núcleo antropológico profundo; más bien, son vistas por el fiel como una participación más allá de sí mismo; están disponibles para cualquier buscador sincero. Por lo tanto, ya sea que la experiencia fuera la salvación, la santificación (en ciertos casos) o el bautismo del Espíritu, los primeros pentecostales asumieron que todo el mundo podía experimentarlos en algún momento.

Estas distinciones relacionadas con la noción de experiencias de crisis se han vuelto difíciles de sostener con el tiempo por varias razones. Tal ha sido el caso tanto para el movimiento de Santidad (en relación con la santificación) como para el movimiento pentecostal que lo siguió (en lo que respecta al bautismo del Espíritu y la santificación para algunos). Parte del desafío involucra cuánto depende de la narración individual. Algunas personas pueden considerar apropiado describir sus experiencias a través de la lógica provista. El testimonio "Fui salvo, santificado y bautizado con el Espíritu Santo" simplemente deja las lenguas de algunas personas como una dinámica tensa y multifacética. Otros, como Benjamin Irwin y David Wesley Myland (y tal vez incluso el mismo Parham), encuentran atractivo añadir nuevas experiencias o matices al lenguaje.[40] Algunos pueden encontrar útiles estos agregados, pero todas estas expresiones diferentes desafían y amenazan la dependencia institucional de un constructo en particular. Además, la disminución de la cultura de avivamiento en la escena estadounidense inevitablemente tiene un impacto en esta forma de reflexionar sobre la experiencia religiosa. A las personas se les debe enseñar cómo usar este idioma, y deben verlo en exhibición entre otros y animarlos a usarlo ellos mismos para que el lenguaje se perpetúe. Con menos testimonios e instancias de su uso, el lenguaje tiende a debilitarse y dejar de usarse. En resumen, existe una relación simbiótica entre el lenguaje de "experiencia de crisis" y la cultura de avivamiento; se alimentan unos de otros de manera importante, de modo que, si uno sufre, el otro también lo hace.

Las preguntas sobre la comprensión pentecostal clásica del bautismo del Espíritu también han surgido sobre bases bíblico-hermenéuticas. Una de las figuras más importantes en este puntaje es Gordon Fee.[41] Dado el trabajo de Fee, uno puede ver que es difícil decir que Hechos 2 constituye un "patrón bíblico", cuando se consideran varios factores. Un factor sería el desafío de reconciliar los eventos en Hechos 2, 8, 10 y 19. Otro asunto sería cuán miope es este enfoque en el testimonio de Lucas, que es un

---

[40] Benjamin H. Irwin es notoriamente recordado por presentar una gran cantidad de experiencias que debían seguir al bautismo en el Espíritu, incluidos los bautismos de dinamita, lyddita y oxidita. D. Wesley Myland a veces hablaba de la "plenitud pentecostal" (ver, *The Latter Rain Covenant and Pentecostal Power*, 107–10, en *Three Early Pentecostal Tracts*). Y en cuanto a Parham, hizo una distinción entre la "unción que permanece" y el bautismo del Espíritu. La primera es trazable a lo que los discípulos experimentaron cuando fueron inspirados por Jesús en Juan 20. En esta experiencia, se abren los ojos, se iluminan las Escrituras y se recibe al Espíritu como Anointer y Maestro, mientras que en el bautismo del Espíritu a la persona está estrictamente facultada para ser testigo. Ver Parham, *A Voice Crying in the Wilderness*, chap. 3. Estas dinámicas variables ponen sus descripciones al borde de las lógicas asumidas, que a veces dan lugar a posibilidades que van más allá de ellas. Por ejemplo, Jacobsen puede hablar de la teología de Myland de la siguiente manera: "La teología de Myland se parece más a algunos de los escritores místicos de las tradiciones ortodoxas y católicas que a los tratados lógicos religiosos del protestantismo reformista". (*Thinking in the Spirit*, 113).

[41] Véase Fee, *Gospel and Spirit: Issues in New Testament Hermeneutics* (Peabody, MA: Hendrickson, 1991), chap. 7, as well as "Hermeneutics and Historical Precedent—a Major Problem in Pentecostal Hermeneutics," en *Perspectives on the New Pentecostalism*, ed. Russell P. Spittler (Grand Rapids: Baker, 1976), 118–32.

Expandiendo la Comprensión Pentecostal del Bautismo del Espíritu

punto importante para Fee no sólo porque era un erudito paulino sino, más significativo, dada la importancia de Paul en general para la formulación de la pneumatología cristiana. Finalmente, siempre es un desafío dibujar un patrón normativo de ocurrencias históricas. Mientras que puede haber alguna justificación para buscar una norma en materia de crecimiento y madurez en la vida cristiana, no ocurre lo mismo con la orientación a la crisis en el trabajo de la lógica de la evidencia inicial. ¿Cómo, entonces, podemos hablar de una norma para la espiritualidad pentecostal clásica?

Quizás la consecuencia más dañina de esta forma de hablar de la experiencia religiosa es la forma en que se trata de mercantilizar la espiritualidad cristiana. Al hablar de experiencias distintas, disponibles y uniformes en la vida cristiana que simplemente están "ahí para tomar", los de avivamiento de diversas tendencias esencialmente arrojan el objetivo de la espiritualidad como "obtener" o "tener" estas experiencias discretas. El peligro está en retratar estas experiencias como mercancías que las personas obtienen o consumen, al igual que hacen otras cosas. Además, cuando las tradiciones discriminan sobre la base de los "poseedores" y los "desposeídos" de estas experiencias, se introducen dinámicas políticas, incluidas las estructuras cargadas de poder de quienes son y no tienen derecho a continuar con la identidad pentecostal en capacidades formales. Para aquellos que no se ajustan a esta narración, pueden ser despedidos, marginados y condescendientes como resultado. Mediante la mercantilización de la experiencia religiosa, la vida cristiana se representa como una escalera de logros o como una dinámica llena de status. La mayoría de los cristianos, incluidos los pentecostales, se opondrían formalmente a estos resultados. La dificultad para los pentecostales es que la lógica y el lenguaje que tienden a preferir al manejar el bautismo del Espíritu señalan en esta dirección.

A pesar de esta sombría evaluación, las propuestas alternativas para refundir la lógica de la evidencia inicial se han presentado recientemente entre los eruditos pentecostales, y son prometedoras en el sentido de que van más allá de la lógica empírica y "científica" en el trabajo con el lenguaje formulado tradicionalmente utilizado. Tres de estos relatos serán estudiados a continuación para mostrar el tipo de matiz posible en el tratamiento del bautismo del Espíritu dentro del redil pentecostal. Curiosamente, muchos de los puntos que estos estudiosos plantean son relacionables con la tradición mística cristiana. Yo diría que tales afinidades no son una coincidencia, porque si el pentecostalismo es una tradición mística dentro de la iglesia católica, entonces esas características tienen el potencial de emerger en discusiones relacionadas con algo tan central y definitorio para el movimiento pentecostal como el bautismo del

Espíritu. También pueden ser útiles cuando el movimiento llega a reconocer los límites de una tradición evangélica que está en muchos aspectos en desacuerdo con su carácter fundamental.

Reevaluaciones Prometedoras: Edith Blumhofer

En la introducción a un volumen dedicado a ofrecer perfiles de los líderes de las Asambleas de Dios, la historiadora Edith Blumhofer ofrece un recuento del bautismo en el Espíritu que es importante tener en cuenta porque va en contra de la tendencia de las propuestas dominantes. Ella afirma que la experiencia de los primeros pentecostales fue una de "encuentro divino", que a su vez "introdujo el significado, la certeza y la misión incluso en la existencia más humilde". Blumhofer admite que, con el tiempo, los pentecostales llegaron a asociarse con una experiencia que era "siempre acompañada de hablar en lenguas" y ese discurso en lenguas "se hizo conocido como la 'evidencia inicial uniforme' del bautismo con el Espíritu Santo", pero ella argumenta que esta "descripción dogmática" no logró capturar las características dominantes de la experiencia para los primeros pentecostales.[42]

Una de esas características fue el proceso de crecimiento y transformación espiritual que estuvo involucrado con la experiencia del bautismo en el Espíritu. Estos primeros buscadores pentecostales alternaban "entre el éxtasis y la convicción mientras perseguían a su `personalidad pentecostal´."[43] Buscaron y fomentaron la presencia de Dios al renunciar a la mundanalidad y asistir a innumerables servicios y eventos de adoración. En otras palabras, buscaron activamente una espiritualidad vivida. Aunque el hablar en lenguas se asoció con la lógica de la evidencia inicial, Blumhofer también señala relatos que sugieren que, en lenguas, el cuerpo se entrega al control de Dios. Las lenguas aquí funcionan como un signo de auto-renuncia a un Dios que debe reinar supremamente en la vida de uno.

Según Blumhofer, otra de las características no contabilizadas por la "descripción dogmática" de la lógica de la evidencia inicial tiene que ver con los resultados que surgen del bautismo del Espíritu, particularmente los relacionados con la identidad.[44] Blumhofer es plenamente consciente

---

[42] Edith L. Blumhofer, *"Pentecost in My Soul": Explorations in the Meaning of Pentecostal Experience in the Early Assemblies of God* (Springfield, MO: Gospel Publishing House, 1989), 16.
[43] Blumhofer, *"Pentecost in My Soul,"* 17.
[44] Blumhofer menciona un tercer tema que no será estudiado aquí, uno que tiene que ver con la importancia dispensacional del bautismo del Espíritu, que a su vez creó "un clima de anticipación e intensidad" (*"Pentecost in My Soul,"* 17).

Expandiendo la Comprensión Pentecostal del Bautismo del Espíritu

de que, desde la visión de Parham (y esto depende de otros relatos de Santidad), el bautismo en el Espíritu a menudo se afirmaba en términos de empoderamiento para el servicio. Blumhofer de ninguna manera niega la importancia de esta lectura, pero ella cree que otro factor importante a menudo se descarta. Este factor no está relacionado tanto con la actividad (hacer) sino con la identidad (ser). Este énfasis en la identidad plantea varios puntos. Primero, uno encuentra una tensión entre el cumplimiento y la expectativa como parte de la identidad pentecostal. Blumhofer comenta: "Se asumió que el creyente bautizado por el Espíritu había alcanzado la plenitud, pero se le amonestó a buscar la plenitud: el creyente había comenzado a beber de una fuente que tanto saciaba la sed como la creaba, y que nunca se secaría". el encuadre paradójico funciona en contra de una escatología sobre realizada, que es un peligro importante para evitar en la espiritualidad pentecostal. En segundo lugar, uno ve en ocasiones imágenes en la elaboración de esta identidad que tiene resonancias con un tipo de devoción centrada en Cristo que ha caracterizado las tradiciones místicas de la cristiandad. Blumhofer dice de la vida llena de Espíritu: "Fue descrita como 'banquetear con el Señor'; hizo a las personas "felices y libres"; sus frutos fueron 'paz' y 'descanso'. En resumen, la experiencia hizo de la vida un anticipo del cielo. "Blumhofer menciona el documento de Fe Apostólica de Azusa para hacer su afirmación: "Aquellos que buscaban el bautismo en el Espíritu recibieron instrucciones de no orar por lenguas, sino más bien, desear conocer y experimentar a Cristo."[45]

En estas elaboraciones, Blumhofer muestra esencialmente que se buscó el bautismo en el Espíritu y tomó forma en términos de dinámicas variables que se pierden en los tratamientos formulados y dogmáticos inherentes a la lógica de la evidencia inicial. El bautismo en el Espíritu involucró el empoderamiento de los creyentes para ser testigos, pero ella también desea enfatizar los aspectos formativos de la experiencia. Hace referencia a John Wright Follette (un antiguo ministro y maestro de las Asambleas de Dios) a este respecto cuando habla de la obra de Dios como "mística, intrincada y espiritual" al formar a los creyentes pentecostales. En su lectura aprobatoria de Follette, Blumhofer afirma: "Más importante que energizar [a los primeros pentecostales] son vidas para el servicio, era el papel del Espíritu hacerlos 'vencedores', permitiendo que Cristo 'fuera glorificado en ellos'. Aunque se relaciona integralmente con esto el desarrollo del carácter, el servicio cristiano no era el objetivo principal de la experiencia pentecostal". En su opinión con respecto a los primeros pentecostales (incluidos los miembros de las Asambleas de Dios), la

---

[45] Blumhofer, *"Pentecost in My Soul,"* 19, 20.

"investidura con poder para el servicio" era secundaria al propósito principal del bautismo del Espíritu "el creyente en una nueva dimensión de compañerismo constante y consciente con Cristo."[46]

Reevaluaciones Prometedoras: Frank Macchia

Otra evaluación reciente del bautismo en el Espíritu ha sido ofrecida por uno de los teólogos más importantes de la academia pentecostal, Frank Macchia. En *Bautizado en el Espíritu*, Macchia reconoce las líneas Lucas y Pablo del bautismo del Espíritu en el Nuevo Testamento,[47] el primero sugiere "poder para el testimonio" y el último involucra a los creyentes como incorporados al redil cristiano para que estén "en Cristo".[48] A veces esta distinción se considera en términos de servicio e identidad, respectivamente, y la diferenciación ha demostrado ser importante para los pentecostales, ya que han ido a reclamar su experiencia entre los eruditos bíblicos. Macchia es plenamente consciente de estas discusiones, pero su tendencia es sintetizar e integrar estas cuentas a fin de rendir una cuenta multi-orbital que pueda avanzar la discusión en torno al bautismo del Espíritu.

Macchia ofrece varias declaraciones al comienzo de su trabajo con respecto a la visión que está entreteniendo y el resultado que desea: "Tal vez deberíamos hablar de una teología del bautismo del Espíritu que se define soteriológicamente y carismáticamente, un evento que tiene más de una dimensión porque es de naturaleza escatológica y no está completamente definido por las nociones de iniciación cristiana." Continúa proponiendo una correlación entre Pentecostés y el reino de Dios que se presta a interpretar escatológicamente el bautismo en el Espíritu. Macchia declara lo siguiente acerca de su proyecto: "Antes de que el libro esté terminado, diré que la descripción más alta posible de la sustancia del bautismo del Espíritu como un regalo escatológico es que funciona como un derramamiento del amor divino. Esta es la integración final de lo soteriológico y lo carismático. No es posible una integración más alta o más profunda."[49]

---

[46] Blumhofer, *"Pentecost in My Soul,"* 22.
[47] En el trabajo de síntesis de Macchia, se apropia de una variedad de patrones lingüísticos en el Nuevo Testamento como "equivalentes funcionales" y los reúne para elaborar una experiencia única de bautismo en el Espíritu.
[48] Macchia está asumiendo el terreno establecido por Roger Stronstad y Robert Menzies en respuesta al trabajo de James D. G. Dunn.
[49] Frank D. Macchia, *Baptized in the Holy Spirit: A Global Pentecostal Theology* (Grand Rapids: Zondervan, 2006), 16, 17.

Expandiendo la Comprensión Pentecostal del Bautismo del Espíritu

Antes de participar en la expansión de estas nociones, Macchia desea reclamar el bautismo en el Espíritu como el distintivo pentecostal a la luz de otras propuestas que lo han minimizado. Para Macchia, el bautismo en el Espíritu representa una categoría de trabajo, metáfora, doctrina y experiencia que no puede descuidarse en las discusiones sobre qué es lo que hace al pentecostalismo. La importancia ecuménica del tema no puede ser dejada de lado por Macchia, que es en parte la razón por la que le preocupa reclamarlo en la discusión contemporánea. Cita a Steven Land, Harvey Cox, Donald Dayton y D. William Faupel como aquellos que se han comprometido significativamente con el pentecostalismo y, sin embargo, han hecho que el bautismo en el Espíritu sea complementario a sus contribuciones más fundamentales. Para Macchia, estas agendas de investigación han revelado puntos importantes, pero el abandono del bautismo en el Espíritu es preocupante. Su agenda consiste en gran medida en ampliar el alcance de la aplicación y relevancia del tema para reclamar su papel central y definitorio en la vida pentecostal.

Macchia cree que el bautismo en el Espíritu es una experiencia participativa posterior a la regeneración que explica el testimonio de Lucas, una vez que se integra con el paulino y su trasfondo. Él es consciente de la dinámica de crisis del tema, que proviene de la cultura de avivamiento estadounidense, así como del pietismo en general. También menciona la lógica de la evidencia inicial y destaca la forma en que esta comprensión ha variado considerablemente entre los pentecostales. Sin embargo, en última instancia, la preocupación de Macchia no es tanto comprometer las propuestas pasadas en los estudios pentecostales como abrir el camino a través de la integración y la expansión. Para Macchia, el bautismo en el Espíritu es una metáfora de la vida en el Espíritu, y esta vida está constituida y justificada por nada menos que el amor de Dios. Como señala, "el derramamiento del amor divino sobre nosotros es la última descripción de Pentecostés."[50] El amor divino es la esencia del bautismo del Espíritu, y bajo esta luz, este último puede explicar los temas relacionados con la santificación y el empoderamiento carismático.

En las palabras introductorias del capítulo final de Macchia, cita *La Nube de lo Desconocido*, un texto anónimo del siglo XIV sobre misticismo cristiano, como una forma de apoyar el argumento de que "incluso cuando la comprensión falla, el amor nos mantiene cerca de la llama del Espíritu" ... Continúa: "Este es el gran valor del énfasis pentecostal en hablar en lenguas. Las lenguas son el lenguaje del amor, no la razón."[51] Por importantes que sean estas observaciones, él no las

---

[50] Macchia, *Baptized in the Spirit*, 91, 257.
[51] Macchia, *Baptized in the Spirit*, 257.

desarrollará más en este trabajo. Sin embargo, en dos artículos fundamentales, Macchia da cuenta de estos asuntos de manera sugerente a propósito del presente estudio.

En el número inaugural de la *Revista de Teología Pentecostal*, Macchia ofrece una teología de glosolalia, y en este esfuerzo, aborda las dificultades de la lógica de evidencia inicial. Él declara: "Debajo del dogma de lenguas, como evidencia, estaba la suposición [de los pentecostales] de que las lenguas simbolizaban un encuentro con Dios que podría denominarse teofánico, o como espontáneas, dramáticas y marcadas por señales y prodigios". El énfasis "teofanía" es crucial por una serie de razones. Primero, en lugar de un fenómeno de religiosidad humana, Macchia desea utilizar las lenguas pentecostales como una característica de la autorrevelación divina. El suceso, en otras palabras, es teológico o teocéntrico, al punto que indica "Dios está aquí" en un contexto de adoración. En segundo lugar, el énfasis en la teofanía tiene una forma de situar Hechos 2 dentro de una dinámica más amplia de la actividad teofánica de Dios en las Escrituras. Macchia ofrece esta declaración resumida, "La descripción de Pentecostés en Hechos 2 debe verse a la luz de esto. El Pentecostés fue visto allí como un evento escatológico que remitía a las teofanías anteriores... y señaló hacia adelante a la parusía final. Pentecostés se puede llamar una teofanía escatológica de Dios. Las lenguas eran parte de esta teofanía, como un evento Kairós que incluía la transformación del lenguaje en un canal de la auto-revelación divina". Tercero, como se menciona en la cita anterior, la glosolalia es escatológicamente teofánica, y tiene lugar en eventos y dinámica cargada de tensión. Él comenta: "La paradoja de encontrar la realidad divina como presente, pero todavía no, tan cercana pero aún fuera de alcance, como revelada pero aún velada es esencial para la glosolalia como un misterio hablado". En otras palabras, la dimensión escatológica ayuda a las lenguas seguras dentro del misterio de Dios y de la auto-revelación de Dios. Como él señala más adelante, "Glosolalia es un discurso inclasificable y libre en respuesta a un Dios libre e inclasificable". Esta característica agrega una cuarta dimensión a esta comprensión teofánica de las lenguas, a saber, la forma en que las lenguas exponen la insuficiencia del lenguaje para dar cuenta del encuentro con Dios. Al elaborar específicamente cómo las lenguas representan un lenguaje del corazón, Macchia señala: "Cualquier intento racional de comunicar la experiencia [de encontrar el misterio divino de Dios] lo termina, porque reflexionar y comunicar racionalmente una experiencia, ya es distanciarse de ella. Las lenguas es una forma de expresar la experiencia sin terminarla."[52]

En el artículo antes mencionado, Macchia hace una breve referencia de que las lenguas como evidencia no deben entenderse como que uno tiene el Espíritu; más bien, debe tomarse como una señal de que el Espíritu tiene una persona y está formando a esa persona en una nueva creación.[53] Este impulso se desarrolla aún más en un segundo artículo importante, en el que Macchia aboga por una comprensión sacramental de las lenguas.[54] El lenguaje de la sacramentalidad tradicionalmente no ha sido ampliamente reivindicado por los pentecostales, pero recientemente se ha vuelto más común en el sentido de que se ha considerado apropiado para describir la dinámica teológica latente funcional en el habla y la práctica pentecostal.[55] Macchia ve esta posibilidad a causa de la dinámica "Dios está aquí" aludida arriba: si las lenguas indican la presencia manifiesta de Dios, entonces el lenguaje de la sacramentalidad es bastante apropiado para emplear mientras uno se mantenga a raya (como los pentecostales suelen inclinarse a hacer)) una comprensión *ex opere operato* de los sacramentos. Macchia ve en el trabajo de Karl Rahner y Edward Schillebeeckx una especie de teología sacramental que "considera los sacramentos principalmente como ocasiones para un encuentro personal entre Dios y el creyente". Naturalmente, Macchia admite que la glosolalia como sacramento sería diferente de otros sacramentos porque "acentúa el movimiento libre, dramático e impredecible del Espíritu de Dios,"[56] pero esta cualidad no es perjudicial para su calidad sacramental; por el contrario, refuerza la descripción en la medida en que presta la debida atención a otros aspectos del trabajo y la presencia del Espíritu. Macchia está comprometido con el reconocimiento de "continuidades visibles" que existen cuando el Espíritu trabaja en el culto corporativo, ya sea en Hechos, el testimonio apostólico o en todo el mundo. Dentro de esta dinámica él ve las garantías para el énfasis del pentecostalismo en las lenguas como evidencia, aunque es propenso a alejarse de ese lenguaje, dado que no es bíblico, en preferencia por el lenguaje del signo. Su explicación, entonces, es una apropiación calificada de la lógica de la

---

[52] Macchia, "Sighs Too Deep for Words: Towards a Theology of Glossolalia," *Journal of Pentecostal Theology* 1 (1992): 48, 53, 59, 61, 62.
[53] Macchia, "Sighs Too Deep for Words," 71.
[54] Macchia, "Tongues as a Sign: Towards a Sacramental Understanding of Pentecostal Experience," *Pneuma* 15, no. 1 (1993): 61–76.
[55] Un estudio importante sobre este tema es Chris E. W. Green, *Toward a Pentecostal Theology of the Lord's Supper: Foretasting the Kingdom* (Cleveland, TN: CPT Press, 2012).
[56] Macchia, "Tongues as a Sign," 62, 63.

evidencia inicial a lo largo de más fundamentos sacramentales de lo que es típico de las representaciones dentro del pliegue pentecostal.

Reevaluaciones Prometedoras: Simón Chan

Un último erudito que se considerará con el propósito de estudiar las posibilidades de la refundición del bautismo en el Espíritu y la lógica de la evidencia inicial es Simón Chan. Quizás de los tres eruditos que se mencionan en esta encuesta, Chan está más cerca de los objetivos generales del presente trabajo en que se ha distinguido en los círculos académicos pentecostales como alguien que desea establecer vínculos entre la teología pentecostal y la "gran tradición espiritual" del cristianismo. Por lo tanto, muy cerca de las afirmaciones de este trabajo, Chan puede afirmar: "Cuando los pentecostales llegan a ver sus distintivos como parte de una tradición más amplia. . . pueden preservarlos y mantener su integridad". Chan también conoce la interfaz espiritualidad-teología y cómo ha cambiado en la modernidad. Y él está de acuerdo en que una teología espiritual considera reflexionar sobre Dios y orar a Dios como actos estrechamente relacionados (diría indistinguibles). También señala que las dificultades en la explicación teológica han facilitado las experiencias empobrecidas del Espíritu a través de las generaciones pentecostales: "Entre los pentecostales de segunda generación, el bautismo en Espíritu se recibe primero como doctrina antes de actualizarse en la experiencia personal. Pero cuando la doctrina no está bien explicada, la experiencia deseada no necesariamente se cumple."[57] En esto, Chan opera a partir de una sensibilidad forjada en una conversación con el modelo de doctrina cultural-lingüística de Lindbeck.[58] Chan también menciona la comprensión teofánica de Macchia del bautismo del Espíritu con aprobación y ofrece su propia visión de la lógica evidencialista, que, de manera similar a la de Macchia, no es tanto un abandono como una reconfiguración. Él dice: "Me gustaría mostrar que la glosolalia que los pentecostales identifican como 'la evidencia inicial' del bautismo en el Espíritu es un rico símbolo teológico precisamente porque está vinculado a una realidad (bautismo del Espíritu) que es mucho más grande que la clásica conceptualización pentecostal de eso."[59] En esta etapa

---

[57] Simon Chan, *Pentecostal Theology and the Christian Spiritual Tradition*, Journal of Pentecostal Theology Supplement 21 (Sheffield: Sheffield Academic Press, 2000), 7, 12, 10.
[58] Para una articulación de esta sensibilidad con referencia al pentecostalismo, ver Joel Shuman, "Toward a Cultural-Linguistic Account of the Pentecostal Doctrine of the Baptism of the Holy Spirit," *Pneuma* 19, no. 2 (1997): 207–23.
[59] Chan, *Pentecostal Theology and the Christian Spiritual Tradition*, 13.

introductoria, también menciona glosolalia como una forma de oración, simbolizando así una dimensión ascética de la vida cristiana que complementa la dinámica en el trabajo al pensar en lenguas como evidencia.

Chan desarrolla estos últimos comentarios en el segundo y tercer capítulo de su trabajo. En su opinión, tenemos que defender la "relación lógica entre la glosolalia y el bautismo del Espíritu". Como en el *Bautismo en el Espíritu* de Macchia, Chan considera que una ampliación del bautismo en el Espíritu es importante, y esta ampliación implicaría tanto la carismática como las dimensiones soteriológicas. Al mismo tiempo, Chan desea expresar "una conexión necesaria entre el acto físico de la glosolalia y la realidad espiritual llamada bautismo del Espíritu". Esta necesidad depende de un esquema de pasividad activa: la glosolalia opera de una pasividad activa en que "nosotros hablamos, sin embargo, es un discurso que proviene del sometimiento y la rendición a la voluntad de Dios". A la luz de este entendimiento, la glosolalia refleja la vida trina misma, que es una "vida de amor y entrega entre el Padre y el Hijo, en el que el Padre inicia al Hijo y el Hijo se rinde en humilde obediencia por el poder del Espíritu."[60] Por lo tanto, existe una correspondencia adecuada entre la glosolalia y la experiencia del Dios trino en el bautismo del Espíritu, y esta correspondencia forma la base de la comprensión de Chan de un vínculo o lógica necesaria que existe entre los dos.

Además, dada la singularidad y extrañeza de la glosolalia, puede funcionar como un medio que permite a una persona entrar en una nueva dimensión espiritual. Esta habilitación, una vez más, debe expresarse como pasiva y receptiva en su núcleo a fin de evitar la sobre extensión antropológica. Chan ilustra la dinámica de la siguiente manera: "Las lenguas son las palabras primordiales. . . que surgen espontáneamente en respuesta a la llegada invasiva de la Realidad primigenia a los creyentes, que los pentecostales identifican como un bautismo del Espíritu". Más extensamente, él dibuja la comparación con lágrimas y tristeza: el primero indica el último en una forma connatural, primaria, o forma concomitante, y la relación es especialmente importante. Análogamente, él cree que "la glosolalia no es sólo uno de los concomitantes de estar llenos del Espíritu, sino que es el concomitante más natural y regular de la llenura del Espíritu que involucra una manifestación invasiva o irruptiva del Espíritu en la cual la relación de uno con Jesucristo es radical y significativamente alterada. Cuando uno experimenta la venida del Espíritu de tal manera, la respuesta más natural y espontánea es la glosolalia."[61]

---

[60] Chan, *Pentecostal Theology and the Christian Spiritual Tradition*, 41, 78, 51, 52.
[61] Chan, *Pentecostal Theology and the Christian Spiritual Tradition*, 57, 58.

Interesantemente para los propósitos presentes, Chan dibuja conexiones entre sus reconfiguraciones de lógica de evidencia inicial y la tradición mística cristiana. Él cree que la glosolalia funciona de manera similar entre las tradiciones pentecostales a la forma en que lo hace el silencio entre los místicos cristianos. Ambas lenguas y el silencio se relacionan con una intimidad con Dios; ambos parecen configurar "afectos de gracia y poderosos", y la glosolalia lo hace de un modo claramente pentecostal. También cita la práctica de la oración contemplativa en las obras de Teresa de Ávila para hacer puntos similares relacionados con la pasividad de la glosolalia. Pero también quiere incluir dimensiones activas, que él ve como parte de la práctica mística. Para este punto, establece una correlación entre las "tres crisis / bendiciones" del pentecostalismo wesleyano (conversión, santificación y bautismo del Espíritu) y las "tres formas" de progreso espiritual (purgación, iluminación y unión). Es especialmente importante en esta presentación que Chan fácilmente admite que, a pesar de estas correlaciones, "la tradición mística tiene algo vital para contribuir al pentecostalismo: en el modo místico, el alma devota debe pasar por la noche oscura del alma y el espíritu entre la iluminación y unión. Pero los pentecostales no tienen cabida en su esquema para la noche oscura". Chan asocia la necesidad de una "noche oscura" entre los pentecostales, dada su inclinación a habitar una escatología realizada en relación con sus experiencias. Sólo a través de una noche oscura los pentecostales pueden continuar creciendo en su peregrinaje espiritual, evitando asentarse o recaer en momentos particulares de sus vidas espirituales. Además, la introducción de estas "formas", incluida la noche oscura, invitaría a una expansión de lo que los pentecostales típicamente consideran la conversión. En esta materia, Chan cree que los pentecostales no reciben la ayuda de sus homólogos evangélicos: "El problema de la doctrina pentecostal de subsecuencia surge precisamente porque comparten una doctrina defectuosa de conversión con sus compañeros evangélicos,"[62] -uno que asume una lógica de crisis. A Chan le preocupa que, para muchos evangélicos, la idea del progreso espiritual se ve obstaculizada por sus compromisos soteriológicos, y considera que el pentecostalismo mejora potencialmente en esta situación si es más directo al afirmar sus afinidades con la tradición mística cristiana. De esta y muchas otras maneras, creo que Chan simpatizaría con las afirmaciones generales del presente volumen.

---

[62] Chan, *Pentecostal Theology and the Christian Spiritual Tradition*, 58–60, 71, 75, 87.

Expandiendo la Comprensión Pentecostal del Bautismo del Espíritu

Conclusión

Este capítulo cubre bastante terreno, algo doloroso de considerar. Las partes difíciles involucraron la deconstrucción de algunos mitos y suposiciones de que muchos pentecostales estadounidenses, si describen su experiencia cristiana con la mirada puesta en el pasado, se aferran bastante. Pero tal trabajo es necesario para la salud continua de la tradición en el tiempo. Algunos pentecostales pueden no haber encontrado que este trabajo valga la pena, pero académicos prominentes dentro de la academia pentecostal lo han considerado necesario algunas veces. Sus intuiciones y propuestas sugieren al menos la necesidad de ampliar las formulaciones tradicionales ofrecidas por el pentecostalismo institucional.

CAPÍTULO 5

La Vida Bautizada por el Espíritu

La vida bautizada por el Espíritu en este capítulo final, desarrollé estos pensamientos por parte de eruditos pentecostales contemporáneos en una conversación con algunas figuras prominentes de la antigua tradición mística cristiana. Sobre el tema del bautismo en el Espíritu, que es tan importante para la identidad pentecostal, argumentaré que el pentecostalismo debe confiar en su carácter como una tradición mística dentro de la iglesia católica a fin de perpetuar su identidad de una manera viva y relevante.

Los eruditos pentecostales modernos encuestados en la última parte del capítulo 4 operan dentro de los marcos pentecostales tradicionales, pero también reconocen la necesidad de ampliar las implicaciones típicamente entendidas de estos cuadros. Estos expertos asumen que el tropo del Bautismo del Espíritu construido bíblicamente explica lo que consideran un distintivo pentecostal, si no el principal. Afirman que el bautismo en el Espíritu es un encuentro con el Dios viviente típicamente posterior a la conversión. Y hasta donde puedo decir, permiten que la lógica de la evidencia inicial se sostenga. Sin embargo, también sienten que los ajustes son necesarios a las formulaciones recibidas del bautismo del Espíritu, y por lo tanto introducen encuadres alternativos o al menos variaciones significativas a su molde doctrinal convencional. Sin embargo, por muy importante que sea esta sensibilidad, uno se pregunta si la reelaboración de una formulación preexistente en direcciones que no suelen promoverse es una actividad potencialmente restringida por la propia formulación. En particular, uno se pregunta sobre el grado en que pueden hablar sobre el bautismo en el Espíritu de una manera que presiona más allá de las limitaciones epistémicas endémicas de la forma de esa enunciación en el pentecostalismo clásico. El problema en cuestión podría ser un dilema de odres nuevos *versus* odres viejos.

En términos del presente argumento, este autor no se siente obligado a retener la lógica de la evidencia inicial. Contrario a Chan, no estoy obligado a establecer una relación necesaria entre las lenguas y el bautismo del Espíritu, porque ese enfoque parece sobrecargar la tarea conceptual al requerir algún tipo de necesidad generalizadora que tiene que ser verdad para todas las personas y los casos. Siguiendo el título pegadizo de Larry Hurtado, estoy dispuesto a conceder la posibilidad de que el vínculo sea "normal" pero no necesariamente "la norma", dados los testigos del Nuevo Testamento y de la iglesia a lo largo del tiempo.[1] Pero, una vez más, si se destaca singularmente, esta línea de pensamiento juega nuevamente con las preocupaciones epistémicas. Muchos pentecostales están interesados en establecer cómo se puede saber si alguien es bautizado en el Espíritu, a su vez estableciendo una correlación entre las lenguas y el bautismo del Espíritu, pero este no es necesariamente un punto de partida saludable. Incluso diría que no es una preocupación apremiante en absoluto. Más fundamentalmente, la tradición pentecostal debe luchar seriamente con las preguntas ontológicas y teleológicas que rodean este tema: ¿Qué es el bautismo en el Espíritu y para qué sirve? El énfasis excesivo en identificar casos de bautismo en el Espíritu (es decir, la preocupación epistémica) podría ser indicativo de algo más preocupante, a saber, que los pentecostales no han prestado la debida diligencia a la ontología y teleología del bautismo en el Espíritu. Pero dada la importancia del bautismo del Espíritu para la identidad pentecostal, sus dinámicas ontológicas y teleológicas deberían ocupar y fundamentar una parte significativa de los esfuerzos neumáticos y soteriológicos pentecostales. Si uno sabe qué es algo y su propósito, su identificación ciertamente será facilitada como resultado; identificar algo que no se considera extensamente o que se sitúa dentro de un contexto más amplio es prematuro y tiene pocas consecuencias a largo plazo. El fenómeno de las lenguas tiene un lugar en estas discusiones, sin duda, pero cuando está en el centro y en lo epistémico, como ha estado usualmente dentro de la lógica de la evidencia inicial, uno se pregunta si esta apropiación está perpetuando y enmascarando una laguna más básica. En términos generales, la disponibilidad empírica de lenguas puede haber contribuido a un relato teológicamente empobrecido del bautismo del Espíritu entre las denominaciones pentecostales estadounidenses clásicas.

En perspectiva pentecostal, ¿qué es el bautismo en el Espíritu y cuál es su propósito? La interacción entre espiritualidad y teología es crucial aquí para considerar desde el principio. Como ya se señaló, cuando los pentecostales hablan del bautismo en el Espíritu, generalmente indican dimensiones experienciales y doctrinales. Este es el caso porque el

---

[1] Véase, Larry W. Hurtado, "Normal, but Not a Norm: 'Initial Evidence' and the New Testament," in *Initial Evidence: Historical and Biblical Perspectives on the Pentecostal Doctrine of Spirit Baptism*, ed. Gary McGee (Peabody, MA: Hendrickson, 1991), 189–201.

bautismo en el Espíritu se considera mejor en categorías místicas en general. En términos de espiritualidad cristiana, el bautismo en el Espíritu es un encuentro con el Dios trino que es poderoso, participativo y transformador; doctrinalmente, la forma en que se habla de este encuentro debe tener en cuenta facilitar e iluminar este tipo de encuentro, así como extender sus ramificaciones a varios dominios, tanto conceptuales como prácticos. En esta luz, el bautismo del Espíritu para los pentecostales implica tanto un encuentro místico como una doctrina mística que se apoyan y critican entre sí. Si el bautismo en el Espíritu fue un encuentro místico, pero no una doctrina mística, los peligros de la inefabilidad, la privatización y la interioridad pasan a primer plano; si fuera sólo una doctrina mística sin un sentido vibrante de que también es un encuentro místico, entonces la especulación, la abstracción y la conceptualización excesiva podrían ser el resultado final. Las formas en que uno aprehende, experimenta, habla y piensa en el bautismo en el Espíritu son todas un solo segmento. Tomados en conjunto, estas formas influirán en la afiliación corporativa e individual del tema. ¿Y por qué es necesaria la encarnación? La respuesta simple es que, sin encarnación, la noción de bautismo en el Espíritu es insignificante. Los pentecostales necesitan un sentido práctico de cómo se ve una vida bautizada por el Espíritu y qué diferencia hace este tipo de vida en el mundo de hoy, especialmente si el bautismo del Espíritu está llamado a fundamentar y caracterizar el etos pentecostal.

Sólo después de obtener un cierto sentido de su identidad, los pentecostales pueden preguntar: ¿Cuál es el propósito del bautismo en el Espíritu? La respuesta a esta pregunta es similar a otros dominios místicos de la fe cristiana: mostrarle a un mundo que observa que el Dios de la confesión cristiana está activo a través de una comunidad que busca a Dios reconciliando y santificando todas las cosas en el aquí y ahora de la vida ordinaria. Es cierto que este es un reclamo amplio y de ninguna manera exhaustivo, pero uno se pregunta si podría decirse algo más esperanzador. El bautismo en el Espíritu desde el punto de vista pentecostal y desde el etos de la tradición mística cristiana sugiere ampliamente que Dios hace una diferencia tangible e impactante en la vida tal como la conocemos.

A medida que uno examina esta comprensión más de cerca, uno debe reconocer (en el espíritu del libro actual) que tanto un encuentro místico como una doctrina mística deben considerarse de manera diferente a otras propuestas. Por ejemplo, el objetivo en su elaboración no es necesariamente la consistencia o la coherencia. El calificativo común entre ellos, "místico", señala los límites de la conceptualización y la verbalización, no por objetivos deconstructivos per se, sino para mostrar que está en juego algo más de lo que permitirían las formas convencionales de hablar y pensar. El misterio generativo y autorrevelado que es Dios es quien impulsa esta obra hacia adelante, y por esta razón, dar cuenta de esto con fidelidad y conveniencia constituye lo que está en juego. Obviamente, la teología es valiosa, pero esta admisión *teo*-lógica pone tal trabajo en la perspectiva adecuada.

Los términos y los límites de las propuestas anteriores resultan especialmente útiles para delinear el camino a seguir para este tipo de trabajo. Las preocupaciones planteadas por Blumhofer, Macchia y Chan son importantes en este sentido. Que incluso se atrevan a seguir una agenda que desafía las propuestas pasadas muestra que han intuido que hay más implicados con el bautismo en el Espíritu que lo que típicamente aparece en los relatos pentecostales clásicos estándar. Sin embargo, las restricciones que ellos asumen para estar en línea con el pentecostalismo clásico pueden en cierto sentido evitar que avancen hacia dominios necesarios, específicamente, la reconstrucción del bautismo del Espíritu siguiendo las líneas de la tradición mística cristiana.

En el resto de este capítulo final, resalto algunas de las áreas de preocupación expresadas por estos escritores, con el objetivo de vincularlas a propuestas dentro de la gran herencia del misticismo cristiano. Este trabajo es más una invitación y un gesto de iniciación que una cuenta completamente desarrollada; su objetivo es comenzar una conversación en serio. Pero propone este llamado de identificar al pentecostalismo como una tradición mística de la iglesia católica al otorgarle un andamiaje -una estructura viable- con detalles sobre la mesa para mostrar el tipo de esfuerzos necesarios para que la identificación sea más segura. Esta propuesta no solo distinguiría el pentecostalismo de las formas americanas de evangelicalismo, sino que también lo asociaría con formas de cristianismo que se han descartado fácilmente en Occidente con el advenimiento de la era moderna, que sin embargo han visto un renacimiento con el surgimiento del cristianismo carismático en el Sur global.

Un Dulce Viaje de Gloria en Gloria

La tensión que Blumhofer nota de los testimonios pentecostales que involucran el logro y la búsqueda de la plenitud es crítica. Por un lado, el primer punto enfatiza que la experiencia de los pentecostales es real, auténtica y, en cierto sentido, satisfactoria. Con Agustín, los pentecostales afirmarían que sus corazones están inquietos hasta que encuentren su descanso en Dios, y que cuando se encuentran con Dios en el acontecimiento escatológico que consideran bautismo en el Espíritu, nada parece más dulce que la "porción de Dios" que experimentan. El lenguaje de "probar" y "festejar" es muy apropiado en este sentido, como señala Blumhofer. La degustación es una imagen tan importante porque está atenta a las necesidades humanas: los humanos tienen que comer para alimentar sus cuerpos y así sobrevivir, pero al comer y degustar, los humanos también pueden deleitarse y simplemente disfrutar de estos actos. Comer es una necesidad, pero también puede ser una alegría. Análogamente, "estar lleno en Dios" no es una dinámica blanda. Ciertamente, es profundamente satisfactorio que se aborde una necesidad básica. Jesús mismo usa esta imagen en varios puntos, como cuando dice: "Yo soy el pan de vida. El que a mí viene, nunca tendrá hambre, y el que en mí cree, no tendrá sed jamás" (Juan 6:35). Pero al probar y ver que el Señor es bueno (ver Sal. 34: 8), también hay una delicia involucrada. Expresado escatológicamente, esto sería una dinámica "ya" de prever la gloria manifiesta de Dios.

Pero, por otro lado, la experiencia de Dios en esta vida está limitada por una serie de restricciones. Un límite es simplemente la naturaleza de las capacidades humanas: hay mucho que los humanos pueden acomodarse ante la presencia del Dios viviente. Las imágenes y el lenguaje de la llamada narrativa de Isaías en el capítulo 6 son útiles en este aspecto. Estar delante de Dios expone nuestros límites, defectos y fallas. En cierto sentido, somos personas injustas que están honradas con la presencia de un Señor justo. Otro límite que vale la pena señalar es la naturaleza y la dinámica del tiempo y el tema general de la mutabilidad humana. Dada su naturaleza fugaz y la forma en que nuestros cuerpos están constreñidos por ella, el tiempo plantea un desafío con el resultado de que nuestros encuentros con Dios (especialmente los espectaculares que los Pentecostales desean celebrar y destacar como parte integral de la identidad pentecostal) a menudo son efímeros y pasajeros. Nadie puede pararse en las alturas del éxtasis espiritual a largo plazo. Las cosas se tranquilizan y la vida ordinaria se reanuda. Y nosotros como humanos en el tiempo cambiamos y somos cambiados por nuestro entorno y circunstancias también. Somos propensos a olvidar, malinterpretar, caducar, etc. Estas y otras restricciones apuntan a la brecha entre el Creador y la criatura. Esta brecha es potencialmente malinterpretada o ignorada cuando los cristianos hablan con entusiasmo de sus encuentros con Dios, pero, sin embargo, se mantiene y se ignora solo por su propio riesgo. De nuevo, para usar el lenguaje escatológico, uno puede decir de este segundo sentido que es el "todavía no" de una creación gimiendo por su total redención, curación y consumación.

El peligro de la lógica de la evidencia inicial en particular y de las orientaciones de la crisis hacia la experiencia religiosa en general es que ambos tienden a la dinámica del logro / ya. "¿Tienes el bautismo en el Espíritu Santo?" Es una pregunta bastante simple, pero es reductivo de muchas maneras. Sobre la lógica que se sostiene actualmente (y también se aplica a la salvación), también se podría preguntar: "¿Estás *siendo* bautizado en el Espíritu Santo?" Desafortunadamente, esta última redacción es altamente contra intuitiva para los pentecostales, y esto es precisamente la dificultad antes que nosotros. La forma en que los pentecostales típicamente piensan y hablan sobre el bautismo en el Espíritu se mueve en la dirección del logro, o formas "ya", pero Blumhofer y otros son muy conscientes de los riesgos involucrados. Como ella señala en particular, se necesitan estrategias en los testimonios para contrarrestarlos. En su caso, Blumhofer señala el encuadre paradójico del logro y la búsqueda.

Esta redacción es importante y relevante en las discusiones relacionadas con la vida espiritual, ya que es bastante fácil para los cristianos en un momento u otro pensar en términos de logros, logros y, lo peor de todo, "terminar el curso". Los pentecostales son especialmente propenso a pensar de esta manera, dado que el bautismo en el Espíritu a menudo se entiende (al menos implícitamente) como la cumbre de la experiencia cristiana. Pero al final del día, esta forma de expresar las cosas simplemente no es cierta, ya que seguimos viviendo, creciendo y luchando en el presente de nuestras vidas. No podemos pensar en "terminar el curso" porque todavía estamos mucho en el medio; la carrera no ha terminado por un tiro largo. A pesar de, o además de, todo lo que ha ocurrido en nuestras vidas, siempre hay más que experimentar y considerar, dado que vivimos de este lado del escatos. Verdaderamente, los cristianos que buscan-a-Dios deben reclamar con el apóstol Pablo: "No es que ya haya obtenido esto o que ya haya alcanzado la meta, pero sigo adelante para hacerlo mío, porque Cristo Jesús me ha hecho suyo. Amado, no considero que lo haya hecho mío, pero esto es lo que hago: olvidando lo que queda atrás y esforzándome por lo que viene, sigo hacia la meta por el premio del llamado celestial de Dios en Cristo Jesús" (Filipenses 3: 12-14).

La raíz de la palabra que la NRSV (Nueva Revisión Estándar) traduce como "esforzarse hacia adelante" (*epekteinomai* y sus connotaciones, incluida la *epektasis*) se desarrolló significativamente en el pensamiento de Gregorio de Nisa, un padre de Capadocia y uno de los místicos cristianos más antiguos. De hecho, algunos eruditos gregorianos han etiquetado este concepto como un punto de contacto significativo, si no el tema central, para entender el pensamiento de los Capadocios sobre la vida espiritual.[2] Dada su importancia, se han hecho una serie de propuestas para explicar la calidad de la idea y las circunstancias de origen en el uso de Gregorio.[3] Mi aproximación a Gregorio de Nisa aquí es similar a la desarrollada por Hans Urs von Baltasar en su propio trabajo sobre Capadocia; es decir, implica una apropiación selectiva del trabajo de una figura antigua para su iluminación estratégica y su aplicación en circunstancias contemporáneas.[4] Por lo tanto, el uso de Gregorio aquí (y las otras figuras antiguas a continuación) seguramente no sería del tipo que los historiadores o incluso los teólogos históricos encontrarían necesariamente favorable. La agenda a mano en esta sección actual es descubrir cómo Gregorio puede ser útil para iluminar esta tensión detectada entre el logro y la persecución dentro del discurso pentecostal relacionado con el bautismo del Espíritu. En el caso de Gregorio, su uso de la idea de *epektasis* puede ser de gran ayuda; para ese fin, cito extensamente una de sus obras importantes, *La Vida de Moisés*.

En lugar de ver los límites señalados anteriormente sobre las dimensiones "todavía no" de la existencia humana en una luz negativa, Gregory parece acercarse a ellos positivamente. Uno de los primeros pasos para reconfigurar esta evaluación general en una dirección positiva es reclamar la distinción Creador-creación de una manera básica y no negociable. Para Gregorio, la criatura siempre está precedida y seguida por el Creador, tanto en el aquí y ahora como por la eternidad. Este reconocimiento es la base de una orientación doctoral y de adoración, ya que es una confesión que implica que Dios es reconocido como incorpóreo, incorruptible y, de hecho, trasciende todas las características. Nosotros, como criaturas, en cambio, tenemos nuestra fuente y final en Dios que nos da vida. Somos dependientes, seres derivados que son corpóreos, corruptibles y limitados. Desde esta convicción, cualquier cosa que digamos sobre Dios, las criaturas compañeras y sus interrelaciones se

---

[2] Como lo señaló Jean Daniélou, "Introduction," en *From Glory to Glory: Texts from Gregory of Nyssa's Mystical Writings* (Crestwood, NY: St. Vladimir's Seminary Press, 1979), 47. Un recurso útil para este tema es el artículo "Epektasis" de Lucas Francisco Mateo-Seco, en *The Brill Dictionary of Gregory of Nyssa*, ed. Mateo-Seco and Giulio Maspero (Leiden: Brill, 2010), 263–68.
[3] Para una breve encuesta de estos debates, ver Paul M. Blowers, "Maximus the Confessor, Gregory of Nyssa, and the Concept of 'Perpetual Progress,'" *Vigiliae Christianae* 46 (1992): 151–71.
[4] Ver el razonamiento perspicaz en exhibición en el prólogo de su *Presence and Thought: An Essayon the Religious Philosophy of Gregory of Nyssa* (San Francisco: Ignatius, 1995). Para una discusión sobre el uso de Baltasar de fuentes antiguas, vea a Brian Daley, "Balthasar's Reading of the Church Fathers," en *Cambridge Companionto Hans Urs von Balthasar*, ed. Edward T. Oakes and David Moss (Cambridge: Cambridge University Press, 2004), 187–206.

basarán en esta distinción de categoría, una de la cual se puede hablar como una diferenciación entre un Dios infinito e inmutable y una creación finita y mutable.

Complementando esta diferencia de categoría, Gregorio tiende a hablar de Dios en términos de los trascendentales, incluida la belleza y la bondad, y también reflexiona sobre el deseo del alma por estos. Este encuadre arroja un cierto tipo de dinámica, ilustrada por el uso alegórico de Gregorio del ascenso de Moisés a la montaña para ver a Dios. En una sección de *La Vida de Moisés* que habla directamente sobre el tema de la *epektasis*, Gregorio comenta acerca de Moisés: "Él brilló con gloria. Y aunque se animó a través de experiencias tan elevadas, todavía no está satisfecho con su deseo de más. No obstante, tiene sed de aquello con lo que constantemente se llena a sí mismo, y busca alcanzar como si nunca hubiera participado, suplicando a Dios que se le apareciera, no de acuerdo con su capacidad de participar, sino según el verdadero ser de Dios". Tenga en cuenta que aquí el punto de referencia es el verdadero ser de Dios y la reacción del alma a él, que no puede evitar ser, en cierto sentido, afectada por los límites del alma ante un Dios ilimitado. Gregorio continúa: "Tal experiencia me parece que pertenece al alma que ama lo que es bello. La esperanza siempre atrae al alma de la belleza que se ve a lo que está más allá, siempre enciende el deseo de lo oculto a través de lo que se percibe constantemente. Por lo tanto, el amante ardiente de la belleza, aunque recibe lo que siempre es visible como una imagen de lo que desea, anhela ser llenado con el propio sello del arquetipo". Gregorio concluye su línea de pensamiento diciendo: "La magnificencia de Dios asintió al cumplimiento de su deseo, pero no prometió ninguna cesación o saciedad del deseo". Esencialmente, Gregorio transmite una perspectiva muy específica sobre la paradoja del logro-búsqueda que se menciona arriba, una que se basa en las cualidades místicas de lo divino- interacción humana. "Lo que Moisés anheló", afirma Gregorio, "está satisfecho con las mismas cosas que dejan insatisfecho su deseo."[5]

Lo que podría ser difícil de aceptar para algunos en las propuestas de Gregorio es que él ve este deseo de Dios como continuo, tanto en esta vida como en la venidera. Para Gregorio, "la verdadera visión de Dios consiste en esto: que el que mira a Dios nunca cesa en ese deseo". La dificultad en este encuadre, por supuesto, se relaciona con la suposición de que, siendo perpetua, este anhelo de deseo es de alguna manera no cumplido o inútil. Algunos pueden sentir la necesidad de suavizar o aliviar esta paradoja,

---

[5] Gregory of Nyssa, *The Life of Moses*, trans. Abraham Malherbe and Everett Ferguson (New York: Paulist Press, 1978), 114–15; Greek: *Gregorii Nysseni Opera*, vol. 7.1: *De Vita Moysis*, ed. Herbertus Musurillo (Leiden: Brill, 1964), 113–15.

pero podemos ver que este ejemplo muestra claramente la necesidad de una comprensión mística. Gregorio establece el tono de su trabajo en esta dirección desde el principio: "Sostenemos que la naturaleza divina es ilimitada e infinita. Ciertamente, quien busca la verdadera virtud no participa en nada más que en Dios, porque Él mismo es la virtud absoluta. Desde entonces, aquellos que saben lo que es bueno por naturaleza desean participar en él, y dado que este bien no tiene límite, el deseo del participante en sí mismo necesariamente no tiene un lugar de descanso, sino que se extiende con lo ilimitado."[6] El desafío aquí no es resolver la paradoja, sino profundizar más en ella.

Este reclamo de progresión perpetua debe ser reconocido como una orientación alegre y apropiada en el corazón de la perfección cristiana. Cuando las criaturas aceptan y reconocen que su crecimiento es una conformidad continua con Dios, pueden descansar en la realidad de que Dios es Dios (y ellos no lo son). Una vez más, la dinámica es de adoración y asombrosa, ya que se basa en la distinción fundamental entre el Creador y la criatura. El resultado no es una circularidad Sísfica de perpetua inutilidad y frustración, sino más bien un tipo de crecimiento espiritual que es místico y adorador en su núcleo. El asunto no es que nuestros límites de alguna manera deben ser superados por una disciplina dedicada de nuestro lado; más bien, implica la ubicación de estos límites dentro de la realidad más fundamental que es Dios, de modo que estos límites pueden ser canales de esplendor imprevisto. Cada fin o llegada (*peras*) de una dinámica sirve como el comienzo (*arjé*) de otra.[7] La vida cristiana es un ascenso perpetuo hacia Dios hecho posible por el descenso viaducto ya extendido por Cristo.

Para concluir, la aplicación de la elaboración de *epektasis* de Gregorio para nuestros propósitos actuales es su valor de resistir la resolución de la paradoja del logro y la búsqueda a partir de un sentido intuido de la belleza y la expansión de lo Divino. Tal es una sensibilidad mística porque permitirá que se mantenga la paradoja, una paradoja impulsada por el esplendor de la Trinidad y la comprensión adecuada de los límites creativos del ser humano. En lugar de racionalizar la tensión, la visión de Gregorio de la vida cristiana permite que la tensión persista como una forma de comunicar lo que significa ser una criatura creada y honrada por un Dios bueno y siempre amoroso. Para poner estos reclamos a trabajar en un idioma pentecostal, uno podría decir que la vida bautizada por el Espíritu es aquella que vive en una paradoja continua de logro y búsqueda porque su base y su fin es el Dios trino de la confesión cristiana. La vida

---

[6] Gregory of Nyssa, *The Life of Moses*, 115, 31; *De Vita Moysis*, 114, 4.
[7] Mateo-Seco, *"Epektasis,"* 264.

bautizada por el Espíritu es de naturaleza epíctica; es una forma de vida que es activamente receptiva. Es impulsado por un deseo ardiente que prueba y busca la bondad de Dios. Esta dinámica está implícitamente presente en los testimonios pentecostales de diversos tipos, como bien lo señala Blumhofer, y es parte del patrimonio pentecostal que debe mantenerse práctica y conceptualmente frente a las muchas presiones que naturalmente vienen a un movimiento de renovación a medida que se esfuerza por comprenderse a sí mismo y promover su identidad públicamente.

Firmeza en Medio de la Aridez Espiritual

Pasando a otro de nuestros eruditos pentecostales contemporáneos, podemos recordar que Chan cita la necesidad de que el pentecostalismo pase por una noche oscura en su teología. Por supuesto, Chan no está usando este lenguaje en un sentido técnico, es decir, de una manera coincidente concienzuda y consistente con la visión de San Juan de la Cruz. El objetivo más amplio de Chan es utilizar la metáfora de una noche oscura para impulsar a los pentecostales a la madurez en su espiritualidad. Esta madurez la considera necesaria y vital cuando los pentecostales están demasiado obsesionados con la radical incursión del Espíritu de Dios. Compara esta tendencia con la forma en que las personas se enamoran, más que con la forma en que los amantes maduros se relacionan entre sí. El primer tipo de interacción, aunque sea agradable en cierto sentido, es menos experimentado y más rico que el segundo. Pero más crucial aquí sería dar cuenta de los desafíos que presenta la vida. Se podría decir que las imágenes de la noche oscura impulsan a uno hacia la madurez espiritual al reconocer el desafío, la lucha y el dolor que acompañan a las vicisitudes de la vida cristiana. Chan comenta a la luz de esto: "Aquí es donde el pentecostalismo debe estar abierto al desafío de la tradición mística. Debe reconocer que las pruebas y la aridez espiritual, incluso la derrota espiritual y la desolación, son parte del crecimiento incluso *después* del propio bautismo en el Espíritu Santo."[8]

Chan desea exponer una escatología sobre realizada como el principal culpable en el trabajo en la incapacidad de los pentecostales para ver las pruebas y dificultades como parte de la vida cristiana. Él cree que, cuando los pentecostales se fijan en las señales, los milagros y cosas por el estilo, pierden de vista cómo es realmente la existencia cristiana. La vida

---

[8] Simon Chan, *Pentecostal Theology and the Christian Spiritual Tradition*, Journal of Pentecostal Theology Supplement 21 (Sheffield: Sheffield Academic Press, 2000), 76 (énfasis original).

espiritual no puede ser un movimiento de un pico al siguiente; más bien al contrario, "el progreso en la vida cristiana puede implicar muchas noches oscuras y muchas renovaciones del Espíritu, cada una experimentada en mayor grado de intensidad."[9] Es posible que los pentecostales no se presenten al reclamar esta dinámica, ya que su tendencia habitual es a enfatizar la poderosa demostración del poder de Dios, la batalla victoriosa contra el pecado y la manifestación de un milagro imponente. Sin embargo, si estos son los énfasis, ¿qué sucede cuando sus contrarios son muy evidentes? ¿Qué pasa si el milagro buscado no tiene lugar? ¿Qué pasa si la batalla contra el pecado está en curso? ¿Qué pasa si Dios parece estar ausente o falta? Como Paul Alexander ha notado de su propia experiencia, generalmente se produce un incómodo silencio en tales casos, uno rápidamente lleno de contra evidencia y contra estimas.[10] Las preguntas a menudo son descartadas, ignoradas o reinterpretadas; no pueden dejarse detenidos. Sin embargo, estas preocupaciones son válidas porque son fieles a la experiencia. Señalan la naturaleza multifacética de la vida en general y la vida espiritual cristiana en particular. Chan menciona la teología de Baltasar del "Sábado Santo" en este sentido; y podríamos notar el "grito de abandono" de Moltmann.

¿Qué significaría una noche oscura específicamente para los pentecostales, especialmente a la luz de cómo configuran el bautismo en el Espíritu? Creo que la metáfora puede sugerir al menos dos respuestas diferentes pero interrelacionadas. Primero, una noche oscura para los relatos pentecostales del bautismo del Espíritu significaría una reconfiguración del poder pentecostal. Como se señaló anteriormente, los relatos históricos del bautismo en el Espíritu a menudo lo enfatizaban como una experiencia de empoderamiento para el testimonio. Su utilidad giraba en torno al evangelismo y el testimonio. Esta comprensión no es necesariamente problemática, pero quizás esté poco desarrollada. En particular, vale la pena preguntar: ¿Qué comprensión del poder se está asumiendo? De nuevo, la tendencia aquí podría derivar de una escatología sobre realizada: la definición de poder podría girar en torno a la manifestación de señales y milagros. De nuevo, este enfoque no es necesariamente incorrecto, pero ¿es esta la única descripción del poder disponible en la descripción de la vida cristiana? Además, ¿es esta descripción del poder la principal forma en que Cristo mostró su propio poder durante su vida terrenal? Ciertamente, entendemos el poder cristomorfo a la luz de la resurrección, pero también es importante la vida

---

[9] Chan, *Pentecostal Theology and the Christian Spiritual Tradition*, 77.
[10] Véase, Paul Alexander, *Signs and Wonders: Why Pentecostalism Is the World's Fastest Growing Faith* (San Francisco: Jossey-Bass, 2009), chap. 1.

de obediencia y sumisión de Cristo a la voluntad del Padre de una manera que conduce a la cruz. En solidaridad con aquellos que han muerto y continúan muriendo actualmente por el Evangelio, uno debe continuar diciendo que el poder cristiano puede manifestarse a través del martirio. Pocos recursos pentecostales están disponibles para enfatizar este aspecto del asunto, pero sin prestarle la debida atención, debemos admitir que la espiritualidad pentecostal es deficiente en su alcance y relevancia. Una visión para la vida bautizada por el Espíritu debería ser capaz de dar cuenta de cómo enfrentar las pruebas y diversas formas de aridez espiritual. Aunque este tema a menudo se descuida, los cristianos sí tienen recursos para este tipo de visión cuando reconocen la manera en que Jesús enfrentó su viaje hacia el Calvario, lo que demostró una forma de poder que era firme, fiel y santa frente a la persecución. injusticia, rechazo y sufrimiento.

Como segundo punto, una noche oscura para las concepciones pentecostales del bautismo en el Espíritu implica una reconstitución de la expectativa. ¿Por qué los pentecostales tienden a tener una escatología sobre realizada en primer lugar? Lo más probable es que una variedad de factores pueda explicar esta tendencia. Muchas personas se sienten atraídas por el pentecostalismo, no solo porque ven el evangelio en ellas, sino también por el atractivo de llevar una clase de "vida superior" con Dios, una de vitalidad y energía que de otro modo no hubieran experimentado. Las formas pentecostales de cristianismo también atraen a las personas porque a menudo abordan las necesidades específicas que las personas tienen, ya sean espirituales, teológicas, psicológicas, sociales, económicas o físicas (entre otras). Y otras razones podrían ser ofrecidas también. Una vez más, estas apelaciones no son necesariamente erróneas, pero son miopes si la identidad pentecostal se justifica solo por ellos. El Nuevo Testamento insta reiteradamente a la iglesia a avanzar hacia niveles de existencia cada vez más profundos y más maduros, no para obtener mayores beneficios, sino para honrar a Dios con mayor fidelidad.

Una preocupación fundamental se presenta en este punto: ¿Por qué a los pentecostales no les importaría pensar en el progreso espiritual de manera amplia y profunda, es decir, en términos tanto de generosidad espiritual como de aridez? Para una tradición que enfatiza la vida guiada por el Espíritu, ¿por qué sería esto un descuido tan notorio? ¿De qué se trata la disposición de los pentecostales cuando entran y viven en el redil pentecostal que hace que esta característica tan importante de cualquier espiritualidad cristiana les sea difícil de apreciar? Una vez más, se podrían ofrecer varias propuestas de manera rápida y relevante, pero una dinámica que ciertamente está sobre la mesa es el tema de las expectativas. Dada la forma típica en que se presenta el modo de vida pentecostal, uno no puede evitar tener una expectativa muy específica sobre cómo debería ser esta vida y cómo debería encarnarse.[11]

El llamado general de Chan para considerar una noche oscura en el pentecostalismo podría aplicarse a estas dos características de una escatología sobre realizada en la espiritualidad pentecostal: el poder y la expectativa. Y para mantener esta aplicación, sería útil regresar a San Juan de la Cruz y sus reflexiones en *La Noche Oscura*. Particularmente impresionante sobre este trabajo para nuestros propósitos es su énfasis en la purificación y purga. San Juan está interesado en mostrar cómo Dios mueve las almas desde el nivel de un principiante al de un experto para que puedan avanzar hacia la perfección o la unión con Dios. Pero en este movimiento, San Juan reconoce la necesidad de crecer y aumentar la fuerza, de lo que él habla en términos de imágenes "nocturnas". En una afirmación notable, afirma que Dios coloca a los "iniciados" (*principiantes*) en el ámbito de los "proficientes" (*aprovechantes*) y lo hace precisamente al ponerlos en la noche oscura.[12] Pero ¿por qué Dios sería la fuente de la aridez espiritual o la oscuridad?

San Juan de la Cruz reconoce que hay un deleite que viene con la práctica de la espiritualidad, una que los pentecostales entienden fácilmente. Él declara, "El alma encuentra su alegría, por lo tanto, en pasar largos períodos en oración, tal vez incluso noches enteras; sus penitencias son placeres; sus ayunos, felicidad; y los sacramentos y las conversaciones espirituales son sus consolaciones."[13] Pero dicho sin rodeos, junto con esta cualidad satisfactoria, la espiritualidad cristiana también se puede vivir para fines que se benefician a sí mismos. Si este último es el caso, entonces uno está participando en un estado crudo y sin refinar. Con esto en mente, San Juan se mueve bastante rápido para hablar de motivos: "Dado que su motivación en sus trabajos y ejercicios espirituales es el consuelo y la satisfacción que experimentan en ellos, y ya que no han sido condicionados por la ardua lucha de practicar la virtud, poseen muchas

---

[11] En este punto, Chan correlaciona la lógica de "tres crisis" del pentecostalismo con las "tres formas" de progreso espiritual resaltadas anteriormente. La dificultad con tal estrategia es que potencialmente calcifica las expectativas para un paradigma de crisis, perpetuando conjuntos de expectativas sobre realizados. La ironía es que todo esto puede ser precisamente lo que necesita ser purgado y purificado en una dinámica pentecostal de "noche oscura".

[12] Ver ampliamente, St. John of the Cross, "The Dark Night," en *The Collected Works of St. John of the Cross*, rev. ed. (Washington, DC: ICS Publications, 1991), 361; español: *Obras de San Juan de la Cruz*, vol. 2: *Subida y Noche Oscura*, ed. P. Silverio de Santa Teresa (Burgos, Spain: El Monte Carmelo, 1929), 365.

[13] St. John of the Cross, "The Dark Night," 362; español: "Por tanto, su deleite halla en pasarse grandes ratos en oración, y por ventura las noches enteras; sus gustos son las penitencias; sus contentos los ayunos, y sus consuelos usar de los sacramentos y comunicar en las cosas divinas" (366).

fallas e imperfecciones en el desempeño de sus actividades espirituales."[14] En un reconocimiento que es difícil de escuchar pero demasiado cierto, San Juan está dispuesto a afirmar que la vida espiritual puede ser una ocasión para la práctica de los *vicios* capitales por aquellos que tienen poca formación y entrenamiento. Estos vicios incluyen orgullo, avaricia espiritual, lujuria espiritual, ira y glotonería espiritual. Al elaborar el último pecado en términos de oración, San Juan declara que los glotones espirituales "piensan que todo el asunto de la oración consiste en buscar la satisfacción sensorial y la devoción. Se esfuerzan por procurar esto por sus propios esfuerzos, y cansan y cargan sus cabezas y sus facultades. Cuando no obtienen este confort razonable, se desconciertan y creen que no han hecho nada."[15] En muchas de estas reflexiones, San Juan enfatiza la necesidad de que los creyentes tengan que ser refinados y moldeados por la obra de Dios. Sí, hay deleite y disfrute en las cosas de Dios, pero éstas no necesariamente conducen al crecimiento y la maduración. Todo lo contrario. En nuestro estado actual, estos pueden ser manipulados y corrompidos sin una atención deliberada a la presencia y el trabajo continuo de Dios, lo que incluiría la perfección y la santificación.

¿Cómo se relacionan estas reflexiones con los temas del poder y la expectativa? Debe quedar claro que las formas pentecostales de comprender el poder de la vida bautizada por el Espíritu y sus expectativas en torno a ella pueden fácilmente convertirse en los vicios de los que habla San Juan. Cuando los pentecostales hablan del bautismo en el Espíritu, generalmente piensan en términos muy concretos y sensoriales (como lo muestra claramente su preferencia por el lenguaje de la evidencia). En contraste, las reflexiones de San Juan señalan que la parte sensorial del alma es la primera que necesita purificación; este proceso constituye simplemente la primera etapa o la primera noche oscura de un largo proceso de Dios dando forma a un pueblo santo y maduro. El movimiento "de gloria en gloria" en su visión incluye momentos y estados de sequedad, una reconfiguración de los apetitos, una falta de "evidencia" empírica, etc. La visión de San Juan de la Cruz es una que trata de ser honesto sobre los desafíos de la vida espiritual de maneras que los pentecostales podrían pensar que constituyen una traición a su identidad

---

[14] St. John of the Cross, "The Dark Night," 362; español: "Porque como son movidos a estas cosas y ejercicios espirituales por el consuelo y gusto que allí halla, y como también ellos no están habilitados por ejercicios de fuerte lucha en las virtudes, acerca de estas sus obras espirituales tienen muchas faltas e imperfecciones" (366).

[15] St. John of the Cross, "The Dark Night," 372–73; español: "Lo mismo tienen éstos en la oración que ejercitan, que piensan que todo el negocio de ella está en hallar gusto y devoción sensible, y procuran sacarle, como dicen, a fuerza de brazos, cansando y fatigando las potencias y la cabeza; y cuando no han hallado el tal gusto, se desconsuelan mucho pensando que no han hecho nada" (382–83).

esperanzada y expectante. Uno siente una tensión muy fuerte aquí. ¿Puede un pueblo tener esperanza en medio de una noche oscura? ¿Pueden imaginar el poder en forma de debilidad? ¿Pueden estar expectantes y seguros sin evidencia? Este es el tipo de desafío que Chan imagina cuando habla del pentecostalismo que requiere una noche oscura. Es un desafío formidable pero apropiado: formidable porque funciona de manera muy contraria a muchas formas en que los pentecostales sienten, piensan y procesan asuntos en la vida espiritual, pero apropiado porque la vida espiritual de hecho implica momentos en los que una escatología sobre-realizada no es finalmente útil y puede ser incluso una carga para la práctica de la fidelidad en el tiempo.

La Ignorancia como una Dinámica de la Gracia

Aunque tomado fuera de orden en nuestra presentación original en el capítulo 4, el último de los eruditos pentecostales contemporáneos encuestados aquí es Frank Macchia. Por su parte, los intentos de Macchia de reclamar el bautismo en el Espíritu en general y las lenguas en particular como un signo teofánico o sacramento son excepcionalmente notables. En estas propuestas, Macchia está tratando de ampliar la imaginación pentecostal mediante el bautismo en el Espíritu y las lenguas como algo más que simplemente fenómenos inherentes a un servicio de adoración pentecostal ideal. En las propuestas de Macchia, cuando las personas experimentan el bautismo en el Espíritu, pueden reclamar con santa confianza que han sido tocadas por Dios. Cuando las personas hablan en lenguas, no están practicando una capacidad antropológica inherente, sino que están mostrando por sus propios cuerpos que Dios está presente y en acción. Tal evento no es adecuadamente examinado en un laboratorio; no se debe considerar ni hablar de manera frívola. Es un evento sagrado que empuja a los participantes a otro dominio de conciencia y razón en relación con la auto-manifestación de Dios.

Por supuesto, hablar de "Dios trabajando" o de "Dios revelando a Dios mismo" es difícil en cierto sentido. Muchos legítimamente se preocupan por la presunción que puede venir con tales convenciones. Algunos pueden nivelar esta crítica en el mismo Macchia. "¿Cómo es posible", puede preguntar el crítico, "usar el lenguaje de la teofanía en el culto pentecostal? ¿No se reserva este idioma para aquellos momentos bíblicos que son únicos e irrepetibles, como las interacciones de Moisés con Dios en el Sinaí o la experiencia de Jesús en el Monte de la Transfiguración?" Cuando leo a Macchia, el uso de este lenguaje no es tan presuntuoso como es constructivo para comunicar fielmente lo que los pentecostales realmente creen que está trabajando en su espiritualidad. Naturalmente, el lenguaje debe ser protegido por sus efectos de sobre alcance o sobre extracción, pero los cristianos de diferentes tendencias lo han hecho con buenos resultados a través de una serie de estrategias, incluida la dinámica de la mediación. Los pentecostales pueden ser propensos a decir que tienen una experiencia directa de Dios, pero la preferencia que Macchia demuestra por el lenguaje del signo y del sacramento en oposición a la evidencia indica que Macchia está tratando implícitamente de explicar la dinámica mística en su teología del bautismo en el Espíritu y la glosolalia similar a cómo otras tradiciones podrían hablar de la eucaristía, el bautismo, el sermón predicado y otros sucesos doxológicos.

¿Cómo se puede guardar el lenguaje de la teofanía, el sacramento y la señal para que no se extralimite ni se sature excesivamente en relación con la presencia divina? Con esta tarea en mente, deseo examinar la siguiente afirmación de la teología de la glosolalia de Macchia, a saber, que la transformación del lenguaje puede ser un canal de auto-revelación divina. ¿Cómo se puede conceptualizar esta dinámica en lo que se refiere a la vida espiritual cristiana y al bautismo en particular del Espíritu? ¿Cómo puede el lenguaje ser utilizado por Dios en la auto revelación de Dios sin que de alguna manera el lenguaje mismo represente una restricción infiel sobre el mismo ser de Dios? De alguna manera, volvemos a la cuestión de la centralización del logotipo, que se menciona como un desafío repetido para los evangélicos. Aunque la crítica de la centralidad del logotipo ha sido desarrollada y sostenida significativamente durante siglos, esperamos brevemente la ayuda de una de las figuras más destacadas en el trasfondo de estos debates, el venerado y desafiante místico cristiano conocido como Pseudo-Dionisio.

Pseudo-Dionisio a menudo se recurre a una serie de razones en el clima intelectual actual, particularmente en lo que se refiere a los límites del lenguaje y la significación. Aunque estos usos son importantes, a menudo descuidan otros temas del *Corpus Areopagiticum*, lo que a su vez podría llevar a una tergiversación o caracterización errónea de esta figura siria del siglo VI. Por ejemplo, dada su reputación, uno puede sorprenderse al leer esta línea desde el comienzo de *Los Nombres Divinos*: "Por lo tanto, miremos lo más lejos que la luz de la Sagrada Escritura lo permita, y en nuestro reverente temor de lo que es divino, agrupémonos hacia el esplendor divino". Sólo en esta línea, este autor alude tanto a la fidelidad al testimonio de las Escrituras en lo que se dice de los nombres divinos, como a una especie de contemplación mística de la gloria auto-revelada de Dios. Estas afirmaciones deberían calificar y corroborar para qué se conoce más a Dionisio, a saber, un sentido corriente de cómo Dios está más allá de nuestra comprensión cognitiva y perceptual. Sólo unas pocas líneas debajo de esta cita, agrega, "Así como los sentidos no pueden captar ni percibir las cosas de la mente, así como la representación y la forma no pueden asimilar lo simple y sin forma, así como la representación corporal no puede asir lo intangible e incorpóreo, por el mismo estándar de verdad, los seres son superados por el infinito más allá del ser, las inteligencias por esa unidad que está más allá de la inteligencia. De hecho, el Uno inescrutable está fuera del alcance de todo proceso racional. Tampoco pueden surgir palabras al Bien inexpresable, este Uno, esta Fuente de toda unidad, este Ser supra-existente."[16]

Lo que está claro en Dionisio que a veces no aparece en las presentaciones populares de sus puntos de vista es su deseo de enfatizar una paradoja propia, una que explique la infinitud de Dios y los límites creativos, y la segunda a su vez afectando cómo uno habla y piensa en esta dinámica. De hecho, Dionisio argumenta que, desde el punto de vista de las Escrituras, se debe hablar de Dios como invisible, incomprensible, insondable e inescrutable, pero esta observación no significa que no se pueda establecer una conexión real entre Dios y las criaturas. Por el contrario, "El Bien no es absolutamente incomunicable para todo. Por sí mismo, revela generosamente un rayo firme y trascendente, otorgando iluminaciones proporcionales a cada ser, y de ese modo atrae las mentes sagradas hacia su contemplación permitida, a la participación y al estado de llegar a ser como él."[17] El objetivo de este tipo de trabajo no es enfatizar la brecha entre Dios y las criaturas por sí misma; más bien, se trata de enfatizar esta brecha para que pueda seguir un ordenamiento apropiado de la relación, que utilice el lenguaje y exponga los límites del lenguaje todo en un movimiento continuo.[18] Aquellos que se embarcan en este proceso "se elevan firme e inquebrantablemente hacia arriba en la dirección del rayo que los ilumina. Con un amor que combina con las iluminaciones que se les otorgan, emprenden el vuelo, con reverencia, sabiduría y santidad."[19]

---

[16] Pseudo-Dionysius, "The Divine Names," en *Pseudo-Dionysius: The Complete Works* (New York: Paulist Press, 1987), 49–50; Greek: *Corpus Dionysiacum*, vol. 1: *De Divinis Nominibus*, ed. Beate Regina Suchla (Berlin: Walter de Gruyter, 1990), 109.
[17] Pseudo-Dionysius, "The Divine Names," 50; *De Divinis Nominibus*, 110.
[18] Esta cualidad de la "teología negativa" -que la negación y la afirmación son interpenetrantes- es una posición hermenéutica necesaria para apreciar el apofatismo en nuestro contexto actual. Llegué a apreciar esta sensibilidad a través del trabajo de Denys Turner. Ver, por ejemplo, "The Art of Unknowing: Negative Theology in Late Medieval Mysticism," *Modern Theology* 14, no. 4 (1998): 473–88, y "The Darkness of God and the Light of Christ: Negative Theology and Eucharistic Presence," *Modern Theology* 15, no. 2 (1999): 143–58.
[19] Pseudo-Dionysius, "The Divine Names," 50; *De Divinis Nominibus*, 110–11.

Cabe señalar que Pseudo-Dionisio también trabaja desde una escatología implícita que anticipa la unión con Dios. Él habla de "un tiempo venidero, cuando seremos incorruptibles e inmortales, cuando por fin hemos llegado a la bendita herencia de ser como Cristo", y continúa especulando sobre cómo será esa situación. Pero a la luz de este tiempo por venir, él también admite las realidades que rodean el momento presente. "Pero por ahora", comenta, "lo que sucede es esto. Usamos los símbolos apropiados que podamos para las cosas de Dios. Con estas analogías, somos elevados hacia la verdad de la visión de la mente, una verdad que es simple y una." La visión que entretiene Dionisio es la que anticipa la unión con Dios como el objetivo del conocimiento de Dios, y dado este objetivo, uno debe, en su lectura, reconocer los límites y las deficiencias del habla y la representación.

> Verdadera y sobrenaturalmente iluminados después de esta bendita unión, [las mentes divinizadas] descubren que, aunque es la causa de todo, no es una cosa, ya que trasciende todas las cosas de una manera que va más allá del ser. Por lo tanto, con respecto al ser supra-esencial de la bondad eminente de Dios transcendentemente allí, ningún amante de la verdad que esté por encima de la verdad tratará de alabarlo como palabra o poder o mente o vida o ser. No. Es una eliminación total de cada condición, movimiento, vida, imaginación, conjetura, nombre, discurso, pensamiento, concepción, ser, descanso, morada, unidad, límite, infinito, la totalidad de la existencia.[20]

Lo que Dionisio hace en *Los Nombres Divinos* es criticar la centralidad del logotipo de una manera muy particular, y yo agregaría, útil.[21] Con una visión guía de cómo Dios está más allá de nuestros límites y disponible dentro de ellos, él enfatiza en este trabajo tanto la adecuación como las deficiencias de la atribución divina. Al hacerlo, Dionisio abre la puerta a consideraciones apofáticas, pero estas se expresan dentro de la peregrinación cristiana a medida que se mueve junto con la catapática. El punto de apofaticismo en este encuadre es una reverente contemplación del Dios infinito y superabundante de la confesión cristiana.[22] La negación y la ignorancia que la acompaña en este sentido, por lo tanto, son teológicamente productivas en cierto sentido. El reconocimiento de que no podemos hacer justicia a Dios con nuestras palabras es en *sí mismo* una

---

[20] Pseudo-Dionysius, "The Divine Names," 52–54; *De Divinis Nominibus*, 114–17.
[21] Me he limitado a propósito a *The Divine Names* y no a *The Mystical Theology* (a pesar de su conexión titular con el proyecto actual) porque encuentro que el primero es más matizado y elaborado en comparación con la brevedad y ambigüedad de este último.
[22] Véase, Pseudo-Dionysius, *"The Divine Names"*, 60; *De Divinis Nominibus*, 125.

forma apropiada de adoración que es parte integrante del discurso teológico. Dicho de otra manera, no sólo la proximidad, sino que la brecha en la interfaz creación del Creador es teológicamente significativa: ambos son necesarios, ambos se alimentan y trabajan el uno con el otro, y uno sin el otro representa un movimiento hacia la idolatría.

Yo argumentaría que la calidad desconocida de las lenguas glosaláicas —las lenguas a menudo asociadas con el bautismo del Espíritu entre los pentecostales clásicos de hoy— apunta precisamente en la dirección de esta brecha. Mientras que las lenguas conocidas (xenolalia) pueden acercarse a la dinámica de proximidad, la glosolalia se mueve hacia la de la distancia. Con todo, la proximidad y la distancia son necesarias en las conversaciones sobre el bautismo en el Espíritu. Esto también es apropiado para hablar de teofanía, sacramento y señal. En todos estos casos, debe haber una sensación de exceso, de superabundancia, de una dinámica abrumadora en la que Dios simplemente está más allá de las limitaciones utilizadas para dar sentido a lo que está sucediendo. Y esto no sólo es adecuado, sino también muy necesario en los relatos de la vida bautizada por el Espíritu.

En pocas palabras, los pentecostales deben luchar con la afirmación de que la ignorancia en la vida espiritual en general y el bautismo en particular puede ser una dinámica de gracia porque la ignorancia en cuestión no es vacía, sino que crea distancia o acomoda el espacio para la posibilidad de contemplar únicamente el esplendor divino. La vida bautizada por el Espíritu se intercambia en santos misterios. Cuando los pentecostales hablan en lenguas glosaláicas, no saben lo que dicen, y ese es un espacio epistémico apropiado para ocuparse. En cierto sentido, no necesitan saber lo que están diciendo porque lo que está sucediendo en esos momentos resiste y desafía la descripción más allá de la superficie, ya que el Uno en la obra es infinito, trascendente y, por lo tanto, más allá de las palabras. Los pentecostales en varios momentos sienten implícitamente esta dinámica en su espiritualidad. Por ejemplo, ya hemos aludido a cómo Smith habla de testimonios que tienen una cualidad de "Sé que sé que sé" —operan desde un principio de certeza que va más allá de las formas convencionales de afirmación cognitiva o lingüística.[23] Pero, de nuevo, cuando los pentecostales pasan de su espiritualidad a la tarea teológica, la tentación de registrar sus intuiciones en una especie de discurso totalizador y corruptor persiste. Como ejemplo, algunos pentecostales sugieren que estas lenguas son espiritualmente edificantes, que alientan al creyente, y así sucesivamente. El peligro de tales comentarios es que significan una

---

[23] James K. A. Smith, *Thinking in Tongues* (Grand Rapids: Eerdmans, 2010), chap. 3.

orientación hacia los beneficios hacia la vida cristiana que necesita una purga de noche oscura propia. Por el contrario, y, ante todo, la glosolalia se erige como un fenómeno que apunta a la superabundancia de los pentecostales de Dios que creen que experimentan en sus entornos de adoración. Esta refulgencia, esta gloria, este resplandor simplemente desafía los parámetros centrados en el logotipo. Glosolalia apunta en esta dirección, y los pentecostales y otros han sentido esto continuamente.

Creo que los evangélicos de diversa índole, al advertir este desafío a la centralidad del logo dentro del pentecostalismo, han sido repetidamente rechazados o amenazados por él. Los pentecostales han sido caracterizados de muchas maneras poco halagadoras por aquellos que algunos pentecostales reclaman como parientes, y esos apodos a menudo han estado en relación con esta característica implícita de la espiritualidad pentecostal. Se los ha llamado fanáticos, excesivos e innovadores. Su espiritualidad a menudo se considera incoherente e ingobernable. En última instancia, todas estas caracterizaciones, además de ser reactivas, se apoyan en ciertas estructuras de verosimilitud: unas que asumen por sí mismas su exquisita adecuación para comerciar en las cosas de Dios. Los pentecostales, por el contrario, a menudo se hacen compañía de lo que puede parecer sucesos desestabilizadores y caóticos, pero lo hacen por una convicción más básica: una que elude en particular a los centristas.

La convicción básica es esta: cuando el Espíritu de Dios es visto como derramado sobre toda carne, este Espíritu rompe los confinamientos y barreras que son seguros en un sentido, pero potencialmente exclusivos, disminuyentes y detestables en otro. Esta es una dinámica lingüística para estar seguros, como se señala en el fenómeno que son las lenguas. Es una dinámica intelectual —algunas cosas "tienen sentido" para los pentecostales en formas que los evangélicos no pueden entender (y esta ignorancia ocasiona las caracterizaciones poco halagadoras). Pero también es una dinámica social. Cuando *en este contexto* los afroamericanos y otros grupos raciales y étnicos no mayoritarios a veces se usan con fuerza en una sociedad dominada por el privilegio anglosajón o cuando *en este contexto* las mujeres manifiestan a veces dones de liderazgo cristiano dentro de una sociedad dominada por el patriarcado, la excentricidad, la no convencional, o la distancia es celebrada por algunos sectores hoy (y detestada por otros) pero, de todos modos, rara vez se aprecia completamente. Estas ocurrencias han tenido lugar, y continúan ocurriendo, de vez en cuando en la historia pentecostal, no porque los pentecostales de alguna manera hayan estado por delante de sus tiempos. Para estar seguros, a veces fallan, tropiezan y transgreden en el camino en relación con esta intuición. Pero su deseo de un Dios desestabilizador, un

Dios que se revela a sí mismo en términos de proximidad y distancia, a veces se registra en otros tipos de desestabilizaciones, ya sean lingüísticas, intelectuales, sociales o de otro tipo. Y este proceso de desestabilización es nada menos que un avivamiento del deseo eterno (es decir, piadoso). El deseo de Dios es lo que hace que el pentecostalismo sea vital y relevante en contextos cristianos y no cristianos, pasados y presentes. Además, de manera general, este deseo involucra los muchos subtemas de este texto; es fundamentalmente lo que hace del pentecostalismo una tradición mística cristiana dentro de la iglesia católica.

Epílogo

Este libro se presenta como una propuesta de trabajo. Su propósito ha sido facilitar el ejercicio teológico de repensar el pentecostalismo a la luz de las categorías místicas, con el fin de profundizar las conexiones de este movimiento dentro del cristianismo más amplio y también como una manera de diferenciarlo de las formas de razonamiento típicamente asociadas con el evangelismo estadounidense. Dado el amplio alcance de este objetivo, estoy seguro de que habrá una resistencia significativa a la tesis de varios trimestres y una variedad de puntos de vista. En cierto nivel, el debate está justificado. Todas las propuestas deben ser evaluadas, criticadas y valoradas. Mi preocupación en esta etapa es si los argumentos presentados en el volumen se verán en su contexto, en sus propios términos.

Digo esto en parte porque repetidamente he mencionado que la metodología teológica y la epistemología necesitan un tipo de recalibración si quieren ser útiles en el presente esfuerzo, y en mi trabajo como educador, he visto fácilmente que volver a calibrar estos dominios es casi imposible para aquellos ya invertidos en la tarea teológica. Haciendo hincapié en la interfaz espiritualidad-teología, cuestionando la viabilidad de algo llamado teología sistemática, rehabilitando el lenguaje de la mística de sus inútiles accesorios de estudios religiosos para ser algo más riguroso teológicamente, enfatizando los límites de la centralidad del logotipo, destacando la naturaleza reductiva de lógica de evidencia inicial: cada uno de estos temas, así como otros en el libro, podrían encontrar una recepción infeliz simplemente porque vuelan contra gran parte de lo que pasa como convencional y aceptado en los esfuerzos teológicos pentecostales y más allá.

Entonces, ¿por qué atreverse a emprender la tarea en primer lugar? Primero y ante todo, el esfuerzo surge del amor por una tradición, una que me nutrió y formó. De hecho, mi sentido de llamamiento como teólogo siempre surgió y regresó a este movimiento. He tratado aquí de comprometer la tradición con amor, pero de manera crítica para su propio bienestar. Las críticas y reevaluaciones que he ofrecido provienen de una preocupación genuina por ver prosperar a este movimiento y avanzar fielmente a través del tiempo. Este tipo de esfuerzo representa una actividad mejor denominada negociación tradicional. Cualquiera que se

Epílogo

preocupe profundamente de una tradición emprenderá ese trabajo por el bien de ver la tradición prosperar en el futuro. Esta es mi orientación más básica al presentar este volumen.

Por supuesto, algunos pueden encontrar que nada necesita reparación. Podrían creer que el movimiento pentecostal representado en el denominacionalismo pentecostal estadounidense está bien tal como es. Por lo tanto, las propuestas en este trabajo podrían parecer innecesarias, injustificadas e incluso excesivas y amenazantes para dichos lectores. Reconozco que, para que los argumentos en este libro sean convincentes, debe haber un cierto sentido subyacente por parte de los lectores de que algo está torcido dentro de la tradición a medida que ha envejecido, no que los "años dorados" hayan pasado *per se*, sino que se han realizado capitulaciones y se han perdido oportunidades, y que, en general, no han sido adecuadamente contabilizadas de una manera completamente teológica dentro del redil pentecostal.

Puede decirse que el movimiento pentecostal es tan único y diferente que no puede ser subsumido en la categoría más amplia de misticismo cristiano. Curiosamente, tanto los iniciados como los ajenos al movimiento podrían decirlo por diferentes razones. El tono general del presente libro es precisamente su carácter experimental al cuestionar las suposiciones en el trabajo que hacen que tal identificación sea difícil o imposible. ¿Existen características y cualidades importantes en torno al pentecostalismo que dificultarían su alineación con la tradición mística cristiana? Por supuesto que hay el misticismo cristiano, sin embargo, no es una tradición uniforme; hay unidad y diversidad en este capítulo de la encarnación cristiana, como en cualquier otro. Creo que hay confluencias suficientes entre él y el pentecostalismo en general para justificar su conexión, y he tratado de mostrar los saneamientos para esta relación en el libro. Naturalmente, estoy abierto a contrapropuestas de diferentes tipos, pero creo que algo importante está en juego para hacer esta conexión en particular. Lo que está en juego no gira solo en torno a las discusiones internas del pentecostalismo sobre su propio personaje, sino que también se relaciona con la manera en que se narra el cristianismo, ya que prospera en todo el mundo de maneras tanto inesperadas como tradicionales. Uno de los desafíos para los pentecostales clásicos, o "primeros en dudar", es ver cómo Dios ha comenzado a trabajar de maneras similares pero diferentes entre las iglesias establecidas, los nuevos movimientos y los grupos indígenas. El desafío puede verse como positivo o negativo, pero prefiero hablar en términos de esperanza y alegría. ¿Por qué? Porque tanto antes como después de Pentecostés hasta el día de hoy, el Espíritu de Dios ha estado trabajando en el mundo. Y este es realmente un reclamo notable.

Bibliografía

Albrecht, Daniel. *Rites in the Spirit: A Ritual Approach to Pentecostal/Charismatic Spirituality*. Journal of Pentecostal Theology Supplement 17. Sheffield: Sheffield Academic Press, 1999.
Alexander, Paul. *Signs and Wonders: Why Pentecostalism Is the World's Fastest Growing Faith*. San Francisco: Jossey-Bass, 2009.
Anderson, Allan H. *An Introduction to Pentecostalism*. 2nd ed. Cambridge: Cambridge University Press, 2014.
Anselm of Canterbury. *The Major Works*. Edited by Brian Davies and G. R. Evans. Oxford: Oxford University Press, 1998. Latin version: *S. Anselmi Cantuariensis Archiepiscopi Opera Omnia*. Edited by Franciscus Salesius Schmitt. 6 vols. Edinburgh: Thomas Nelson & Sons, 1946.
Archer, Kenneth J. *A Pentecostal Hermeneutic: Spirit, Scripture, and Community*. Cleveland, TN: CPT Press, 2009.
Arrington, French L. *Christian Doctrine: A Pentecostal Perspective*. 3 vols. Cleveland, TN: Pathway Press, 1992–94.
Balthasar, Hans Urs von. *Explorations in Theology*. Vol. 1, *The Word Made Flesh*. San Francisco: Ignatius Press, 1989.
———. *Presence and Thought: An Essay on the Religious Philosophy of Gregory of Nyssa*. San Francisco: Ignatius Press, 1995.
Barrett, David, and Todd Johnson. "Global Statistics." In *New International Dictionary of Pentecostal and Charismatic Movements*, edited by Stanley M. Burgess, rev. and exp. ed., 284–302. Grand Rapids: Zondervan, 2003.
Barth, Karl. *Anselm: Fides Quaerens Intellectum*. London: SCM Press, 1960.
———. *Dogmatics in Outline*. New York: Harper & Row, 1959.
———. *Prayer*. 50th anniversary ed. Louisville: Westminster John Knox, 2002.
Bebbington, David W. *Evangelicalism in Modern Britain: A History from the 1730s to he 1980s*. London: Unwin Hyman, 1989.
Blowers, Paul M. "Maximus the Confessor, Gregory of Nyssa, and the Concept of 'Perpetual Progress.'" *Vigiliae Christianae* 46 (1992): 151–71.
Blumhofer, Edith. *"Pentecost in My Soul": Explorations in the Meaning of Pentecostal Experience in the Assemblies of God*. Springfield, MO: Gospel Publishing House, 1989.
Boersma, Hans. *Heavenly Participation: The Weaving of a Sacramental Tapestry*. Grand Rapids: Eerdmans, 2011.
———. *Nouvelle Theologie and Sacramental Ontology: A Return to Mystery*. Oxford: Oxford University Press, 2013.
Boethius. *The Theological Tractates and the Consolation of Philosophy*. Translated by H. F. Stewart, E. K. Rand, and S. J. Tester. Loeb Classical Library 74. Cambridge, MA: Harvard University Press, 1973.

Bibliografía

Boyer, Steven D., and Christopher A. Hall. *The Mystery of God: Theology for Knowing the Unknowable*. Grand Rapids: Baker Academic, 2012.

Bozeman, Theodore Dwight. *Protestants in an Age of Science: The Baconian Ideal and Antebellum American Religious Thought*. Chapel Hill: University of North Carolina Press, 1977.

Brumback, Carl. *Suddenly . . . from Heaven: A History of the Assemblies of God*. Springfield, MO: Gospel Publishing House, 1961.

Buber, Martin. *I and Thou*. New York: Touchstone, 1970.

Buckley, James J., and David S. Yeago, eds. *Knowing the Triune God: The Work of the Spirit in the Practices of the Church*. Grand Rapids: Eerdmans, 2001.

Burgess, Stanley. "Evidence of the Spirit: The Ancient and Eastern Churches." In *Initial Evidence: Historical and Biblical Perspectives on the Pentecostal Doctrine of Spirit Baptism*, edited by Gary B. McGee, 3–19. Peabody, MA: Hendrickson, 1991.

Cartledge, Mark J., ed. *Speaking in Tongues: Multi-Disciplinary Perspectives*. Milton Keynes, UK: Paternoster, 2006.

Castelo, Daniel. "An Apologia for Divine Impassibility: Toward Pentecostal Prolegomena." *Journal of Pentecostal Theology* 19, no. 1 (2010): 118–26.

———. *Pneumatology: A Guide for the Perplexed*. London: Bloomsbury T&T Clark, 2015.

———. *Revisioning Pentecostal Ethics—the Epicletic Community*. Cleveland, TN: CPT Press, 2012.

Chan, Simon. *Pentecostal Theology and the Christian Spiritual Tradition*. Journal of Pentecostal Theology Supplement 21. Sheffield: Sheffield Academic Press, 2000.

Charry, Ellen T. *By the Renewing of Your Minds: The Pastoral Function of Christian Doctrine*. Oxford: Oxford University Press, 1997.

Coakley, Sarah. *God, Sexuality, and the Self: An Essay "On the Trinity."* Cambridge: Cambridge University Press, 2013.

Copleston, Frederick. *A History of Philosophy*. Vol. 2, *Medieval Philosophy*. New York: Image Doubleday, 1993.

Coulter, Dale. "What Meaneth This? Pentecostals and Theological Inquiry." *Journal of Pentecostal Theology* 10, no. 1 (2001): 38–64.

Cox, Harvey. *Fire from Heaven: The Rise of Pentecostal Spirituality and the Reshaping of Religion in the Twenty-First Century*. Reading, MA: Addison-Wesley, 1995.

Cross, Terry L. "Can There Be a Pentecostal Systematic Theology? An Essay on Theological Method in a Postmodern World." Paper presented at the Thirtieth Annual Meeting of the Society for Pentecostal Studies, 2011; pagination (145–66) from the collected papers of the conference.

———. "The Rich Feast of Theology: Can Pentecostals Bring the Main Course or Only the Relish?" *Journal of Pentecostal Theology* 8, no. 16 (2000): 27–47.

Dabney, D. Lyle. "Otherwise Engaged in the Spirit: A First Theology for a Twenty- First Century." In *The Future of Theology: Essays in Honor of*

BIBLIOGRAFÍA

Jurgen Moltmann, edited by Miroslav Volf, Carmen Krieg, and Thomas Kucharz, 154–63. Grand Rapids: Eerdmans, 1996.

———. "Why Should the Last Be First? The Priority of Pneumatology in Recent Theological Discussion." In *Advents of the Spirit: An Introduction to the Current Study of Pneumatology*, edited by Bradford E. Hinze and D. Lyle Dabney, 240–61. Milwaukee, WI: Marquette University Press, 2001.

Daley, Brian. "Balthasar's Reading of the Church Fathers." In *Cambridge Companion to Hans Urs von Balthasar*, edited by Edward T. Oakes and David Moss, 187–206. Cambridge: Cambridge University Press, 2004.

Dawson, David. *Literary Theory: Guides to Theological Inquiry*. Minneapolis: Fortress, 1995.

Dayton, Donald. "The Limits of Evangelicalism: The Pentecostal Tradition." In *The Variety of American Evangelicalism*, edited by Donald W. Dayton and Robert K. Johnston, 36–56. Downers Grove, IL: InterVarsity, 1991.

———. *Theological Roots of Pentecostalism*. Peabody, MA: Hendrickson, 1987.

Deere, Jack S. *Surprised by the Power of the Spirit*. Grand Rapids: Zondervan, 1993.

Ellington, Scott. "Pentecostalism and the Authority of Scripture." *Journal of Pentecostal Theology* 4, no. 9 (1996): 16–38.

Ervin, Howard M. "Hermeneutics: A Pentecostal Option." *Pneuma* 3, no. 2 (1981): 11–25.

Evagrius. *On Prayer*. In *The Philokalia*, edited and translated by G. E. H. Palmer, Philip Sherrard, and Kallistos Ware, 1:55–71. New York: Faber & Faber, 1979.

Ewart, Frank J. *The Phenomenon of Pentecost*. Houston: Herald Publishing, 1947.

Fee, Gordon. *Gospel and Spirit: Issues in New Testament Hermeneutics*. Peabody, MA: Hendrickson, 1991.

———. "Hermeneutics and Historical Precedent—a Major Problem in Pentecostal Hermeneutics." In *Perspectives on the New Pentecostalism*, edited by Russell P. Spittler, 118–32. Grand Rapids: Baker, 1976.

Florovsky, Georges. *Bible, Church, Tradition: An Eastern Orthodox View*. Belmont, MA: Nordland Publishing, 1972.

Ford, David F., and Graham Stanton, eds. *Reading Texts, Seeking Wisdom*. Grand Rapids: Eerdmans, 2003.

Friesen, Aaron T. *Norming the Abnormal: The Development and Function of the Doctrine of Initial Evidence in Classical Pentecostalism*. Eugene, OR: Pickwick Publications, 2013.

Gadamer, Hans-Georg. *Truth and Method*. 2nd rev. ed. London: Continuum, 1989.

Gilson, Etienne. *History of Christian Philosophy in the Middle Ages*. New York: Random House, 1955.

Goff, James R., Jr. *Fields White unto Harvest*. Fayetteville: University of Arkansas Press, 1988.

Goldberg, Michael. *Theology and Narrative*. Nashville: Abingdon, 1982.

Bibliografía

Green, Chris E. W. *Toward a Pentecostal Theology of the Lord's Supper: Foretasting the Kingdom*. Cleveland, TN: CPT Press, 2012.

Green, Joel. *Practicing Theological Interpretation: Engaging Biblical Texts for Faith and Formation*. Grand Rapids: Baker Academic, 2011.

Gregory of Nyssa. *From Glory to Glory: Texts from Gregory of Nyssa's Mystical Writings*. Crestwood, NY: St. Vladimir's Seminary Press, 1979.

———. *The Life of Moses*. Translated by Abraham Malherbe and Everett Ferguson. New York: Paulist Press, 1978. Greek: *Gregorii Nysseni Opera*. Vol. 7.1, *De Vita Moysis*. Edited by Herbertus Musurillo. Leiden: Brill, 1964.

Grenz, Stanley. *Renewing the Center: Evangelical Theology in a Post-Theological Era*. 2nd ed. Grand Rapids: Baker Academic, 2006.

———. *Revisioning Evangelical Theology: A Fresh Agenda for the Twenty-First Century*. Downers Grove, IL: InterVarsity, 1993.

———. *Theology for the Community of God*. Grand Rapids: Eerdmans, 2000.

Grenz, Stanley, and John R. Franke. *Beyond Foundationalism: Shaping Theology in a Postmodern Context*. Louisville: Westminster John Knox, 2001.

Grudem, Wayne. *Systematic Theology: An Introduction to Biblical Doctrine*. Grand Rapids: Zondervan, 1994.

Gunton, Colin. "A Rose by Any Other Name? From 'Christian Doctrine' to 'Systematic Theology.'" *International Journal of Systematic Theology* 1, no. 1 (1999): 4–23.

Guyon, Madame. *Jeanne Guyon: Selected Writings*. Edited by Dianne Guenin-Lelle and Ronney Mourad. New York: Paulist Press, 2012. French: *Les Opuscules Spirituels de Madame J. M. B. de la Mothe-Guyon*. New ed. Paris: Libraires Associés, 1790.

Hart, Larry D. *Truth Aflame: Theology for the Church in Renewal*. Grand Rapids: Zondervan, 2005.

Henry, Carl F. H. *God, Revelation, and Authority*. Vol. 1. Waco, TX: Word, 1976.

———. *The Uneasy Conscience of Modern Fundamentalism*. Grand Rapids: Eerdmans, 1947.

Hodge, A. A., and B. B. Warfield. "Inspiration." *Presbyterian Review* 2, no. 6 (1881): 225–60.

Hodge, Charles. *Systematic Theology*. 3 vols. Peabody, MA: Hendrickson, 2003.

Hollenweger, Walter. "The Critical Tradition of Pentecostalism." *Journal of Pentecostal Theology* 1 (1992): 7–17.

———. "Pentecostals and the Charismatic Movement." In *The Study of Spirituality*, edited by Cheslyn Jones, Geoffrey Wainwright, and Edward Yarnold, 549–54. Oxford: Oxford University Press, 1986.

Horton, Stanley M. *Systematic Theology: A Pentecostal Perspective*. Springfield, KY: Logion, 1995.

Hurtado, Larry W. "Normal, but Not a Norm: 'Initial Evidence' and the New Testament." In *Initial Evidence: Historical and Biblical Perspectives on the Pentecostal Doctrine of Spirit Baptism*, edited by Gary B. McGee, 189–201. Peabody, MA: Hendrickson, 1991.

BIBLIOGRAFÍA

Hütter, Reinhard. *Suffering Divine Things: Theology as Church Practice*. Grand Rapids: Eerdmans, 2000.
Irenaeus of Lyons, St. *On the Apostolic Preaching*. Translated by John Behr. Crestwood, NY: St. Vladimir's Seminary Press, 1997.
Jacobsen, Douglas. *Thinking in the Spirit: Theologies of the Early Pentecostal Movement*. Bloomington: Indiana University Press, 2003.
Jenkins, Philip. *The Next Christendom: The Coming of Global Christianity*. Rev. and exp. ed. Oxford: Oxford University Press, 2007.
John of the Cross. *The Collected Works of St. John of the Cross*. Rev. ed. Washington, DC: ICS Publications, 1991. Spanish: *Obras de San Juan de la Cruz*. Edited by P. Silverio de Santa Teresa. Burgos, Spain: El Monte Carmelo, 1929.
Johns, Cheryl Bridges. "The Adolescence of Pentecostalism: In Search of a Legitimate Sectarian Identity." *Pneuma* 17, no. 1 (1995): 3–17.
―――. "Partners in Scandal: Wesleyan and Pentecostal Scholarship." *Pneuma* 21 (1999): 183–97.
Johns, Jackie David. "Pentecostalism and the Postmodern Worldview." *Journal of Pentecostal Theology* 3, no. 7 (1995): 73–96.
Johns, Jackie David, and Cheryl Bridges Johns. "Yielding to the Spirit: A Pentecostal Approach to Group Bible Study." *Journal of Pentecostal Theology* 1 (1992): 109–34.
Jones, Cheslyn, Geoffrey Wainwright, and Edward Yarnold, eds. *The Study of Spirituality*. Oxford: Oxford University Press, 1986.
Kärkkäinen, Veli-Matti. *Toward a Pneumatological Theology: Pentecostal and Ecumenical Perspectives on Ecclesiology, Soteriology, and Theology of Mission*. Edited by Amos Yong. Lanham, MD: University Press of America, 2002.
Kendrick, Klaude. *The Promise Fulfilled: A History of the Modern Pentecostal Movement*. Springfield, MO: Gospel Publishing House, 1961.
Kerr, D. W. "The Bible Evidence of the Baptism with the Holy Ghost." *Pentecostal Evangel*, August 11, 1923, 2–3.
Knight, Henry H., III. "The Wesleyan, Holiness, and Pentecostal Family." In *From Aldersgate to Azusa Street: Wesleyan, Holiness, and Pentecostal Visions of the New Creation*, edited by Henry H. Knight III, 1–9. Eugene, OR: Pickwick Publications, 2010.
Laird, Martin. "'Whereof We Speak': Gregory of Nyssa, Jean-Luc Marion, and the Current Apophatic Rage." *Heythrop Journal* 42 (2001): 1–12.
Land, Steven J. *Pentecostal Spirituality: A Passion for the Kingdom*. Journal of Pentecostal Theology Supplement 1. Sheffield: Sheffield Academic Press, 1993.
Lindbeck, George. *The Nature of Doctrine*. Philadelphia: Westminster, 1984.
Lindsell, Harold. *The Battle for the Bible*. Grand Rapids: Zondervan, 1976.
―――. *The Bible in the Balance*. Grand Rapids: Zondervan, 1979.
Lossky, Vladimir. *The Mystical Theology of the Eastern Church*. Crestwood, NY: St. Vladimir's Seminary Press, 2002.

Bibliografía

Louth, Andrew. *The Origins of the Christian Mystical Tradition: From Plato to Denys*. Oxford: Clarendon, 1981.

———. *Theology and Spirituality*. Oxford: SLG Press, 1978.

Lyotard, Jean-François. *The Postmodern Condition: A Report on Knowledge*. Minneapolis: University of Minnesota Press, 1984.

Macchia, Frank D. *Baptized in the Spirit: A Global Pentecostal Theology*. Grand Rapids: Zondervan, 2006.

———. "Sighs Too Deep for Words: Towards a Theology of Glossolalia." *Journal of Pentecostal Theology* 1 (1992): 47–73.

———. "Tongues as a Sign: Towards a Sacramental Understanding of Pentecostal Experience." *Pneuma* 15, no. 1 (1993): 61–76.

Marsden, George. "From Fundamentalism to Evangelicalism: A Historical Analysis." In *The Evangelicals: What They Believe, Who They Are, Where They Are Changing*, edited by David F. Wells and John D. Woodbridge, rev. ed., 142–62. Grand Rapids: Baker, 1977.

———. *Fundamentalism and American Culture*. 2nd ed. Oxford: Oxford University Press, 2006.

———. *Reforming Fundamentalism: Fuller Seminary and the New Evangelicalism*. Grand Rapids: Eerdmans, 1987.

———. *Understanding Fundamentalism and Evangelicalism*. Grand Rapids: Eerdmans, 1991.

———, ed. *Evangelicalism and Modern America*. Grand Rapids: Eerdmans, 1984.

Martin, David. *Pentecostalism: The World Their Parish*. Oxford: Blackwell, 2002.

Mateo-Seco, Lucas Francisco. "Epektasis." In *The Brill Dictionary of Gregory of Nyssa*, edited by Lucas Francisco Mateo-Seco and Giulio Maspero, 263–68. Leiden: Brill, 2010.

May, Henry F. *The Enlightenment in America*. New York: Oxford University Press, 1976.

McCabe, Herbert. *God and Evil in the Theology of St. Thomas Aquinas*. New York: Continuum, 2010.

McFarland, Ian A. *From Nothing: A Theology of Creation*. Louisville: Westminster John Knox, 2014.

McGee, Gary, ed. *Initial Evidence: Historical and Biblical Perspectives on the Pentecostal Doctrine of Spirit Baptism*. Peabody, MA: Hendrickson, 1991.

McGinn, Bernard. *The Foundations of Mysticism: Origins to the Fifth Century*. New York: Crossroad, 1991.

McIntosh, Mark A. *Mystical Theology*. Malden, MA: Blackwell, 1998.

McKay, John. "When the Veil Is Taken Away: The Impact of Prophetic Experience on Biblical Interpretation." *Journal of Pentecostal Theology* 2, no. 5 (1994): 17–40.

Migliore, Daniel. *Faith Seeking Understanding: An Introduction to Christian Theology*. Grand Rapids: Eerdmans, 1991.

Mills, Watson E., ed. *Speaking in Tongues: A Guide to Research on Glossolalia*. Grand Rapids: Eerdmans, 1986.
Moore, Rickie D. "A Pentecostal Approach to Scripture." In *Pentecostal Hermeneutics: A Reader*, edited by Lee Roy Martin, 11–13. Leiden: Brill, 2013.
Myland, D. Wesley. *The Latter Rain Covenant and Pentecostal Power*. Reprinted in *Three Early Pentecostal Tracts*. New York: Garland, 1985.
Nichol, John Thomas. *Pentecostalism*. New York: Harper & Row, 1966.
Noll, Mark A. *Jesus Christ and the Life of the Mind*. Grand Rapids: Eerdmans, 2011.
———. *The Scandal of the Evangelical Mind*. Grand Rapids: Eerdmans, 1994.
———, ed. *The Princeton Theology, 1812–1921*. Grand Rapids: Baker, 1983.
Oliverio, L. William, Jr. *Theological Hermeneutics in the Classical Pentecostal Tradition: A Typological Account*. Leiden: Brill, 2012.
Origen. *On First Principles*. In *Ante-Nicene Fathers*, vol. 4. Peabody, MA: Hendrickson, 2004.
Otto, Rudolf. *Mysticism East and West: A Comparative Analysis of the Nature of Mysticism*. Wheaton, IL: Theosophical Publishing House, 1987.
Parham, Charles. *The Everlasting Gospel*. Pentecostal Books.com, 2013. Orig. pub. 1911.
Parham, Sarah E. *The Life of Charles Parham: Founder of the Apostolic Faith Movement*. Reprinted New York: Garland, 1985.
Pearlman, Myer. *Knowing the Doctrines of the Bible*. Springfield, MO: Gospel Publishing House, 1937.
Pieper, Josef. *Scholasticism: Personalities and Problems of Medieval Philosophy*. New York: McGraw Hill, 1964.
Pinnock, Clark H. "Divine Relationality: A Pentecostal Contribution to the Doctrine of God." *Journal of Pentecostal Theology* 8, no. 16 (2000): 3–26.
———. *Flame of Love: A Theology of the Holy Spirit*. Downers Grove, IL: InterVarsity, 1996.
———. *Tracking the Maze: Finding Our Way through Modern Theology from an Evangelical Perspective*. San Francisco: Harper & Row, 1990.
Plüss, Jean-Daniel. "Azusa and Other Myths: The Long and Winding Road from Experience to Stated Belief and Back Again." *Pneuma* 15, no. 2 (1993): 189–201.
Poloma, Margaret M. *Main Street Mystics: The Toronto Blessing and Reviving Pentecostalism*. Lanham, MD: Altamira Press, 2003.
Pseudo-Dionisio. *Pseudo-Dionisio: The Complete Works*. New York: Paulist Press, 1987. Greek: *Corpus Dionysiacum*. Vol. 1, *De Divinis Nominibus*. Edited by Beate Regina Suchla. Berlin: Walter de Gruyter, 1990.
Quebedeaux, Richard. *The Young Evangelicals: The Story of the Emergence of a New Generation of Evangelicals*. San Francisco: Harper & Row, 1974.
Rae, Murray. *Kierkegaard's Vision of the Incarnation*. Oxford: Clarendon, 1997.
Ramm, Bernard L. *The Evangelical Heritage*. Waco, TX: Word Books, 1973.

Bibliografía

Rescher, Nicholas. *Cognitive Systematization: A Systems-Theoretic Approach to a Coherentist Theory of Knowledge*. Totowa, NJ: Rowman & Littlefield, 1979.
Saliers, Don. *Worship as Theology: Foretaste of Glory Divine*. Nashville: Abingdon, 1994.
Sandeen, Ernest R. *The Roots of Fundamentalism: British and American Millenarianism, 1800–1930*. Grand Rapids: Baker, 1978.
Shuman, Joel. "Toward a Cultural-Linguistic Account of the Pentecostal Doctrine of the Baptism of the Holy Spirit." *Pneuma* 19, no. 2 (1997): 207–23.
Sloan, Douglas. *The Scottish Enlightenment and the American College Ideal*. New York: Teachers College Press, 1971.
Smith, James K. A. "The Closing of the Book: Pentecostals, Evangelicals, and the Sacred Writings." *Journal of Pentecostal Theology* 5, no. 11 (1997): 49–71.
———. *Desiring the Kingdom: Worship, Worldview, and Cultural Formation*. Grand Rapids: Baker Academic, 2009.
———. "Scandalizing Theology: A Pentecostal Response to Noll's Scandal." *Pneuma* 19 (1997): 225–38.
———. *Speech and Theology: Language and the Logic of Incarnation*. London: Routledge, 2002.
———. *Thinking in Tongues: Pentecostal Contributions to Christian Philosophy*. Grand Rapids: Eerdmans, 2010.
———. *Who's Afraid of Postmodernism? Taking Derrida, Lyotard, and Foucault to Church*. Grand Rapids: Baker Academic, 2006.
Springstead, Eric O. "Theology and Spirituality; or, Why Theology Is Not Critical Reflection on Religious Experience." In *Spirituality and Theology: Essays in Honor of Diogenes Allen*, edited by Eric O. Springstead, 49–62. Louisville: Westminster John Knox, 1998.
Stephenson, Christopher A. *Types of Pentecostal Theology: Method, System, Spirit*. Oxford: Oxford University Press, 2013.
Stolz, A. "Zur Theologie Anselms im *Proslogion*." *Catholica* 2 (1933): 1–24.
Surin, Kenneth. "'A Politics of Speech': Religious Pluralism in the Age of the Mc- Donald's Hamburger." In *Christian Uniqueness Reconsidered: The Myth of a Pluralistic Theology of Religions*, edited by Gavin D'Costa, 192–212. Maryknoll, NY: Orbis Books, 1990.
Synan, Vinson. *The Holiness-Pentecostal Tradition: Charismatic Movements in the Twentieth Century*. Grand Rapids: Eerdmans, 1997.
Tanner, Kathryn. *God and Creation in Christian Theology*. Minneapolis: Fortress, 1988.
Taylor, G. F. *The Spirit and the Bride*. No location, 1907. Reprinted in *Three Early Pentecostal Tracts*. New York: Garland, 1985.
Teresa of Ávila. *The Life of Teresa of Jesus: The Autobiography of Teresa of Ávila*. Translated and edited by E. Allison Peers. Garden City, NY: Doubleday Image Books, 1960. Spanish: *Obras de Sta Teresa de Jesus*. Edited by P. Silverio de Santa Teresa. Burgos, Spain: Monte Carmelo, 1915.
Thomas, John Christopher. "Editorial." *Journal of Pentecostal Theology* 18, no. 1 (2009): 2–3.

———. "Pentecostal Theology in the Twenty-First Century." *Pneuma* 20 (1998): 3–19.
Tomlinson, Dave. *The Post-Evangelical*. Rev. North American ed. Grand Rapids: Zondervan, 2003.
Torrey, R. A. *The Baptism with the Holy Spirit*. New York: Fleming H. Revell, 1897.
———. *The Holy Spirit: Who He Is and What He Does*. Old Tappan, NJ: Fleming H. Revell, 1927.
Turner, Denys. "The Art of Unknowing: Negative Theology in Late Medieval Mysticism." *Modern Theology* 14, no. 4 (1998): 473–88.
———. "The Darkness of God and the Light of Christ: Negative Theology and Eucharistic Presence." *Modern Theology* 15, no. 2 (1999): 143–58.
Volf, Miroslav, and Dorothy Bass, eds. *Practicing Theology: Beliefs and Practices in Christian Life*. Grand Rapids: Eerdmans, 2002.
Wacker, Grant. *Heaven Below: Early Pentecostals and American Culture*. Cambridge, MA: Harvard University Press, 2001.
Wariboko, Nimi. "*Fire from Heaven*: Pentecostals in the Secular City." *Pneuma* 33, no. 3 (2011): 391–408.
Warrington, Keith. *Pentecostal Theology: A Theology of Encounter*. London: T&T Clark, 2008.
Webber, Robert E. *The Younger Evangelicals*. Grand Rapids: Baker, 2002.
Weber, Timothy P. "Fundamentalism Twice Removed: The Emergence and Shape of Progressive Evangelicalism." In *New Dimensions in American Religious History*, edited by Jay P. Dolan and James P. Wind, 261–87. Grand Rapids: Eerdmans, 1993.
Williams, Ernest S. *Systematic Theology*. 3 vols. Springfield, MO: Gospel Publishing House, 1953.
Williams, J. Rodman. *Renewal Theology: Systematic Theology from a Charismatic Perspective*. 3 vols. Grand Rapids: Zondervan, 1996.
Williams, Rowan. *The Wound of Knowledge: Christian Spirituality from the New Testament to Saint John of the Cross*. Rev. ed. London: Darton, Longman, & Todd, 1990.
Wirzba, Norman. "The Art of Creaturely Life: A Question of Human Propriety." *Pro Ecclesia* 22, no. 1 (2013): 7–28.
Yong, Amos. *Renewing Christian Theology: Systematics for a Global Christianity*. Waco, TX: Baylor University Press, 2014.
———. *Spirit-Word-Community*. Eugene, OR: Wipf & Stock, 2002.
———. "Whither Systematic Theology? A Systematician Chimes In on a Scandalous Conversation." *Pneuma* 20 (1998): 85–93.